# 主题公园与城市发展

# Theme Park and Urban Development in Contemporary China

梁增贤 著

科学出版社

北京

# 内 容 简 介

随着城市化在广度和深度上的推进,主题公园的概念也不断演化,早已突破旅游项目的藩篱,成为公众和政策规划制定者热议的焦点,深刻影响着城市的发展。主题公园不仅带来主题体验,更改变城市社会的运行机制,引发社会的迪士尼化、绅士化。本书全面论述了主题公园与城市发展的相互关系,是对主题公园和城市发展全面分析解释的一次积极尝试,对理解什么样的城市适合发展主题公园,而主题公园又会给城市带来什么影响具有重要贡献。

本书适用于国内从事旅游休闲研究、城市规划、公园管理的高校教师、专家学者、研究生及高年级本科生,主要城市各级政府及旅游主管部门行政人员,从事主题公园规划、开发以及主题公园运营管理的企业人士学习和使用。

图书在版编目(CIP)数据

主题公园与城市发展/梁增贤著. —北京:科学出版社,2019.6
ISBN 978-7-03-061344-8

Ⅰ.①主… Ⅱ.①梁… Ⅲ.①主题-公园-关系-城市-发展-研究-中国 Ⅳ.①G246 ②F299.2

中国版本图书馆 CIP 数据核字(2019)第 107625 号

责任编辑:李 莉 / 责任校对:陶 璇
责任印制:张 伟 / 封面设计:无极书装

科学出版社 出版
北京东黄城根北街 16 号
邮政编码:100717
http://www.sciencep.com

**北京盛通商印快线网络科技有限公司** 印刷
科学出版社发行 各地新华书店经销
\*

2019 年 6 月第 一 版　开本:720×1000　B5
2019 年 10 月第二次印刷　印张:12 1/4
字数:250 000
**定价:98.00 元**
(如有印装质量问题,我社负责调换)

# 序　　言

旅游消费转型促进了家庭消费的理性回归，加之生育政策的放宽，未来一段时期中等收入家庭有预算的消费将成为推动中国主题公园快速发展的市场动力。一般而言，主题公园的投资应该与消费同步和匹配。但是，中国独具特色、利润丰厚且一枝独秀的房地产，以及地方政府对主题公园带动效应的偏爱，极大地推动了中国本土主题公园品牌不断连锁布局，从一线城市走向二线城市，甚至许多房地产企业、金融公司、娱乐公司对于投资主题公园也跃跃欲试，当然，"醉翁"之意在于房地产。国际知名品牌如迪士尼和环球影城也已经在中国落地开业或建设，地方政府给予国际品牌的前所未有的优惠条件，使得其他国际品牌也紧随其后，试图进入中国市场。

政府的积极推动，甚至有些可以说是过度刺激，使得几乎所有的中国一二线城市都已经或正在计划建设主题公园，有的三线城市也盲目跟风。然而，几年下来，真正能够实现健康发展和可持续经营的主题公园并不多。一些主题公园盲目建设、模仿抄袭、低水平重复，缺乏投资理性，浪费了城市宝贵的土地资源。因此，2018年3月，国家发展和改革委员会等五部门出台《关于规范主题公园建设发展的指导意见》（发改社会规〔2018〕400号）（以下简称《意见》），要求主题公园的开发应科学规划、合理布局，因地制宜、打造精品，遵循旅游市场客观发展规律。

梁增贤博士的《主题公园与城市发展》直击当前中国主题公园发展的痛点，很好地回答了主题公园与城市的相互关系，即什么样的城市适合发展主题公园，而主题公园又会对城市产生怎样的影响。梁增贤是我指导的博士，在读博之前，他在位于深圳华侨城的暨南大学旅游学院读研时，已经在主题公园领域有了一定的实践和研究积累。读博期间，他继续深化主题公园的研究，相继发表了一系列论文，在学术界和业界获得较高评价和认可。他完成的博士论文从旅游绅士化角度揭示了主题公园发展对城市社会空间的影响，论文理论视角独特，案例研究深入，结论给人启发，答辩得到好评，本书节选了部分内容。梁增贤毕业后供职于中山大学旅游学院，开设了"主题公园管理"课程，继续主题公园研究，主持和参与了多项政府和企业委托的主题公园相关课题研究，对华侨城集团、长隆集团、华强集团、迪士尼公司等主题公园企业有较多了解，积累了丰富的实践经验和研究成果。该书实为其多年研究和实践成果汇聚。

诚如该书所分析，大型主题公园的开发是需要一定的市场条件的，并不是什么城市都适合建设。那些不具备条件的城市即使通过投资激励或旅游房地产模式建成主题公园，后期经营也很难持续。主题公园是城市发展到一定阶段的产物，被认为是现代大都市的"标配"，但这绝不意味着有了这个"标配"，城市就变成了大都市。主题公园也会给城市带来影响，有积极的，也有消极的，在该书中都有提到。其中，最受人关注的是主题公园对周边房地产的增值作用，这也是房地产商推动旅游房地产的"借口"之一。1995年，我对主题公园的研究就证明了深圳华侨城主题公园的开发确实会给周边房地产带来增值效益。深圳华侨城的房价与锦绣中华、中国民俗文化村、世界之窗的开发呈正相关，跃居深圳前列，吸引了大批富裕人口入住，成为名副其实的高档社区。华侨城集团的领导层也从那时起，认可了主题公园在房地产开发中的价值，从而推动了主题公园+旅游地产模式在全国的发展。梁增贤这本书进一步聚焦在富裕人口对低收入群体以及富裕人口之间的置换关系，用绅士化理论理解主题公园开发对周边城市社会空间的影响，涉及社会人口结构的变化、生活方式和文化的变迁、社会经济的重组、建筑和景观的改变，甚至地方认同与地方感的变化。

对于今天的许多中国人来说，主题公园已经从奢侈品变为普通消费品。主题公园遍地开花，对城市的影响是多方面、深层次的。然而，中国经历几次主题公园浪潮之后，在主题公园研究方面实际上沉淀的并不多。我们一直非常欠缺理性思考和经验总结，在理论解释和构建上也缺乏扎实而有深度的研究。一方面，经世致用的文化传统下忙于实践的学者多，静心研究的学者少；另一方面，主题公园企业对研究者不够开放，研究者缺乏进入性。往往有兴趣的学者接触不到企业的真实情况，只能做外围研究。梁增贤博士的《主题公园与城市发展》较好地解决了上述问题，在主题公园发展的理论解释和深度思考上做出了贡献。

中国旅游消费转型后已经进入新常态，市场回归理性，消费变得有预算，相信《主题公园与城市发展》一书的出版对政府决策者、企业投资者和学者均开卷有益。

保继刚

广州康乐园

2018年7月30日

# 前　言

这是一本积累十年的著作。

2008年，在董观志教授的指导下，我硕士论文选题为主题公园，案例地是深圳欢乐谷。当时许多主题公园都需要知道"主题公园最佳的游客量是多少"。事实上，这个问题在我做选题之前已有研究，要么从物质容量、环境容量的角度给出公园的最大承载量；要么从盈亏平衡或边际收益的角度给出理想的游客量区间。这些答案好像都有道理，但都脱离了主题公园是人造景区的本质。这些测量都没考虑"人"。我深入调研后发现，主题公园不同于一般景区，它的体验不仅源于公园本身，还源于人与人之间的互动和影响，即今天学术界所说的体验共创。因此，我的硕士论文从游客心理容量的角度，给了一个答案：游客量与游客满意度之间是倒U形关系，即主题公园游客量过多或过少都会降低游客体验。这个结论给主题公园运营，尤其是容量管理提供了实证研究依据。当然，以今日的标准，这项研究略显粗糙，也不够精确，但在那时，已经能指导实践了。

2009年，我攻读中山大学人文地理学博士，师从我国著名的旅游地理学家保继刚教授。保老师完成了中国第一篇关于主题公园的地理学博士论文，这在当时中国主题公园研究领域是领先的。地理学视角与管理学不同，人文地理学强调"人地关系"，思考要有空间、有地方，写作要有地理味。更重要的是，人文地理学在那个时候特别关注物质空间，而不是社会空间。这启发了我在空间中思考社会性议题。很快，人口的就业和空间的文化生产成为我关注的焦点。在随后的几年，我相继完成了一系列关于主题公园就业影响、非正规就业管制以及主题公园与地方文化再生产的论文。沿着这条思路，我进一步观察到，主题公园是一种空间体验。主题公园引发的周边城市空间重构也采用了主题化手法。主题体验从公园一直延伸到社区。城市空间呈现消费化、高尚化的特点，导致社区人口结构变迁、空间文化再生产、建筑景观改造、生活方式变迁等一系列问题。因此，我的博士论文就专注于研究主题公园与城市社会空间之间所产生的上述影响，试图应用并调适绅士化理论。

2012年，我毕业留任中山大学。这是一个很好的平台，加之保老师所建立的主题公园研究阵地，为我提供了更多接触政府、企业并参与主题公园课题研究的机会，让我更加深刻地了解主题公园产业的运行现状和规律。过去几年，中国主题公园产业也恰好迎来新一轮发展浪潮。国际品牌进入，国内品牌扩张，房地产企业也参与进来，一派热火朝天的景象。然而，这背后却潜藏着深重的产业危机。作为研究者，在这个时候需要反思，也需要"泼一盆冷水"，让产业冷静下来，理性一点。本书算作一碗"凉茶"，不见得甜，可能还带有点苦味，但应该有益。事实上，这些年我做得最多的咨询是主题公园开发的可行性研究，回答城市是否适宜开发主题公园？哪块地最恰当？有时候，我也给出"不可行"的结论，但凉药苦口，忠言逆耳，企业总能找到其他说"可行"的专家。大多数时候，甲方心里已经有了倾向性，来咨询只是为了印证自己的想法是对的。还有些时候，并非他们不信你，而是揣着明白装糊涂，无非利益使然。本书汇集了这些年的研究和实践思考：主题公园开发需要特定的城市条件，其影响有正向和负向之分，都需要评估。

2018年，一方面，科学出版社希望出版一本关于主题公园与城市关系的研究专著，读者群不局限于学界。事实上，中国严肃科学的主题公园研究一直相当缺乏，行业发展缺乏必要的理论指导。一开始个别企业还能摸着石头过河，做务实投资。近些年，一些企业则是近乎疯狂地"裸奔"，想当然地就投建主题公园。殊不知，主题公园或许是所有旅游项目中开发和运营难度最大、风险最高的项目。感谢科学出版社一如既往的认可和支持。既然是学者，说研究是必需的，也是应该的，但语言我处理得稍微通俗易懂一点。另一方面，本人获得中山大学教材建设项目出版经费资助，这也恰好给予了本书支持，甚为感谢。

要理解城市与主题公园的关系，就要跳出主题公园来看主题公园，其有以下两层含义。

第一层，主题公园通常都不是单独开发的。如果不理解其综合开发的整体，就无法了解主题公园之于城市的影响和意义。本书第一章、第二章、第五章、第八章都说明了，随着城市社会经济的发展，进入后工业化社会，尤其是消费社会时代，混合消费成为主流，主题公园不仅自身不断演化以适应变化，而且也整合了其他消费空间和设施一起满足时代需求。

第二层，不就主题公园谈主题公园，而是透过主题公园看社会。主题公园之于社会早已不局限于娱乐空间，而是后现代城市的空间例证，是迪士尼化的典型，甚至引发旅游绅士化。本书第四章、第六章、第七章和第十章分析了主题公园对城市社会就业、空间文化生产、绅士化和迪士尼化的影响。

从现实意义看，第三章和第九章回应了政府和企业最为关心的问题，即城市发展主题公园需要什么条件，哪些城市适合发展，并用巴黎迪士尼度假区开发的案例解释了主题公园与新城开发的关系及成败经验。

  本书成文，特别感恩保继刚教授的指导和多年来给予的研究支持。他为本书调研提供了诸多便利，在许多重要问题上提供了专业见解。同时，我也非常感谢许德祺教授、董观志教授、张朝枝教授、张玉钧教授、楼嘉军教授、林焕杰教授给予我的建议和研究协助。我要感谢中国旅游集团公司的陈文杰院长、华侨城集团的古诗韵博士和王刚博士、深圳圭派景观设计有限公司的马嘉骏老师给予的行业建议。我还要感谢我的研究生和参与系列课题调研与报告撰写的一群本科生，他们为此付出了辛勤汗水，而我也常常被年轻人的新鲜观点所震撼。最后，感谢为调研提供过便利的中国旅游集团公司、华侨城集团、长隆集团、华强集团、保利发展集团（原保利地产）、恒大旅游集团、香港迪士尼乐园、新加坡环球影城等企业及其下属子公司。

梁增贤  
广州中山大学  
2018 年 7 月 16 日

# 目　　录

第 1 章　欧美城市化与主题公园 ·················································· 1
　1.1　欧洲农业城镇与市集娱乐 ················································· 2
　1.2　欧洲工业城市与公园娱乐 ················································· 5
　1.3　欧美城市化与世博会娱乐 ················································· 7
　1.4　高度工业化城市与游乐园 ················································· 9
　1.5　后工业化城市与主题公园 ················································ 12
　1.6　欧美主题公园发展的差异 ················································ 14

第 2 章　中国城市化与主题公园 ················································· 17
　2.1　城市化与中国主题公园业 ················································ 17
　2.2　快速工业化与游乐园浪潮 ················································ 19
　2.3　开放城市与微缩景观运动 ················································ 22
　2.4　后工业化与主题公园发展 ················································ 24
　2.5　全球化下的主题公园竞争 ················································ 26

第 3 章　主题公园城市适宜性评估 ··············································· 31
　3.1　适应性评价模型的构建 ··················································· 32
　3.2　指标的遴选和数据获取 ··················································· 40
　3.3　主题公园适应性评价结果 ················································ 44

第 4 章　主题公园与城市就业 ···················································· 47
　4.1　主题公园就业研究进展 ··················································· 48
　4.2　主题公园的就业特征 ····················································· 49
　4.3　主题公园非正规就业的管制 ·············································· 53

第 5 章　主题公园季节性与奇幻城市 ············································ 62
　5.1　主题公园与奇幻城市 ····················································· 62

5.2 主题公园季节性与消费规律 ················································ 68
5.3 主题公园季节性与消费心理 ················································ 76

第 6 章 主题公园与旅游绅士化 ························································ 81
6.1 构建旅游绅士化的阶段模型 ················································ 82
6.2 深圳华侨城案例 ································································ 85
6.3 北京华侨城案例 ································································ 99
6.4 旅游绅士化的成因与结果 ·················································· 109

第 7 章 主题公园与城市空间生产 ··················································· 118
7.1 文化潮变与地方意义建构 ·················································· 118
7.2 相关研究综述 ··································································· 119
7.3 研究设计与案例说明 ························································· 121
7.4 深圳华侨城的案例研究 ······················································ 122
7.5 文化转型对深圳华侨城地方意义流变影响的文化逻辑 ············· 127
7.6 结论与讨论 ······································································ 129

第 8 章 主题公园的邻近效益 ·························································· 130
8.1 房地产开发的邻近效益 ······················································ 130
8.2 中国主题公园房地产开发 ··················································· 134
8.3 主题公园房地产的内在机制 ················································ 138
8.4 中国主题公园房地产发展反思 ············································· 140

第 9 章 主题公园与新城开发 ·························································· 142
9.1 巴黎马恩河谷的新城开发 ··················································· 142
9.2 巴黎迪士尼乐园的发展 ······················································ 146
9.3 迪士尼乐园与新城开发 ······················································ 151

第 10 章 主题公园与迪士尼化 ························································ 155
10.1 中国消费社会的来临 ······················································· 155
10.2 从麦当劳化走向迪士尼化 ················································· 161
10.3 主题公园与迪士尼化的城市 ·············································· 166

参考文献 ······················································································ 171

# 第 1 章　欧美城市化与主题公园

主题公园的起源与演化和城市化紧密相关。欧美城市化起步较早、历时较长，各国差异显著，与中国的差异就更大了。这些差异直接决定了欧美国家的主题公园与中国的主题公园发展路径有不同之处。主题公园是城市社会经济发展到一定阶段的产物。换句话说，主题公园的可持续经营需要一定的城市社会经济条件。一般认为，现代主题公园始于 1955 年 7 月 17 日在美国安纳海姆开业的迪士尼乐园（Disneyland），但现代主题公园的物质形态和文化元素可以追溯到欧洲中世纪的市集（fairs）娱乐。事实上，美国第一个主题公园并非迪士尼乐园，而是 1940 年开业的位于美国加利福尼亚州布埃纳帕克（Buena Park）的诺氏糖果庄园（Knott's Berry Farm）。2017 年，诺氏糖果庄园仍接待游客 403.4 万人次[①]，一直是北美地区最受欢迎的 20 个主题公园之一。然而，主题公园的出现也并非无源之水，其汲取了欧洲市政公园的场地设计、世界博览会的主题化、美国游乐园（amusement park）的游乐要素以及影视动漫的再现手法，形成了符合现代大都市娱乐需求的游乐空间。这种城市游乐空间的形成与演化从欧洲农业社会的城邦（镇）就开始了，并逐渐走向规模化、专门化和主题化，见图 1-1。

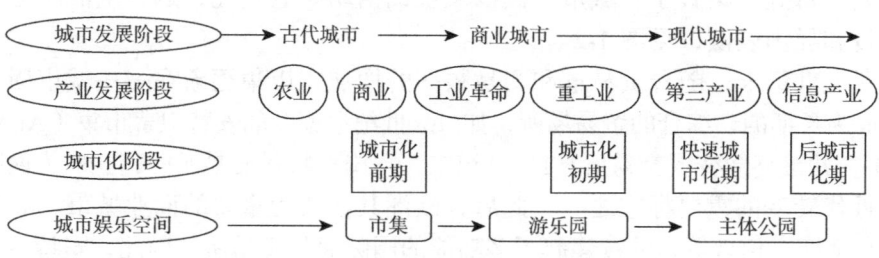

图 1-1　城市化与城市娱乐空间演化逻辑

主题公园的概念要素源自欧洲，在美国逐渐产业化、主题化，并推广到全世

---

① TEA，AECOM. The Global Attractions Attendance Report for 2017. Themed Entertainment Association，2018.

界。主题公园的形成与发展和欧美国家的城市化进程紧密相关，其背后所反映的是城市化进程中城市社会经济的变迁以及由此形成的城市休闲娱乐市场的演化。由于欧美城市化存在国别差异和阶段差异，地区间发展并不同步。即使在一国之内，处于不同发展阶段的城市也存在多种形态的"主题公园"。

## 1.1 欧洲农业城镇与市集娱乐

欧洲大部分城市虽然形成于 14 世纪之前，但欧洲用了一千多年才实现高度城市化。城市化对城市休闲娱乐产业的影响主要聚焦于技术、人口和市场三个方面。在漫长的农业社会时代，城市是必需品交换的场所，而市集则成为交易的具体地点。由于交易量较小，市集只有在较大的城镇才会每天营业，在大多数城镇并不是每天都开放的。根据 Clark（2009）的研究，欧洲最初的市集，商品十分有限，多局限于木制品、金属器和陶制品，规模小的市集只有几十种商品。后来一些大中型的市集出现了几十种甚至上百种行业，中世纪伦敦的职业种类就多达 175 种（Clark，2009），其中就包括专门提供娱乐的商人或艺人。欧洲中世纪市集的起源可以追溯到古罗马时期。最古老的欧洲中世纪市集是出现于 630 年的巴黎圣德尼斯（Saint-Denis）市集，在每年的 10 月 3 日后举行 4 周。进入 12 世纪，欧洲市集开始进入繁荣期，最著名的市集当属 12~13 世纪法国的香槟市集（Champagne Fairs），不仅交易货物的种类和数量增加，而且市集上开始出现一些表演各种杂耍、展示各国新奇玩意的娱乐艺人。香槟市集是当时法国东部香槟（Champagne）和布里耶（Brie）地区几个城市年度巡回系列市集的统称，吸引了大量来自欧洲各国乃至中东地区的商旅、朝圣者和艺人。每到市集日子，城市居民以及农民携幼扶老到此，购买生活所需，欣赏奇货和异国表演，见图 1-2。

到中世纪末，随着贸易量和交易频率的增加，市集逐渐在一些城市固定下来，成为长期的、综合的贸易场所，如 15 世纪尼德兰的安特卫普市集（Antwerp Fair），并最终演变成交易所。16 世纪末，阿姆斯特丹交易所的建立成为西欧商业向近代转变的重要标志之一。此后，欧洲其他较为重要的商业城市，如威尼斯、热那亚、伦敦等，陆续建起了多功能的国际商品交易所。因此，安特卫普和阿姆斯特丹的商品交易所是西欧商业史上的里程碑。伴随交易所的建立，商业空间变得专业化，市集娱乐作为附属品在这些交易所有零星分布。市集娱乐培养了欧洲人集中娱乐的习惯，并建立了娱乐与商业的天然连接，被后来的主题公园所

图 1-2　欧洲的乡村市集
资料来源：弗兰德艺术家 Gillis Mostaert，1590

借鉴。娱乐的提供者可以在市集上获得足够的市场。然而，由于市集的临时性，娱乐的提供者不得不在各个城镇间迁徙、游走，贩售娱乐体验，只有在极少数大的市集，他们才会有固定的娱乐地点。今天，我们仍可以看到这种巡回式的娱乐贩售模式——环球嘉年华（World Carnival）（详见本节案例介绍）。

18 世纪初期的欧洲，农业社会的城镇发展已经达到了很高的水平。专业化城市出现，大城市的业态万千，专门提供娱乐服务的从业者不仅规模庞大，且更加专业化细分。从公共音乐演奏场、剧院到舒适的花园、各式体育运动场。启蒙运动开展的城市为各类新型休闲活动的繁荣提供了场所，这类活动在英国城镇尤为普遍。在英国，酒馆成了新型休闲娱乐的重要集合地。17 世纪 70 年代，英格兰第一场商业性质的音乐会在伦敦东部的一家酒馆举行。到 18 世纪的 30 年代，音乐会和酒馆已发展成为伦敦最具吸引力的休闲娱乐活动。这类休闲娱乐方式很快传遍整个欧洲，并把欧洲传统的市集娱乐融合其中，酒馆里也会有市集的杂耍。18 世纪的英国城镇，大约有 1.2 万家俱乐部和社团，其中很多成员都是社会精英、中产收入群体和技术工人，仅伦敦就有 3 000 多个社团，成员以男性为主，娱乐活动从运动、音乐、戏剧到养鸟、书籍、辩论、赌博、园艺、文学，各方面都有（Clark，2009）。

**案例介绍**

环球嘉年华的前世今生

环球嘉年华是一项巡回式游乐活动品牌。120年前，一位叫威廉·史蒂芬的英国人用毛驴车驮着简陋的设施四处游走，每到一地便搭台表演，为人们创造欢乐。如今，经过家族六代人的不懈努力，环球嘉年华已发展成为全球巡回式主题乐园品牌。环球嘉年华是史蒂芬先生的家族生意。史蒂芬家族的环球嘉年华历史可追溯到19世纪晚期，当时史蒂芬先生的祖辈们正在英国经营少年儿童骑驴赛跑活动。当时，游乐园产业刚刚起步，环球嘉年华的旋转木马成为当时的标志性游乐器械。随后，史蒂芬家族组建了一个专业化公司，专门举办这种巡回式娱乐。史蒂芬家族以英国为中心，逐渐扩展其海外业务。1991年起开始在东欧、南亚和中东地区许多国家组织大型游乐活动。2001年，史蒂芬家族与Hanslodders、香港金海岸有限公司合作，成立了香港汇翔有限公司，注册商标"环球嘉年华"，专业经营巡回式游乐场。迄今为止，环球嘉年华已先后在巴黎、伦敦、吉隆坡、迪拜、香港等世界各大城市完成游历。随后，环球嘉年华还陆续在中国各主要城市举办，其中包括2001~2002年的香港冬季嘉年华、2003年的上海环球嘉年华、2003年的香港冬季嘉年华、2004年的北京环球嘉年华、2007年满洲里环球嘉年华等。其中，2003年的香港冬季嘉年华，在58天共吸引游客190万人次，总收入达到1.2亿港元。

2003年6月，"非典"疫情稍缓，作为世界最大型的巡回式游乐场，环球嘉年华投资9000万元在上海陆家嘴开幕，并迅速引发热潮。在短短一个月内，超过130万人涌入嘉年华，人均消费逾100元。狂欢的氛围、绒毛玩具奖品与人们发泄积郁数月的沉闷心情一起，成为当年上海的一道风景。环球嘉年华2003年和2004年都再次到访上海，但再未出现如2003年一样的热潮。2006年，环球嘉年华又一次现身上海，希望借助F1比赛拉动人气，但举办地点与市中心距离过远，游客玩乐不便，即使举行时间延长一个月也难以扭转人气。

事实上，环球嘉年华这种巡回式游乐场在我国一线城市热度消退主要有三个原因：一是中国一线城市逐渐进入后工业社会，主流消费群体是中产收入群体，这使得一线城市对毫无主题包装和体验的产品需求减弱；二是环球嘉年华占地面积不是很大，游乐器械较小，缺乏大型刺激项目，加之临时搭建，难以塑造良好的主题景观和氛围，且历年项目大多雷同，难以形成持续吸引力，重游率较低；三是中国许多大城市在2003年后逐渐建设了场地较大、主题化包装程度高、游乐器械先进、景观塑造良好、服务质量可靠的主题公园，客观上对环球嘉年华产生强烈的竞争。当然，环球嘉年华这种巡游式娱乐方式如果能够结合当地文化主题，增加互动表演和体验，选择在中国的二三线城市开办，仍具有相当吸引力。

## 1.2 欧洲工业城市与公园娱乐

18世纪中叶开启的工业革命不仅改变了欧洲的城市和经济格局，也重塑了城市娱乐的形式和内容。首先，已经持续了几个世纪的"圈地运动"不断将人口赶到城市，城市人口规模暴增，密度上升（表1-1）；其次，机械化大生产解放和发展了劳动力，相比于农业社会时期，城市工人的闲暇时间增加；再次，富余的劳动剩余为人们的休闲娱乐享受提供了可能；最后，技术革命为城市娱乐带来了新的体验。传统的市集直到19世纪末仍具有一定的规模，依然存在于发展较好的城镇。法国的弗雷（Forez）地区，大规模的贸易仍然带动传统市集数量翻了一倍。俄国下诺夫哥罗德1817年建立的市集也推动了当地的发展，19世纪60年代该市集吸引了200万名顾客。实际上，19世纪后期，尽管市集在西欧已经日暮西山，但在俄国仍保持强劲的发展势头。然而，到20世纪90年代，传统的农业分销体系在发达的欧洲城市已经瓦解，欧洲的市集逐渐退化为生鲜零售的专卖店，而那些声名远扬的古老市集则成为游艺市集，仅保留娱乐功能。因此，在今天的欧洲，当人们谈起市集，第一反应可能是提供狂欢的游乐场所，而非交易市场。

表1-1 欧洲的城镇化水平（1850/1910年）

| 地区 | 1850年（平均数） | 1850年（中位数） | 1910年（平均数） | 1910年（中位数） |
| --- | --- | --- | --- | --- |
| 地中海国家 | 16.5% | 16.5% | 26.0% | 27.0% |
| 西欧国家 | 25.0% | 19.0% | 51.3% | 50.0% |
| 北欧外围国家 | 10.8% | 8.3% | 25.5% | 27.7% |
| 东欧国家 | 8.1% | 7.0% | 16.8% | 16.0% |

资料来源：Bailly A, Huriot J M. Villes et Croissance: Theories, modeles, perspectives. Paris: Economica, 1999: 29; Bairoch P, et al. La Population des Villes Europeennes de 800 a 1850. Geneva: Libraire Droz, 1988; National Censuses

欧洲的工业化引发了欧洲社会的一大矛盾，即日益增长的城市休闲娱乐需求与严重短缺的城市休闲娱乐供给之间的矛盾。为了解决这一矛盾，一些国家将皇家园林或贵族庄园改造成市政公园，如英国和法国。在工业化背景下，公园和花园的建立是欧洲城市化的需要。自然，无论是纯态的或经改造的，公园和花园均变成了一种城市空间,社会试图通过保留它、把它融入城市或发挥它的休闲作用等途径接近它。起初,这些公园或花园仍然是欧洲封建贵族独享的城市空间。随着工业革命的深化,新兴资产阶级崛起,工人成为城市的大众,而贵族逐渐走向没落。他们的公园、花园或者庄园要么开放给新兴阶层,要么干脆被收购并加以改造成为供大众享受的城市空间。最具特色的是沃克斯豪尔花园(Vauxhall Gardens),1661年最初创建时其叫"新春天花园",1728年更名为"沃克斯豪尔花园"。1785年,沃克斯豪尔花园向市民,主要是贵族和新兴资本家开放,并收取一定的门票(最初是1先令),且要求着盛装入园。这也说明了早期开放的欧洲市政公园主要面向城市相对富裕群体,而非普罗大众。从某种意义上说,公园是特定社会群体的娱乐空间,具有特殊的身份价值。开放的沃克斯豪尔花园并未进行过多改造,只是在中世纪欧洲规整几何园林的基础上,置入了走钢丝、热气球、音乐会和烟火表演,见图1-3。

图1-3 沃克斯豪尔花园内的娱乐表演

资料来源:Rowlandson,1779,收藏于美国国会图书馆(ID ppmsca.05671)

1843年,位于丹麦哥本哈根的蒂沃利公园(Tivoli Gardens)以全新设计建造的方式开业,最初它只是群众集会、跳舞、看表演和听音乐的场所,后来逐渐加入游乐项目,至今仍然营业,是欧洲最著名的主题公园之一。2017年,蒂沃利公园仍接待游客464万人次,位列欧洲第五[①]。由于公共资金有限,城市政府不可能投入过多的资金用于公园的建设,亟须吸引民间资本。事实上,房地产因为公园的开发而升值已经被人们意识到了。早在19世纪初,英国地方政府创新性地建立了"公园+房地产"的开发模式,用房地产销售和收取地产升值税等方式,反哺公园投资和日常运营。当时,英国伦敦的摄政公园(Regent's Park)和利物浦的伯肯黑德公园(Birkenhead Park)是典范。以伯肯黑德公园为例,政府投资1 340万美元购买225英亩(1英亩≈4 046.86平方米)土地,其中125英亩用于建设伯肯黑德公园,剩余100英亩用于开发房地产。最终房地产销售价值为2 190万美元,不仅支付了公园的建设费用和土地成本,且有巨额盈余,政府还能从未来的房产税中产生持续的利润用以支付公园的发展。这是一项获利的投资。欧洲的公园通过改造自然,加入人文要素,在城市有限的空间中集中布局休闲娱乐项目的城市休闲空间建设方式迅速被世界其他地方学习,并成为后来游乐园和主题公园发展的参照。

## 1.3 欧美城市化与世博会娱乐

随着工业化的发展,欧洲许多城市的贸易日益繁荣,工业产品层出不穷,博览会应运而生。博览会不仅仅是各国展销产品的现代市集,也是近代娱乐的集合地。世界博览会起源于1844年在法国巴黎举办的法国工业博览会(French Industrial Exposition),很快这种集中展销工业商品并带有娱乐性质的博览会在欧洲推广开来。1851年,英国伦敦水晶宫举办的博览会被认为是第一届世博会,称为"万国工业工程博览会"(Great Exhibition of the Works of Industry of All Nations)。博览会继承了欧洲传统市集娱乐的元素,到19世纪末期,博览会的娱乐化越发明显,娱乐功能和娱乐空间被强化。传统的博览会的主要功能是交换商品,而新的世界博览会(以下简称世博会)旨在鼓励消费,并展现进步的思想意识形态和革命性的技术创新。在这样的背景下,不仅采购商,游客也成为博览会的主要市场资源。

1893年,芝加哥世博会是第一届为游乐活动开辟独立空间——大道乐园(Midway Plaisance)的世博会。1千米长的步行大道充满了表演和民营企业运行游戏的商店。Zukin(1995)认为,芝加哥博览会启发了迪士尼为人们创造一个获得快乐和知识的娱乐空间的想法。大道乐园内最著名的就是摩天轮(ferris

---

① TEA,AECOM. The Global Attractions Attendance Report for 2017. Themed Entertainment Association,2018.

wheel）。这个摩天轮高 80 米，有 36 个车厢，每一个车厢可以容纳 60 人，最大承载量为 2 160 人。在博览会期间，145 万人次以 50 美分的票价，享受 20 分钟摩天轮的震撼，见图 1-4。芝加哥世博会首次建立了统一的卫生清洁系统，并建设大型的内部交通体验网络，推行广告，更为重要的是，这次大型世博会根据不同国家或地区形成主题分区，大道乐园内拥有开罗标志性街道、波斯宫殿、土耳其村、日本集市、基拉韦厄火山、维也纳咖啡馆以及埃菲尔铁塔的微缩模型。这种主题分区的理念被后来的主题公园借鉴。

图 1-4　1893 年芝加哥世博会的摩天轮
资料来源：纽约时报（The New York Times）

　　芝加哥世博会娱乐活动的成功证明了，在 19 世纪末的欧美，已经有数以百万的人们愿意为了娱乐而消费，他们甚至为此乐于进行一次长途旅行。铁路、电车公司、酒店、餐馆、酒厂以及各式各样的相关企业纷纷参与，配合这场巨大的娱乐盛会。

　　1939 年，美国纽约世博会以"未来"为主题，创建了未来时代景观，大量应用天空乃至太空世界的想象。其中，最受欢迎的是一个名叫"未来世界"（Futurama）的奇观，是一个巨大的可移动的立体场景，表达当时人们对 1960 这一"未来"时代的想象。它里面有一条 480 米长的传送轨道，足以让游客欣赏 15 分钟的未来世界。据说，当时它每天平均接待游客 2.7 万人次。这些关于未来世界的想象来源于当时盛行的勒·柯布西耶（Le Corbusier）的乌托邦式城市的思想，他们将城市混沌的空间变得有序、清晰，将可控区域与混乱的环境区分开。

也正是这一次博览会,人们才真正意识到"主题"的巨大魅力。新的城市消费者不再局限于将金钱花费在具体的工具效用上,他们需要有主题想象的体验,需要能够表达他们思想、地位、声望和意志的休闲娱乐。博览会娱乐空间不仅是一个消费空间,更是一个具有主题意义的地方。

## 1.4 高度工业化城市与游乐园

19 世纪 70 年代后,欧洲的工业发展进一步推动了城镇化,第三产业得到快速发展,一些西欧城市已经进入了高度工业化社会。在城市化进程中,西欧处于领先地位,保持着大规模和持续性的城市化。英国的城市人口比例从 1871 年的 62%跃升至 1911 年的 75%,到 1951 年已经上升到 82%(Clark,2009)。德国的增长速度也非常惊人,城镇化率从 1871 年到 1910 年几乎翻了一番,达到了 60%。美国的城市化受益于快速的工业发展,增长迅速。1690 年,美国超过 2 500 人的城市仅有 4 座,最大的城市波士顿也才只有 7 000 人。到 1820 年的时候,超过 2 500 人的城市数量增加到了 61 座。1830 年之前,美国的人口增长主要集中在农村,农村人口的增速远远大于城市人口的增速。这是因为美国大片的待开垦土地吸引了大量的劳动力。到 1830 年的时候,美国工业化进程加快,大量人口向城市集中,美国城市人口比率从 1820 年的 7%上升到了 1860 年的 20%。1860 年,美国 10 万人以上的城市达到 9 座。南北战争以后,美国工业化进一步加快,美国的工业经济走向成熟,由农业社会顺利转变为工业社会,产生了大量的城市集群,人口超过百万的特大城市也随之出现,到 1920 年的时候,美国城市人口所占比率达到 51.2%,美国主要城市进入了高度工业化社会。

欧美国家高度工业化城市对城市娱乐需求产生积极影响:一方面,作为城市消费主体的工人不仅规模庞大,且具有相当的消费能力;另一方面,工业的发展解放了人们的日常劳作,他们有了更多的闲暇时间,对城市娱乐的需求迅速增长。为了应对这一需求,许多发达的欧洲工业城市设法建设更多的娱乐空间。然而,传统欧洲市政公园的发展较为缓慢,一方面皇家或政府不可能继续让渡出更多的园林和土地用以建设市政公园;另一方面,城市市政投入也不可能提供足够的支持,同时也并不是所有的地块都适合学习"公园+房地产"的模式来建设。这就要求城市应该提供一种能够自我盈利的公园模式,而自我盈利的关键就在于公园能够提供足够的娱乐项目让游客自愿消费。

游乐园应运而生。现代游乐园经历了早期欧洲的孵化,最终在一些滨海旅游度假胜地形成,成为城市市民周末一日游的去处,如英国的布莱克浦(Blackpool)

和美国的科尼岛（Coney Island）。20 世纪的前 20 年美国游乐园产业发展到了高峰，以科尼岛为代表。科尼岛是长岛最南端的一片沙洲，约长 4 英里（1 英里≈1 609.34 米），宽 1.5 英里，位于美国纽约市布鲁克林区的半岛，原本为一座海岛，其面向大西洋的海滩是美国知名的休闲娱乐区域。1860~1870 年，美国铁路可以抵达科尼岛，同时渡轮航线也在科尼岛开通，纽约市民可以很容易地到达科尼岛。科尼岛位于当时世界上最有前途的大都市的沿海地带，拥有滨海旅游的神奇魅力。这一时期，岛上开始建设大型饭店、公众及私人海滩和野营地，科尼岛逐渐成为滨海度假胜地。随着美国经济的发展和私家车的普及，科尼岛的旅游价值进一步提升，赛马场、游乐园等娱乐设施相继设立，赌场、色情行业也开始进驻科尼岛。20 世纪初的科尼岛，成为欧洲移民和美国市民为了娱乐和逃避战乱而建造的高科技体验天堂。从月球到海洋深处，科尼岛把世界变为超越日常生活的神奇所在，通过模拟景观和节目造就壮丽景象。立体模型和图像吸引人们的眼球，同时机械游乐设施给人们带来全新的体验。东方建筑、电灯和机械设备的大量使用效法了芝加哥世博会的大道乐园。通常用于工业生产的技术转而用于休闲娱乐，这改变了人们的行为习惯。技术、幻觉和心理学一起创建了一个通过其有别于人们日常生活的特点和对固有文化的蔑视来吸引游客的文化产品。科尼岛构建的休闲娱乐被新兴中产阶级所接受，并为不能出国旅行的工人阶级提供具有异国情调的替代选择。

科尼岛由 4 个大型游乐园（图 1-5），即海狮乐园（Sea Lion Park）、障碍赛马乐园（Steeplechase Park）、月神乐园（Luna Park，月神乐园是在原先海狮乐园的基础上建成的）、梦境乐园（Dreamland，建于 1911 年）和一系列小型游乐园（室）组成。从 1880 年到第二次世界大战，科尼岛是美国最大的游乐区，每年吸引几百万名游客。

图 1-5　20 世纪初期的科尼岛三大游乐园

资料来源：http://www.westland.net/coneyisland

海狮乐园建于1895年，占地16英亩，为封闭的收费乐园，据说是北美第一个封闭的固定性游乐园。乐园并非采取全园通票制，而是分项收费制（pay-as-you-go），游客游玩哪个项目，就单独购买哪个项目的票。这种分项收费制后来被其他游乐园广泛借鉴，成为游乐园收费的主要模式。海狮乐园面积很小，最主要的游乐就是类似今天深圳欢乐谷"激流勇进"的项目。由于乐园无法扩大面积和更新游乐设备，且面临新建的障碍赛马乐园和月神乐园的激烈竞争，到1903年，海狮乐园不得不被月神乐园收购。

障碍赛马乐园建于1897年，是当时科尼岛上具有划时代意义的游乐园，引领了整个美国游乐园产业的发展，也是三大游乐园中经营时间最长的。借鉴芝加哥世博会摩天轮的成功经验，障碍赛马乐园也建设了一个巨大的摩天轮，还建设了障碍赛马道以及一个可以让游客从高空伞降的铁塔。这些应用了最新机械科技的全新娱乐体验给人焕然一新的感觉，备受市场青睐。然而，1907年，由于乐园使用了不稳定的电器设备引发了大火，整个园区几乎被烧毁。1909年，重建后的障碍赛马乐园再次开业，之后乐园又经历了1936年和1939年两次大火。乐园艰难维持经营，一直到1964年倒闭。高科技在重塑人类娱乐体验的同时，也潜藏着巨大的风险。

月神乐园于1902年建成，对于游乐园和主题公园产业而言，其建立同样具有划时代意义。与之前的游乐园不同，月神乐园广泛使用电器设备，光电灯就使用超过25万盏。月神乐园成为能够日夜运营的游乐园，其所营造的夜景最具吸引力。加上引进来自世界各地的建筑景观和民族表演，以及丰富的乘骑设备，月神乐园成为真正意义上的大型游乐园。此后不久，月神乐园成为游乐园品牌，在全美各地乃至欧洲、亚洲兴建。然而，早期使用的电器并不稳定，电灯容易爆炸起火。1944年，月神乐园在连续几场大火中被焚毁大部分项目，在艰难维持两年后，1946年其宣布倒闭。与月神乐园类似，建于1903年的梦境乐园，园内广泛使用电器设备，后同样也因电器失火被焚毁，于1911年倒闭。月神乐园在当时是美国游乐园时代的象征。在全球，曾经拥有五十几家月神乐园，但并不是由统一的开发商开发或运营。在亚洲，最早的月神乐园建于1910年的日本东京，但这家乐园于1911年被烧毁。日本的大阪于1919年重建了月神乐园，即新世界月神乐园（Shinsekai Luna Park），但只运营到1923年。中国香港于1949年也建设了月神乐园，但它并非纯粹的游乐园，而是一个集游乐园、购物、影院和夜店于一体的都市娱乐综合体，该乐园于1954年关闭。

科尼岛是游乐园时代最重要的目的地，而月神乐园则是游乐园时代的标志。2010年，美国科尼岛在原来Astroland（航天乐园）的位置，建设了全新的月神乐园。新的月神乐园拥有6个现代过山车，28个游乐项目，对游客仍然具有吸引力。第二次世界大战后，游乐园在北美一些城市陆续走向衰退，最后演变为整个产业的衰退。其中的原因既有乐园自身的问题，更重要的是整个产业所面临的市场环境和经营条件在北美发生了根本性改变。第一，随着经济的快速发展，一些大城市开始转型为后工业社会，人们的文化需求和生活方式发生了很大改变，单纯的乘骑器械游乐很难吸引年轻人；第二，传统的游乐园很难创造差异，设备雷同，普遍存在着卫生、安全和管理问题；第三，第二次世界大战后以中等收入群体消费为核心的城市休闲娱乐市场成为主体，他们倾向于富有主题和文化想象的娱乐。在当时有声电影和彩色电视陆续推出的大背景下，传统游乐园的娱乐方式开始过时了。

## 1.5　后工业化城市与主题公园

　　第二次世界大战后，欧美许多国家迅速恢复重建，依托战前高度发展的工业基础，许多城市迅速进入后工业社会。由于本土较少受到战争的损害，美国的去工业化和第三产业转型最为迅速，美国主要城市在战后迅速进入后工业社会。美国大都市的许多企业迁往郊区或乡村，部分转移到国外。1947 年至 1972 年，在美国百万以上人口的大都市，中心城区共减少了 88 万个制造业工作岗位，但郊区增加了 250 万个工作岗位。从 1958 年到 1967 年，美国中心城市制造业的年均增长率仅有 0.7%，而郊区却达到了 3.1%（孙群郎，2005）。去工业化的同时，美国大都市中心城区逐渐成为以现代服务业为代表的第三产业的集聚区，城市的主要人口从工人变成白领群体。主要供职于现代服务业的白领群体，他们普遍接受了较高的教育，收入也较高，休闲娱乐需求与之前的工人群体有很大的不同。后工业社会，人们倾向于寻求快速变化的娱乐体验，类似 Urry（2002）所说的 3 分钟文化（three-minute culture），媒体总是诱导公众追求新异体验。在那个时代，变化最快、也最吸引公众的是有声影视，在战后和平年代其以超级英雄和科幻电影居多。

　　将影视主题的动态变化和写真场景与传统游乐园结合，打造具有主题体验的主题公园的想法最早萌芽于环球影城（Universal Studios）。环球影城最早意识到将影视场景、技术和影像作品应用到公园娱乐中，在公园中以影像的方式再现电影情节，实现主题化。在 1915 年好莱坞环球影城开放后，卡尔·拉姆勒（Carl Laemmle）以 25 美分的低价提供电影制片厂场景的参观，甚至在厂区内售卖快餐给游客，这创造了一种新的娱乐可能。然而，这种影视与游乐园结合的系统设想，显然应归功于华特·迪士尼（Walt Disney）。华特·迪士尼最初的想法是在制片厂旁边建一个略大于 3 公顷（1 公顷=10 000 平方米），供儿童使用的游乐园。孩子们在游乐园内可以跟最喜欢的卡通人物拍照。然而，在那个游乐园产业衰退的时代，募集资金投建新的游乐园是非常困难的。1952年，这个想法终于被实现了。华特·迪士尼提出了在安纳海姆开发一个价值1 500万美元的乐园的方案，将近65公顷的种有橙子树的区域的一半将被作为乐园的初始用地。华特·迪士尼乐园剔除了所有的杂耍、博彩和动物表演等传统游乐园的项目，更多地强调主题化和景观设计。与此同时，他引进了控制人流量的精细方法。在迪士尼乐园内，游客进入了一种布置在主干道的末端"集散点"，在睡美人城堡的前面，好像用了一种遥控，决定他们是否去探险世界、灰熊山谷、梦境乐园或者明日世界。在这一点上，通过一系列的场景和形象转化，主题体验就产生了。电影作品中的常见元素、电视屏幕中可能出现的时空变化仅仅通过从这一主题到另一主题区域的移动就实现了。

事实上，迪士尼乐园之所以会被认为是第一个主题公园，也是因为它把多个主题结合起来，而不是构建单一主题，并且它有明确的主题分区和游览节奏。这是一个经过完全系统设计的主题体验。因此，本质上说，游乐园吸引力的核心是乘骑器械、文化表演等游乐项目，而主题公园的核心吸引力则是主题体验。除了在本质概念上的差异，在表现形式上两者也有所不同。相比于游乐园将大量的景点集中在一个相对较小的区域内展示，并且每一个景点都收取独立的门票，主题公园则是将少数景点放在一个大规模的、不产生直接收益的景观环境内，以套票或全包价的方式运营。主题公园会比游乐园花更多的钱在那些似乎不会产生直接经济效益的主题景观和文化要素的建设上，通过精心处理和节奏安排，为游客营造一种特殊的主题体验感。位于奥兰多冒险岛上的环球影城就是一个鲜明的例子。这是一个感情色彩浓厚、景点密集的集约型主题公园，其主题景观效果就像环球影城动画上的某一个场景，游客置身其中，体验不同的乘骑器械，就好像电影人物在经历某种故事情节，从而实现主题体验。今天，许多主题公园企业集团都来自影视动漫产业或大众传媒相关的产业，这不仅反映了影视动漫与主题公园的紧密关系，而且表明影视动漫客观上推动了游乐园向主题公园娱乐的转化。

从运营和设计层面上看，主题公园的独特之处还在于强调它的管理、叙事和战略整合是与传播媒介、娱乐交通方式同源的。主题公园在运营管理上的每一个细节，都是为了营造一种具有主题体验的时空场景，同时，它还是一个被精心设计且高度协调的消费空间。主题公园运营管理的关键不仅仅是游乐项目，还包括有主题包装的相关商品（食物和纪念品）和体验（建筑、游客项目和表演）的销售。因此，主题公园内部管理的是整个主题体验链条。主题公园可以被塑造为一个具有鲜明特色的象征性的微观世界，它主张完整的情感体验，是一个具备它自己同类符号的娱乐场所，商业性质强，和媒体形象塑造密切相关。主题公园将传递非原真性作为常态，是一个消费的乌托邦。

在北美，家喻户晓的主题公园除了迪士尼乐园，还有六旗乐园。自20世纪

60 年代出现在娱乐市场，六旗作为一个品牌在美国有很高的辨识度。在 16 岁到 24 岁范围内的群体中，这种辨识度可以媲美迪士尼、耐克和麦当劳这些品牌。六旗乐园是一个以乘骑器械为主要吸引物的游乐园，是世界上最大（数量最多）的主题公园连锁品牌之一，总部设于得克萨斯州的大草原城（Grand Prairie），在北美管理着 18 家公园，主要业务是主题公园和水上乐园，其名字来源于 1961 年建立的第一个主题公园——得克萨斯六旗（Six Flags over Texas）。六旗乐园凭借着各种各样的娱乐设施，包括世界级的木制、钢制过山车，刺激的水上公园，具有魔幻色彩的魔山小镇，与动物近距离接触，惊悚节日等特色活动，吸引着大量的顾客。最为重要的是，六旗乐园于 20 世纪 70 年代迅速向北美其他城市扩张，开创了将主题公园概念模式化的新时代。

## 1.6 欧美主题公园发展的差异

欧洲和北美主题公园的发展存在巨大差异。20 世纪 70 年代的欧洲，主题公园发展主要集中在欧洲的中部和北部地区，面向家庭游客的新一代中型区域级主题公园此时开始大规模出现，如德国鲁斯特欧罗巴乐园。到 20 世纪 80 年代中期，欧洲主题公园产业已经初具规模，而迪士尼乐园布局欧洲的消息一出，欧洲便掀起了新一轮主题公园开发浪潮，此时被称为欧洲主题公园的扩张期。这一时期主题公园发展最快的是法国，仅 1987 年就开业了著名的马来波利斯乐园（Mirapolis）、塞格弗利斯乐园（Zygofolis）和未来世界影视乐园（Futuroscope），这些乐园除了未来世界影视乐园每年能接待 100 万人次游客以外，其他每年都只有几十万人次的游客量。然而，与北美主题公园不同，欧洲主题公园发展的规模都不大，游客量较少，见表 1-2。

表 1-2 北美与欧洲游客量位于前 10 名的主题公园对比（2015 年）

| 排名 | 北美 | | 欧洲 | |
| --- | --- | --- | --- | --- |
| | 主题公园 | 游客量/人次 | 主题公园 | 游客量/人次 |
| 1 | 魔幻王国 | 20 492 000 | 法国巴黎迪士尼乐园 | 10 360 000 |
| 2 | 加利福尼亚州迪士尼乐园 | 18 278 000 | 德国鲁斯特欧罗巴乐园 | 5 500 000 |
| 3 | 未来世界 | 11 798 000 | 丹麦哥本哈根蒂沃利公园 | 4 733 000 |
| 4 | 迪士尼动物王国 | 10 922 000 | 荷兰卡茨赫弗尔埃夫特林乐园 | 4 680 000 |
| 5 | 迪士尼好莱坞影城 | 10 828 000 | 法国巴黎华特迪士尼影城 | 4 440 000 |
| 6 | 奥兰多环球影城 | 9 585 000 | 西班牙萨洛冒险港乐园 | 3 600 000 |

续表

| 排名 | 北美 | | 欧洲 | |
|---|---|---|---|---|
| | 主题公园 | 游客量/人次 | 主题公园 | 游客量/人次 |
| 7 | 冒险岛乐园 | 9 383 000 | 瑞典哥德堡里瑟本乐园 | 3 100 000 |
| 8 | 迪士尼加利福尼亚州冒险世界 | 8 792 000 | 意大利加尔达加达云霄乐园 | 2 850 000 |
| 9 | 好莱坞环球影城 | 7 097 000 | 英国温莎乐高乐园 | 2 250 000 |
| 10 | 佛罗里达海洋世界 | 4 777 000 | 英国斯塔福德奥尔顿塔乐园 | 1 925 000 |

资料来源：TEA，AECOM. The Global Attractions Attendance Report for 2015. Themed Entertainment Association，2016

如表 1-2 可知，北美地区主题公园的游客量较大，北美排名第十的佛罗里达海洋世界 2015 年游客量接近 480 万人次，而欧洲排名第十的英国斯塔福德奥尔顿塔乐园还不到 200 万人次。欧洲的主题公园规模较小，且较为分散，许多公园并不为民众熟知。这与欧洲城市化发展和厚重的休闲娱乐发展历史紧密相关。

一方面，许多欧洲的城市化发展经历了工业化、去工业化和第三产业化历程，城市化也经历了集中与分散，部分国家还出现了郊区化（去城市化）。这种城乡之间往复的发展历程，使得欧洲许多城郊也具有城镇的特征。除了少数大都市区外，许多富裕人口可能居住在郊区或乡村。这就意味着，以城市集中的休闲娱乐需求并不比美国显著，人们可以选择到郊区或乡村寻求休闲娱乐。主题公园这种集中化休闲娱乐方式并不见得是最好的方式。

另一方面，欧洲发展历史久远，文化底蕴深厚，各国家、各个城市之间的文化差异较大，为此孕育了多种多样的休闲娱乐方式，加之经历了工业化的发展，许多工业时代的建筑和休闲娱乐方式仍可延续。这就决定了欧洲城市居民比美国城市居民有更多的休闲娱乐选择，而主题公园仅仅是他们日常休闲娱乐的众多选择之一，且是较为昂贵的一种。

在美国，情况完全不同。主题公园业已成为美国民众日常生活的一部分，到主题公园游玩成为一项日常休闲消费。美国的历史较短，文化底蕴并不深厚，加之地广人稀，休闲娱乐选择并不多。在游乐园出现之前，美国家庭主要的休闲娱乐方式是野餐（picnic）和露营（camping），即在城市郊区、乡村、海滨、森林和国家公园进行家庭休闲娱乐活动。这类活动一直持续至今，成为美国人日常休闲娱乐的重要选择。随着汽车时代的到来，汽车与野餐、露营相结合，就形成了风靡全球的自驾游。今天，美国主题公园市场的交通工具也主要是自驾车，因而美国主题公园的布局往往选择在多个城市之间、有高速公路连接的地块，一般控制在 2 小时车程范围内。据美国华盛顿的城市土地研究所（Urban Land Institute）研究，一个大型主题公园一级客源市场至少需要有 200 万人，二级市场也要有

200 万人以上，三级客源也很有帮助，但由于三级客源市场的交通费用太高，不能过分依赖、期望三级客源市场（保继刚，2015）。美国主题公园 75% 的游客是在 240 千米半径范围内产生的（Lyon，1987）。

美国主题公园的另一特点是集中发展，多个主题公园配套主题酒店、商业街区、餐饮等设施，往往形成旅游目的地。游客到访一个主题公园目的地，可以游玩数日。这与美国休假制度有关。美国严格执行带薪休假制度，人们可以集中安排一段时期连续休假，到主题公园目的地去游玩。由于各个家庭的时间安排不同，主题公园游客流的季节性集中就不明显。目前，美国的主题公园主要分布在佛罗里达州、加利福尼亚州、得克萨斯州、东北部大都市圈和五大湖区，其中佛罗里达州和加利福尼亚州是主题公园最为密集的区域。这里阳光明媚，人口密集，主题公园一年四季皆可运营。其中，佛罗里达州的奥兰多是最为著名的主题公园集聚区。仅奥兰多的华特迪士尼世界，就包括了 4 个主题公园、2 个水公园、27 家迪士尼的主题酒店、9 家非迪士尼的酒店、多个高尔夫球场、一个露营地、一条娱乐大道。整个迪士尼世界提供了 74 000 个就业岗位，是美国最大的单体雇主。2016 年，仅 4 大主题公园就接待游客 5 372.7 万人[①]。

目的地式主题公园开发的模式特别适合美国城市，但对于中国城市而言则不能完全照搬。两者最为明显的区别就在于，美国的主题公园市场主要依靠自驾车，市场半径根据自驾车行程确定，而中国人多地广，自驾车比例不高，主题公园市场主要依靠城市公共交通。如果是超过百万级游客量的主题公园，还需要建设轨道交通。从这个意义上说，美国主题公园的市场参数和规划标准，并不一定适用于中国城市。此外，主题公园是从游乐园发展而来的，其背后是城市社会经济从高度发展的工业社会向后工业社会的变迁。主题公园并不一定比游乐园更好，两种类型乐园可以同时存在，这取决于城市所处的社会经济发展阶段以及当地市场的条件。一个处于工业社会发展阶段的城市，将有限的投资用于不会产生直接经济效益的主题景观去构建一个虚无缥缈的主题公园是有巨大风险的。早期这样失败的例子并不鲜见。中国地域广大，城市间发展差异较大，一些城市已经进入后工业社会，而另一些城市还处于工业社会的发展阶段。城市的主流消费群体和消费能力差异较大，消费的文化诉求和层次也有所不同，这就决定了在今天的中国，主题公园和游乐园都能找到适宜建设的城市。

---

① TEA，AECOM. The Global Attractions Attendance Report for 2016. Themed Entertainment Association，2017.

# 第 2 章　中国城市化与主题公园

从中国城市发展的角度看待主题公园产业的形成与演化，会是另一种景象。今天中国游乐园与主题公园杂合发展，遍地开花，既有成功的主题公园，也有收益不错的游乐园，当然更有许多经营惨淡者。诚如前文所述，一方面，中国地大物博，幅员辽阔，地区间、城市间发展差异大，任何一种休闲娱乐方式，都能找到恰当的城市布局；另一方面，更为重要的是，中国仅仅用了 30 年的时间，就完成了欧美需要 100 多年才能达到的城市化水平。今天，中国的沿海一二线城市，在城市基础设施方面，并不逊色于绝大多数欧美发达城市，甚至在许多方面，我们是领先的。中国学者把过去三十多年的城市巨变称为快速城市化（曾辉等，2000；仇保兴，2007；刘宣，2010）。快速城市化在我国的沿海一二线城市尤为显著，而我国的游乐园和主题公园也最先发展于此。快速城市化压缩了城市演化的时间，中国沿海城市迅速地从农业社会向工业社会、后工业社会转型，在短短的 20 多年，深圳就从小渔村变成了国际大都市（卜心国等，2008；毛蒋兴，2006；宋艳暾等，2006）。在剧烈的城市变化下，原本适用于工业社会的游乐园开业不久，就发现自己所面临的市场已经发生变化，进入了后工业社会。客观上，这加速了游乐园时代的终结。在今天中国快速城市化的城市中，一些游乐园和主题公园项目迅速调整适应了需求，更多的则没有成功转型。

## 2.1　城市化与中国主题公园业

现有研究中探讨中国主题公园发展演化的文献很多，许多学者一直在探讨其中的规律。保继刚（2000）总结了改革开放以来的发展，指出中国的主题公园发展经历了两个阶段：第一阶段是游乐园的发展，以中山市长江乐园开业为起点，整个 20 世纪 80 年代中期，全国各地兴建了大批游乐园，仅广东就有 19 个。许多学者认为这一阶段的游乐园项目大同小异，空间竞争的结果是大家都难以达到门槛游客量。第二阶段的开启是 1989 年锦绣中华的开业。锦绣中华位于深圳市西部深圳湾畔，是一座目前世界面积最大的，反映中国历史、文化、艺术、古代建筑最丰富的实景微缩景区，当时投资 1 亿港元，开业 1 年多就基本收回投资。今天，学者们很难想象这样一类微缩景观的静态游乐园居然有如此吸引力。从 1989 年到 1999 年的短短 10 年内，广东包括锦绣中华共兴建了近 20 个主题公园，其中中国民俗文化村、深圳野生动物园、世界之窗、飞龙世界、飞图梦幻影城、世界大观、圆明新园、香江野生动物园、广州海洋馆、航天奇观、深圳欢乐谷是其中比较大型和有影响的主题公园（保继刚等，2001）。当然，限于论文的发表时间较早，作者尚未能够观察 2000 年之后的发展，对当时已经开业的深圳欢乐谷也没有做过多的分析，毕竟深圳欢乐谷第一期的市场反应并不好。

十年后，董观志（2010）富有诗意地总结了改革开放以来中国主题公园产业的演化，划分了四个阶段，分别命名为"石器时代""青铜时代""铁器时代""白银时代"。第一阶段是 1989~1994 年，以"大观园""水族馆""鬼斧神宫""影视城""小人国"等人造园林景观和以"民族村""风情园""博览园""航天城""民俗村"等人造景观+民俗表演为主的静态观光乐园。第二阶段是大量资本投入推动的大项目开发，从 1995~1999 年，此时主题公园具有数量多、分布广、地域相对集中、规模大等特征。第三阶段是 2000~2004 年，在"前有政策利好，后有迪士尼进驻"的背景下，中国主题公园开始打造自己的品牌。第四阶段是 2005~2009 年，中国主题公园产业全面进入集团化经营时代，在旅游+地产模型的推动下，在全国各地铺开，大型主题公园连锁品牌纷纷形成。

尽管阶段划分不同，但中国主题公园产业的演化是在中国快速城市化背景下进行的。剧烈的社会经济变革，客观上导致了中国主题公园产业的快速转型升级和优胜劣汰，呈现波浪式发展。1978 年，中国的城市化率仅为 17.92%，然而到 2016 年底，中国的城市化率为 57.4%，预计 2020 年将达到 60%。这个城市化率的增长，欧洲国家普遍用了近百年，而中国仅仅用了 30 多年。事实上，在中国一些沿海一线城市，城市化水平更高，深圳更是高达 100%。一些城市用不到 30 年的时间就完成了从农业社会、工业社会到后工业社会的转变，深圳就是快速城市化的典型（吕晓芳等，2008），这直接导致中国从游乐园向主题公园的快速剧烈的过渡。

中国主题公园产业演化的第二个大背景是中国地区间发展差异巨大，各种类型的城市皆有。根据保继刚和梁增贤（2011）的研究，从旅游的角度看，中国的城市可以划分为三个等级，小城市、中等城市和大城市。高等级的旅游城市意味着更多的人口和更多元的城市功能，对城市旅游来说，城市大型游乐项目的发展具有重要的推动作用。在经济全球化背景下，城市间的等级差异越发明显，尤其体现在城市旅游产业上。大城市，尤其是世界城市或城市旅游密集的区域，除了扮演目的地（destination）的角色外，更重要的是具有区域性、全国性，甚至国际性的旅游角色，如门户（gateway）和中转枢纽（hubs）。这些角色与现代服务业功能、接待功能、交通功能、商业功能紧密联系。因此，大城市比中小城市更强调城市功能和地位的作用。小城市人口规模小、城市功能弱、地位低，缺乏投资旅游核心要素的能力，因而良好的旅游主题和特色至关重要。中等城市介于两者之间，城市功能和地位的提升空间有限，旅游形象的塑造往往建立在核心要素的建设上。更为重要的是，由于社会经济发展水平的城市间差异明显，一些城市已经进入后工业社会，且具有庞大的消费市场；一些城市工业发展相对滞后，城市规模小，消费市场有限；而大量的二三线城市则各有优劣，其消费能力和消费市场千差万别。部分城市拥有庞大的人口，但消费水平略低，如济南、郑州、临沂等；部分城市拥有较高的消费水平，但常住人口规模不大，如鄂尔多斯、大庆、包头等；部分城市人口规模庞大，消费水平也不错，但是气候不太适宜，如沈阳、哈尔滨。城市间差异决定了中国主题公园开发的地区间差异，也决定了主题公园以及其早期形态游乐园，在中国都能找到适宜的开发城市。

快速城市化决定了中国主题公园的发展必然会呈现波浪式推进，且多时态并存的格局。一方面，快速城市化不断变革着城市社会经济局面，各个城市主题公园的消费市场不断演化、层进，加之中国旅游市场独特的潮流式消费，必然引致波浪式发展，从最早的游乐园时代、微缩景观时代到主题公园时代乃至全球化竞争时代不断演化；另一方面，由于区域发展不平衡，城市间差异巨大，这就决定了游乐园、微缩景观和主题公园在不同的城市仍能找到适宜的土壤（梁增贤，2016）。中国的主题公园产业，正是以这种方式发展至今，在不断试错中逐渐积累经验，开发趋于理性。

## 2.2 快速工业化与游乐园浪潮

20世纪80年代初期，中国游乐园首先在一些老重工业城市和新兴加工工业城市出现，如吉林的大庆市[①]和广东的中山市等。中国真正的快速工业化始于改革开放，其中有两类城市工业化程度较高，社会主流消费群体是工人，具有一定的消费能力，对游乐园的需求很大。

一类是中国传统的老工业城市，主要是以重工业、矿业或能源城市为主。改

---

① 大庆市儿童乐园始建于1981年，目前占地23万平方米。

革开放前，中国的十大工业城市是上海、沈阳、哈尔滨、长春、武汉、天津、唐山、重庆、大连、洛阳。上述大型工业城市由于集聚了大量的城市工人群体，开始在城市内建设游乐园。此时游乐园的建设要么是在原有的人民公园或中山公园内增设游乐设施，要么是完全新建游乐园。这些游乐园基本是项目独票制（每个项目单独售票），可能由不同的承包商运营（类似于联产承包责任制），没有主题包装、没有主题体验，运营管理水平和设施设备的维护情况完全取决于承包商个人。

另一类产生于1978年改革开放引发的新一轮工业化，当时资源的配置方式开始脱离计划经济轨道，进入市场机制。这一时期积极引进"三来一补"[①]等合资经济，轻工业首先在珠江三角洲等地区"先试先行"。1978年7月，当时的东莞县第二轻工业局设在虎门境内的太平服装厂与港商合作创办的全国第一家来料加工企业——太平手袋厂中。短短30多年，这个面积不足全国陆地版图万分之三的农业大县东莞，迅速成为世界制造业名城。与此同时，放宽的劳动力转移政策使得20世纪80年代初的中国呈现"孔雀东南飞"的局面。于是，一场快速工业化在我国东南沿海城市展开，伴随而来的是人口的快速集聚和大刀阔斧的城市化进程，一些城市"真正"进入工业社会。这与美国20世纪60年代之前的情况[②]极为相像。因此，在人口快速集聚的珠江三角洲地区城市，休闲娱乐就显得供不应求，大量的产业工业和新城市移民没有足够的休闲空间。在土地经济和寸土寸金的背景下，城市也不可能无条件地让渡土地用以开发公园。这就要求城市公园本身应该有一套自主营利的模式，而不是单纯的财政投入。

1983年7月15日，规模巨大、设施先进的中山市"长江乐园"开业，并取得良好的效益，被誉为中国大陆第一个大型器械游乐园。随后几年，全国各地争相效仿，或新建或改建或在原有市政公园基础上增加游乐设施，一时间全国主要城市都拥有各种类型的游乐园。其中，比较著名的有深圳的深圳湾游乐场（1984年开业）、上海的锦江乐园（1985年开业）、广州的东方乐园（1985年开业）、珠海的珍珠乐园（1985年开业）、香蜜湖中国娱乐城（1985年开业）、北京的石景山游乐园（1986年开业）。游乐园的开发反映的是市场的客观需求，但"一窝蜂"的浪潮式推进，又反映了游乐园供给的盲目与非理性。事实上，这一时期，大量的开发商并没有开发经验，更没有管理运营能力。部分开发商从国外游览回来后，心血来潮，便投入开发，非理性的冲动较多，理性的开发又缺乏足够的理论指导。

---

① "三来一补"指来料加工、来样加工、来件装配和补偿贸易。
② 大量的工业人口集聚到城市，忙碌的人们并没有太多时间远行旅游，而城市及周边匮乏公共空间，政府忙于发展工业经济，无暇顾及居民休闲娱乐需求，于是一些中小型私人资本开始开发游乐园以满足城市休闲娱乐的需求。

这一轮浪潮来得快，去得也快。由于开发局限于新兴的工业城市，尽管浪费了宝贵的资本和土地，但影响并不算大。这一时期建设的大多为无主题包装的游乐园，投资规模小（表 2-1），主要满足儿童和家庭市场的娱乐需求，但不注重产品更新，逐渐被市场淘汰。以广东省为例，这一时期建设的 19 个游乐园或微缩景观有 18 个亏本，只有 1 个勉强经营（保继刚，1994）。许多学者在评价这段历史时总是以重复建设、粗制滥造等词汇来形容，更有学者以主题公园的标准来衡量游乐园的功过。事实上，游乐园满足了那个时代城市普通大众的基本娱乐需求，其后来所呈现的衰退趋势与其说是开发商的问题，不如说是市场需求变迁下的一种市场选择。一方面，快速工业化背景下，不到 15 年的时间，部分珠江三角洲地区城市开始进入后工业社会，城市的主流消费群体发生了根本性转变，标准化无主题的游乐园很难适应新需求；另一方面，由于这一时期的游乐园开发和运营普遍缺乏经验和技术，开发商对产品更新投入认知不足，设备投入运营三五年后便失去吸引力，加之维护保养不到位，游乐设备老化加快，最终停运是必然的。

表 2-1　珠江三角洲地区 1989~1999 年建立的主题公园发展一览表

| 公园名称 | 位置 | 主题 | 投资/亿元 | 面积/亩① | 开业时间 | 性质 |
| --- | --- | --- | --- | --- | --- | --- |
| 锦绣中华 | 深圳 | 中华名胜微缩景观 | 1.0 | 450 | 1989 | 国营 |
| 中国民俗文化村 | 深圳 | 中国民俗风情 | 1.1 | 360 | 1991 | 国营 |
| 深圳野生动物园 | 深圳 | 动物园 | 2.0 | 1 800 | 1993 | 国营 |
| 世界之窗 | 深圳 | 世界名胜集锦 | 8.0 | 720 | 1994 | 国营 |
| 飞龙世界 | 广州 | 蛇文化 | 5.0 | 980 | 1995 | 私营 |
| 飞图梦幻影城 | 广州 | 现代游乐 | 2.0 | 300 | 1995 | 港资 |
| 世界大观 | 广州 | 世界民俗文化 | 6.8 | 720 | 1995 | 股份制 |
| 圆明新园 | 珠海 | 园林、清代历史 | 2.2 | 800 | 1997 | 国营 |
| 香江野生动物园 | 番禺 | 放养式动物园 | 3.0 | 2 000 | 1997 | 私营 |
| 广州海洋馆 | 广州 | 海洋公园 | 3.0 | 18 | 1997 | 股份制 |
| 航天奇观 | 广州 | 航天科普、游乐 | 2.5 | 300 | 1997 | 集体 |
| 深圳欢乐谷 | 深圳 | 主题游乐园 | 3.0 | 255 | 1998 | 国营 |
| 小梅沙海洋世界 | 深圳 | 海洋公园 | 3.0 |  | 1999 |  |
| 东方神曲 | 深圳 | 中国神话 | 0.2 | 45 |  |  |
| 大河马水上世界 | 广州 | 主题游乐园 | 0.6 |  | 1997 |  |
| 水上世界 | 深圳 | 主题游乐园 |  |  | 1998 |  |
| 寰宇科幻城 | 中山 | 主题游乐园 |  |  | 1993 |  |

①1 亩≈666.67 平方米

资料来源：本表为 2000 年调研数据，后续新增投资或扩充面积并未计入，转引自保继刚（2015）

## 2.3 开放城市与微缩景观运动

微缩景观运动是中国主题公园产业发展的一个特殊阶段，在全球其他地区并未出现，我们姑且称之为开放时代。事实上，微缩景观主题公园单纯以微缩景观和文化舞台化作为吸引物，在全球来看是缺乏足够吸引力和可持续性的。一般而言，微缩景观和舞台化的民俗文化只是作为主题公园的场景要素和文化要素存在的。然而，在中国 20 世纪 80 年代末到 90 年代初期，遍布全国的一场轰轰烈烈的建设微缩景观运动对中国主题公园产业乃至整个旅游业产生了深远影响。正是这一波浪潮，让人们真正认识到主题公园开发对城市社会经济产生的影响，主题公园可以成为自然山水和民俗文化之外的人造旅游吸引物。

与西方主题公园的发展历程不同，微缩景观作为中国主题公园产业的发展，是在游乐园与主题公园之间存在的一个特殊的过渡时期，并不完全是市场的选择，更多的是受政治文化和社会心理的影响，其标志性事件是 1989 年 9 月深圳锦绣中华的开业。改革开放以来一系列政治经济和对外政策的变革在影响政府国际政治和外交诉求的同时，引发了民族文化的自觉和社会心理的变迁，掀起了中国主题公园产业对民族文化挖掘和对外展示的风潮。锦绣中华选择以中国传统文化为主题，邀请国内外艺术大师精心规划设计，园区管理有序、环境整洁、服务周到，受到国内外市场的青睐。开业的前几年，锦绣中华的境外市场比例都在 15% 左右，1991 年更是高达 17.17%（保继刚，1994）。以中国传统文化为主题的微缩景观主题公园不仅满足了当时政治文化和社会心理诉求，也带来了良好的经济效益。于是，各地以中国古典名著和民俗文化为主题的微缩景观迅速发展，全国各地大力兴建"西游记宫""大观园""三国城""民族园"之类的微缩景观，而深圳华侨城也相继建成了中国民俗文化村（1991 年开业）和世界之窗（1994 年开业）。1993 年仅深圳上报给市旅游局待批的主题公园项目就多达 62 个。

1989 年锦绣中华的成功及 1991 年中国民俗文化村开业所带来的极其可观的市场收益，刺激了华侨城集团走出国门的冲动。说是冲动，实际上当时也是经过十分缜密的分析，具有一定的理性基础，只是今天看来，这样的理性基础不够系统，也不到位。花了巨款，但买了经验。华侨城人敢于走出国门，主要基于以下几点判断。

第一，对中国微缩景观主题公园国际市场的乐观估计。锦绣中华和中国民俗文化村是两个典型的以中国传统文化为主题的微缩景观主题公园。这两个主题公园的开业，不仅受到中国大陆市场的广泛欢迎，更吸引了较大规模的境外游客。1989~1994 年，锦绣中华、中国民俗文化村两个主题公园都以国内游客为主，但境外游客也占有较大比例，高于同期许多著名景区。锦绣中华开业5年（1989~1994年），国内游客占83.6%，境外游客占16.4%。中国民俗文化村开业3年多，国内游客占83.59%，境外游客占16.41%（保继刚，1996）。深圳华侨城进一步针对境外人士（主要是到访深圳的游客，特别是深圳锦绣中华和中国民俗文化村的游客）的调查发现，大多数游客对锦绣中华这类微缩景观主题公园表示满意。显然，早期投资决策的市场研究仅针对已到访的现实游客做调研是不系统的、片面的，市场研究也是存在问题的。

第二，对中国传统文化资源整合与输出能力的自信。港中旅集团（2016年更名为中国旅游集团有限公司）和华侨城集团都是中央国务院国有资产监督管理委员会下属的央企，在全国范围内，具有非常强的旅游文化资源整合能力。经过锦绣中华和中国民俗文化村的开发，这种整合能力以及主题公园的综合运营能力得到了体现和提升。加之，深圳锦绣中华和中国民俗文化村开业后，各级、各地方领导纷纷参观考察并表示支持。在中国急于向世界展示和世界急于了解中国的大背景下，利用锦绣中华品牌，把中国传统文化向外输出不仅成为企业的战略选择，更成为政治外交布局的一个推手。

第三，基于锦绣中华和中国民俗文化村成功的经验。锦绣中华和中国民俗文化村的成功开发，华侨城集团不仅培育了品牌，整合了资源，也培养了一批开发、管理人才。在主题公园规划、开发和管理运营上，逐步摸索出一套成型的方案。

在这样的"理性基础"上，美国锦绣中华开业。景点坐落于美国佛罗里达州奥兰多市，是当时国家支持的最大涉外文化产业。项目于1993年12月18日开业，最初投资1亿美元，占地460亩，拥有缩微的故宫、长城、颐和园等60余处景点，与中国深圳的"锦绣中华"一脉相承。开业当期，时任国家主席江泽民、国务院总理李鹏、国务院副总理兼外交部部长钱其琛、国家旅游局局长刘毅，美国前总统尼克松，著名美籍华人陈香梅，佛罗里达州前州长罗顿·查尔斯等纷纷题词祝贺。美国锦绣中华更是网罗了美国，中国内地、香港地区和澳门地区各界名流30多人组成"开幕庆典名誉委员会"，其中包括美国前总统尼克松、美国前国务卿黑格以及美籍华裔名人丁肇中、杨振宁、李政道、陈香梅等。开业当日，邀请了2 000多位中美政要、企业人士和社会名流出席，可谓盛况空前。

建成后的锦绣中华包括一个仿制深圳锦绣中华的76英亩缩微景观公园，一个有300间客房的DAYS INN酒店，另外还有311英亩的周边黄金地段的未开发土地。然而，美国锦绣中华的市场反应很糟糕。开业后的首期效应就低于预期，重游率很低，游客量也一直走低。根据《奥兰多先锋报商业周刊》的报道，锦绣中华游客量从开业初期的平均3 000多人次/日迅速下降，到1997年仅为200~300人次/日（叶萌，2004）。2003年，开业整整十年，前后累计投资1.5亿美元的美国锦绣中华闭园。然而，同一时期，美国锦绣中华周边的主题公园迎来大发展，唯独锦绣中华一路走低，情况好的时候，锦绣中华每天能接待 400 名游客，而一般的日子只有 200 多名游客（吴伟农，2004）。

微缩景观的失败，与所在城市无关，也与市场变迁无关，它是特定历史时期、特定地理条件下形成的特殊市场，在全国并不具有普遍的适用性，在全球也不具有持续的吸引力。微缩景观主题公园最初的设计偏向于静态的景观观光，缺乏互动体验，这个问题即使是在最成功的锦绣中华中也是存在的。这样的设计与互动多、刺激强的主题公园相比，显得不合时宜。然而，这一时期微缩景观开发规模是庞大的，其衰退对整个中国社会的影响很大，不仅仅是经济上的，还包括文化上的。一方面，以"大观园""水族馆""鬼斧神宫""影视城""小人国""民族村""风情园""博览园""航天城""民俗村"等名义开发的微缩景观在全国遍地开花，大多数项目盲目模仿、粗制滥造，许多项目开业不久便门可罗雀，甚至倒闭，产生了巨大的经济损失；另一方面，这些微缩景观大多以中国传统文化和自然人文景观为元素，进行系统打造，但最后的反映都很差，这使得中国主题公园一批开发者开始怀疑中国文化的市场价值，转而青睐西方文化。直至今天，一谈及主题公园，许多开发商都对传统文化嗤之以鼻，对西游记等家喻户晓的主题失去了信心。事实上，传统文化具有很深刻的市场认同和普适性，这一阶段的失败并不是传统文化缺乏吸引力，而是将传统文化转化为主题体验的技术方法过于简单、落后，使得传统文化的魅力无法发挥。

诚如前文所述，这种特殊政治经济背景所带来的并不是一种长期稳定的市场，加上这一次浪潮给中国主题公园产业造成巨大影响，引发了社会各界的广泛关注。这次浪潮从根本上缺乏理性的驱动力，一些项目的开发也并非出于经济考虑。由于没有大规模市场需求的持续支撑，微缩景观走向衰落也必然表现为资本和市场选择的结果。

## 2.4　后工业化与主题公园发展

1973 年，美国社会学家丹尼尔·贝尔的《后工业社会的来临：社会预测的一次尝试》就明确指出当时的美国大都市已经进入了后工业社会，后工业的消费方式逐步成为城市主流。后工业社会的典型特征是从工业经济向以第三产业为主的服务经济转型，并伴随着一系列社会群体结构的变化。当然，这种转型并非必然，只有经济增长到一定阶段后才会发生。进入后工业社会，一方面，人们的收入增加，花在吃上的钱占比减少，更多的钱用在了娱乐、教育、医疗健康和旅游上；另一方面，消费从强调功能价值转向了更加注重符号价值。大都市的中等收入群体去餐厅吃饭，主要考虑餐厅的装修风格、菜品的文化格调及与谁在一起为何而吃，而不再是关注菜的分量大不大、质量好不好。对于娱乐也是如此，人们逐步降低对公园具体游乐项目的关注，转而关注公园提供的主题体验和环境氛围。今天，大多数人到上海迪士尼乐园，主要关注的是迪士尼的卡通人物及其活动，而不是具体的过山车等项目。

中国加入世界贸易组织后，经济全球化与地方政府企业化深刻影响着中国主题公园产业的发展。一方面，我国沿海大城市普遍呈现快速城市化，城市规模越来越大，传统工业开发区主导的城市空间扩张方式受到越来越多的质疑；另一方面，大都市经济结构转型升级，呈现明显的第三产业倾向，以旅游业为主导的城市空间拓展方式受到青睐。2016年，北上广深四大城市的第三产业占比分别达到了80.30%、70.50%、68.56%和60.50%，呈现明显的第三产业化的后工业社会特征。其中，深圳更为明显。从改革开放初期工业从零开始，深圳保持了几十年的快速增长。从20世纪90年代开始，第三产业快速发展，到1997年，深圳第二产业和第三产业占比持平，均为49.3%。考虑到深圳"关内"和"关外"的经济发展水平和产业结构差异，深圳"关内"实际上已经逐步形成了后工业社会。

在"后工业社会"中，符号化消费已经不再是部分的小众行为，而成为普遍的大众行为。人们购买商品满足基本的生活需要是最基本的，进一步还会追求精神层面上的高层次享受，而这种享受是通过消费行为来表达某种意义的。因此，消费行为的符号化就是消费行为表达意义的符号。需求的符号化倒逼了供给的符号化。消费品不再只是单纯地满足人们基本生理需求而存在，而是成为表达某种意义的载体，不同群体的个性、品味、身份和地位等特征是通过他们购买的某种消费品来展示的。因此，消费品的符号化其本质就是消费品是表达意义的符号。

后工业社会的主题公园得到快速发展，一方面是一线城市政府在资金、土地和政策上的大力支持，另一方面是企业的广泛参与，主题公园消费在一线城市具有普遍市场。这一轮主题公园的发展以1996年深圳欢乐谷的筹建为标志。为了在传统游乐园功能性消费的基础上增加符号价值，这一时期的主题公园开发理念新、投资规模大、技术含量高、主题化程度高、类型趋于多元化。尽管不一定能够做到主题体验和符号消费的根本目标，但这一时期开发的大多数主题公园都具有一定的主题化包装，在一定程度上满足了后工业社会初期人们对符号价值消费的粗浅需求。

这一时期开发的主题公园除了深圳欢乐谷外，著名的主题公园还包括上海的环球乐园（1996年开业），嘉定的美国梦幻乐园（1996年开业），苏州的福禄贝尔（1996年开业）、苏州乐园（1997年开业），杭州的杭州乐园（1999年开业），深圳的未来时代（1998年开业），广州的飞龙世界（1994年开业）、世界大观（1995年开业）、航天奇观（1997年开业）等。然而，许多这一时期开发的主题公园都倒闭了，剩下的屈指可数。造成这次倒闭浪潮的原因是多方面的，主要有以下几点。

第一，主题公园的主题化程度不高，大多数没有实现主题体验，也就无法满足后工业城市居民对符号化消费的需求。本质上，无论是深圳欢乐谷还是其他主题公园，卖的还是过山车和游乐器械等功能性体验，没有能够形成真正意义上的主题体验。随着后工业社会的进一步发展，那些无法在主题化和主题体验上进一步改善的主题公园自然被淘汰。

第二，尽管这一轮主题公园的开发已经积累了一定的经验，但由于政府的盲目推动和企业急功近利的投资，许多项目并没有进行详细科学的可行性论证，甚至一些项目由地方企业或农民集资建设（如广州的世界大观和航天奇观），更谈不上科学运营和管理。全凭一腔热情的盲目上马，自然凶多吉少。

第三，主题公园开发作为企业型政府城市空间拓展的新策略，受到房地产商的盲目跟风。然而，这种模式开发的主题公园，由于缺乏可持续经营的长远规划，后期持续的更新投入不足，吸引力迅速减弱，加上一些没有任何旅游开发经验的企业的介入，这种风险进一步加大。

## 2.5 全球化下的主题公园竞争

2005年9月12日正式开幕的香港迪士尼乐园宣告了中国主题公园产业全球化竞争时代的到来。香港迪士尼乐园的投资很大，最初的估计为141亿港元，其中香港特区政府注资57亿港元，借款61亿港元，而迪士尼集团负担23亿港元商业借款。此外，由于当时竹篙湾尚未开发，香港政府需要额外投资136亿港元建设包括外联道路、两个公众码头、公共交通转驳处、港铁迪士尼线、警岗、消防局、渠务和排污设施。这样规模的投资不仅远远超过同期中国所有主题公园的投资量级，甚至也远超美国各个迪士尼乐园的投资。由于初始投资过大，经营成本居高不下，加之公园容量较小，单位游客的平均停留时间较短，而周边又没有其他旅游景区支撑，难以形成目的地吸引力体系。开业初期，香港迪士尼乐园的绩效表现低于预期是必然的，见表2-2。

表2-2 香港迪士尼的经营绩效一览表（2008~2017年）

单位：百万港元

| 年份 | 2008 | 2009 | 2010 | 2011 | 2012 | 2013 | 2014 | 2015 | 2016 | 2017 | 总计 |
|---|---|---|---|---|---|---|---|---|---|---|---|
| 总收入 | 2 568 | 2 541 | 3 013 | 3 630 | 4 272 | 4 896 | 5 466 | 5 114 | 4 750 | 5 118 | 41 368 |
| 成本与费用 | 2 729 | 2 611 | 2 792 | 3 124 | 3 396 | 3 781 | 4 215 | 4 309 | 4 035 | 4 204 | 35 196 |

续表

| 年份 | 2008 | 2009 | 2010 | 2011 | 2012 | 2013 | 2014 | 2015 | 2016 | 2017 | 总计 |
| --- | --- | --- | --- | --- | --- | --- | --- | --- | --- | --- | --- |
| 毛利润 | -161 | -70 | 221 | 506 | 876 | 1115 | 1251 | 805 | 715 | 914 | 6 172 |
| 折旧及摊销 | 808 | 858 | 833 | 699 | 762 | 838 | 888 | 956 | 890 | 1 242 | 8 774 |
| 财务成本 | 605 | 387 | 106 | 44 | 5 | 33 | 31 | -3 | -4 | 17 | 1 221 |
| 纯利润 | -1574 | -1315 | -718 | -237 | 109 | 244 | 332 | -148 | -171 | -345 | -3 823 |

资料来源：香港迪士尼乐园 2008~2017 年度业绩报告。

香港迪士尼乐园在 2012~2014 年实现盈亏平衡略有盈余后，2015 年再次面临亏损，亏损达到 1.48 亿港元，从 2008 年到 2015 年，累计亏损 33.07 亿港元，到 2017 年，累计亏损达到了 38.23 亿港元。香港迪士尼乐园的亏损，既有内部因素，也有外部因素。从内部因素看，香港迪士尼乐园初始投资过高引发巨额折旧和摊销费用，香港迪士尼乐园初始投资高达 141 亿港元，还不算香港特区政府为此配套的 136 亿港元的外围基础设施投资。过高的初始投资导致巨额的折旧和摊销费用。根据香港迪士尼乐园公布的业绩报告，其年均折旧和摊销费用在 8 亿港元左右，而 2017 年甚至高达 12.42 亿港元（2017 年新增项目和改造城堡费用）。另一方面，成本控制不当导致过高的经营成本及费用也是重要因素。欧美主题公园的运营成本控制比较好，一般能控制在营业收入的 40%~45%，而中国主题公园在这方面由于固定员工比例高，运营成本一般占营业收入的 50%以上。此外，香港迪士尼乐园运营成本和费用比一般的主题公园高，占营业收入的比例较大。2017 年，香港迪士尼乐园的运营成本和费用为 42.04 亿港元，而收入仅为 51.18 亿港元，运营成本和费用占总收入比重高达 82.14%[①]。这个运营成本和费用不但没有随着公园趋于成熟而降低，反而从 2008 年的 27.29 亿港元上升到 2017 年的 42.04 亿港元。香港迪士尼是一个做小了的目的地级主题公园，香港迪士尼乐园在品牌吸引力上绝对具有中远程吸引力，但是在产品纵深或者内容丰富度上略显不足。

香港迪士尼乐园对区域主题公园，乃至中国主题公园产业的影响是十分显著的，也是积极的，主要表现在以下几个方面。

第一，促进区域主题公园的优胜劣汰，加强了中国企业对主题体验的认知。

香港迪士尼旅游有着鲜明的主题体验，引进的是迪士尼系列主题公园中最为成熟、也最为广泛接受的园区。中国游客有机会近距离体验真正意义上的主题公园。鲜明的主题化特征给区域主题公园的发展和改造提供了思路和借鉴模板，部分转变较差的公园则走向衰落，无形中促进了区域主题公园的优胜劣汰。这里有两个典型的案例：一是香港海洋公园，迫于香港迪士尼的压力，海洋公园不仅尽

---

① 香港迪士尼乐园 2017 年度业绩报告。

心管理、大规模扩建，还增加了许多主题化项目，强化动物主题和海洋文化，获得了市场的认可。海洋公园的游客量在香港迪士尼乐园开业后的几年，不仅没有下降，反而一度超过香港迪士尼乐园。另一个案例是深圳欢乐谷。在确定迪士尼乐园落户香港后，欢乐谷加快了在全国的布局，走出深圳，从全国层面上寻找市场，也取得了成功。欢乐谷先后在北京、上海、成都、武汉、天津、重庆建成开业，成为中国最重要的本土品牌。显然，面对国际品牌的进入，国内企业也在寻找自己的发展空间和机会。

第二，提高了中国主题公园的投资量级。

中国早期的主题公园投资都不大。1989 年的锦绣中华投资为 1 亿港元，1991 年开业的中国民俗文化村也不过 1.1 亿元，深圳欢乐谷前 3 期加起来的总投资也才 17 亿元，到北京欢乐谷总共落地也不过 20 亿元。当然，欢乐谷由于在国内多点布局，积累了投资经验，在成本控制方面较为出色，20 亿元以下的投资就能建设一个比较好的区域级主题公园。但即使是华强方特、广州长隆等乘骑器械为主的主题公园，投资也都在 20 亿元左右。香港迪士尼乐园投资规模巨大，远超同期中国其他主题公园的投资额度，加之该项目投资被广泛关注和认知，客观上抬高了中国主题公园的投资量级。随后的上海迪士尼投资达到 340 亿元，仅为第一期。北京环球影城宣称投资 200 亿元。万达乐园、恒大童世界，甚至华侨城集团在西安新投资的项目也号称高达数百亿元。

第三，带来了新的管理理念和技术方法。

香港迪士尼乐园在运营管理的理念和技术方法上不仅依托了迪士尼集团已经成熟的模式和制度，也借鉴了东京迪士尼乐园的优秀做法，在具体运作上由于广泛聘用香港乃至中国管理精英，香港迪士尼乐园集合了多方面的优秀管理经验，形成了独特模式，在很多方面领先于国内同行。迪士尼的管理标准，在全球也是具有标杆意义的。在中国主题公园产品蓬勃发展的今天，主题公园之间的互相学习、借鉴，以及管理人才的流动，使得香港迪士尼乐园的管理模式和经验向中国其他主题公园传播，带动了区域乃至中国整体主题公园管理水平的提升。

第四，促进了香港旅游业的多元化发展。

香港迪士尼乐园的开业，增加了香港的核心旅游吸引物，促进了香港旅游业的多元化发展。对于中国内地游客而言，香港的主要吸引物是购物和多元的文化景观，香港海洋公园也是一个重要的吸引物，但它在扩建以前并不被内地游客所熟知。香港迪士尼的开业为香港旅游带来了新的选择。尽管游客量有所波动，但每年还是能够为香港带来大约 150 万人次的境外游客和台澳游客，以及规模可观的中国内地游客，见图 2-1。

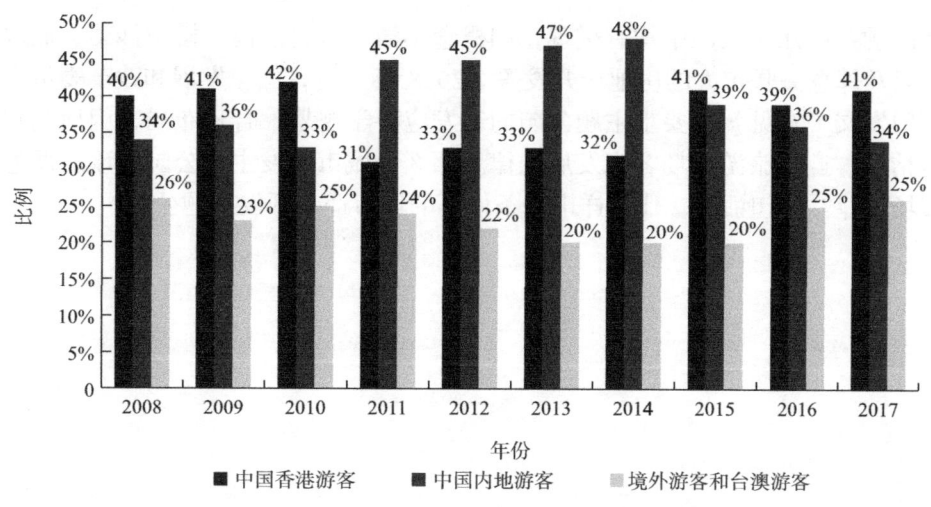

图 2-1 香港迪士尼乐园游客结构（2008~2017 年）

香港迪士尼乐园品牌的号召力是客观存在的，能够带来较大比例的专程市场（专门为迪士尼来香港的旅游者），其中来自日本的专程市场是外国游客中比例较高的。尽管日本也有东京迪士尼乐园，但由于部分主题分区在日本没有，所以喜好迪士尼的日本游客还是会选择访问香港。香港迪士尼乐园的中国内地市场受香港整体旅游环境的影响，加之近年来迪士尼中央城堡的改造，在 2014 年达到 360 万人次左右的高峰后，逐渐下降，到 2017 年仅为 210 万人次左右，其中还有很大一部分是专程市场的游客。

第五，刺激了一批国际品牌的进入。

尽管香港迪士尼乐园的经营效果并不如预期，股东之一的迪士尼集团还是能够在乐园建设和运营期间赚足利润，在迪士尼集团的报表中呈现较大的盈利。这刺激了国际主题公园品牌加快进入中国市场的步伐。2016 年 6 月 16 日，投资高达 340 亿元的上海迪士尼乐园正式开园，上海市政府和华特迪士尼公司的合作开发模式与香港类似，上海申迪集团拥有 57%股权，迪士尼集团拥有 43%股权。北京环球影城也号称投资 200 亿元，计划于 2019 年开业。美国的主题乐园巨头六旗集团也与中国的山水文园投资集团合作，计划未来五年在中国投资建设 3 家六旗乐园。

国际一线主题公园品牌的进入，也刺激了中国本土品牌的发展。继欢乐谷品牌之后，华强方特、长隆集团等也相继打造了系列品牌主题公园，在全国各地布局。此外，部分房地产企业也加入了主题公园产业，如万达乐园和恒大童世界等。在市场前景看好的全球化竞争背景下，中外主题公园品牌在中国市场角逐，中国主题公园产业迎来新一轮增长。这一轮浪潮，也面临一些问题和风险，其中许多问题在前几轮浪潮中均有呈现，如概念不清、盲目建设、模仿抄袭、低水平重复以及肆意关联扩大的房地产开发等。2018年3月，国家发展和改革委员会等五部门发文《意见》，要求主题公园的开发应科学规划、合理布局，因地制宜、打造精品，遵循旅游市场客观发展规律。那么，城市开发主题公园应该遵循怎样的市场规律？换句话说，什么样市场条件下的城市适合开发主题公园？

# 第3章　主题公园城市适宜性评估

　　主题公园投资规模大，占地面积广且主要是城市用地，潜在市场规模对主要是 2 小时范围内的常住人口和流动人口（含旅游者）要求高，因而对所依托的城市提出了一定要求。尽管当代主题公园从社区级、城市级、区域级到目的地级均有，投资从几千万元到几百亿元都有可能，但大中型主题公园的开发并非所有城市都适宜。近年来，全国主要省、市、自治区都有多个主题公园项目已经建成或者正在建设。一些主题公园项目的总体投资超过百亿元，甚至号称千亿元，占地几千亩，有的过万亩。国家发展和改革委员会在《意见》中指出，许多主题公园开发低水平重复，缺乏竞争力，浪费了城市宝贵的资金和土地资源，一些地方政府也因此背负沉重的债务，得不偿失。与此同时，许多地方政府将主题公园作为城市现代化的标准配套，过度夸大主题公园对城市形象和社会经济的带动作用，盲目开发。

　　在当前主题公园开发热潮下，中国的主题公园产业发展似乎偏离了理性发展的轨道，产生了三种怪象。

　　第一，房地产"绑架"主题公园。当前许多主题公园项目都以旅游房地产或城市综合体等大型城市土地开发项目的名义立项建设，大规模圈占城市用地。结果是要么房子建得比公园快，房子卖得不错，而主题公园建成即失败，甚至是"半拉子工程"；要么主题公园低于规划立项标准投建，难达到预期吸引力，缺乏可持续经营能力。

　　第二，政府过度地追捧主题公园。许多地方政府官员认为主题公园是现代化城市的"标配"，给予很高的土地、资金等投资优惠，甚至牺牲重大利益争取项目落户，无形中破坏了公平的投资环境。一些地方政府还授意国有企业参与主题公园投资，政府和企业因此承担着巨大的投资风险和债务。相邻的两个城市为了争夺品牌主题公园的落户，不惜相互抬价，提供更大的投资激励和便利，最终可能牺牲的是城市整体利益。

　　第三，企业盲目低估主题公园开发风险。主题公园的繁荣吸引了大量的企业，不仅传统旅游企业，许多毫无主题公园开发经验，甚至连旅游项目开发经验都没有的房地产企业都争相涉足主题公园开发，造成一批投资不当、规划设计不合理、运营管理不善的主题公园的产生。

因此，中国主题公园的开发必须有科学规划。《意见》在科学规划方面明确规模等级，划定了三类主题公园的标准：特大型、大型和中小型三个等级，要求省一级政府要根据本地区经济社会发展情况、区域人口规模、城市化程度和旅游市场条件等因素，严格科学论证，统筹协调，避免恶性竞争和低水平重复，尤其是防范地方债务、社会、金融等风险。显然，政府和业界已经逐步意识到城市开发主题公园受到一系列诸如经济社会发展情况、区域人口规模、城市化程度和旅游市场条件等因素的影响，是有门槛的。然而，在具体操作上，各个相应的影响因素主要参考哪些关键指标？各个指标之间是平行关系还是有层次的？一个城市应该在总体上达到什么程度才适宜开发主题公园？在具体某些影响因素上是否也有最低要求？为此，本章将基于现有理论和中国主题公园的发展经验，构建城市开发主题公园的适宜性评价模型，并具体评测中国各个主要城市开发主题公园适宜性，为中国主题公园的理性发展提供技术参考。

## 3.1 适应性评价模型的构建

### 3.1.1 现有理论和模型的评述

早期的学者提出了一系列影响主题公园选址布局的因素。保继刚（1994）针对大型主题公园提出了影响主题公园选址布局的因素包括城市感知形象、适宜的区位、产业的集中和分散等，其中适宜的区位包括宏观区位（城市选择）和微观区位（城市内区位）。随后，保继刚（1997）根据中国大型主题公园发展经验，进一步完善，提出了客源市场和交通条件、区域经济发展水平、城市与区域感知形象、空间集聚和竞争、决策者行为，由此构建了大型主题公园发展影响因素的系统，见图3-1。

保继刚（1997）对影响因素划分了层次，分为主客观因素两个方面，而客观因素又划分为2个必要条件和2个限制条件。其中，必要条件是客源市场和交通条件及区域的经济发展水平，它们关系到游客市场的大小、基础设施条件、投资能力和游客的消费水平，作为以高投入、高门票为特点的主题公园，缺少这两个条件中的任何一个都不能成功。从这个被业界广泛认可和使用的概念模型来

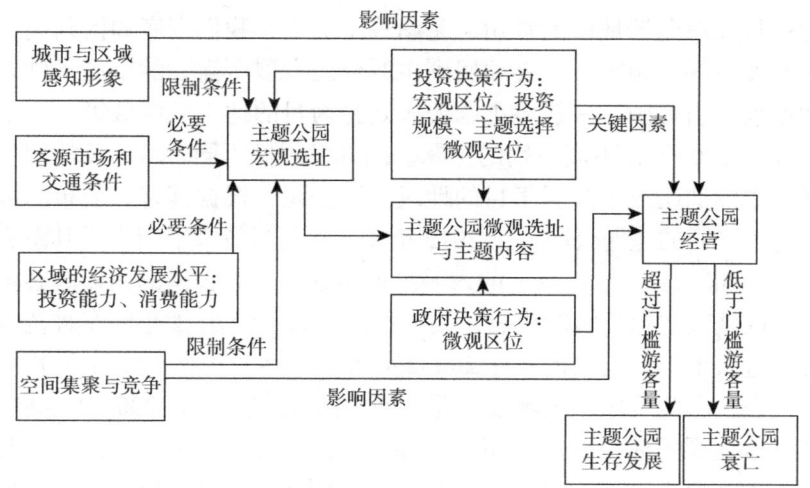

图 3-1 主题公园发展影响因素系统分析
资料来源：引自保继刚（1997）

看，有三点需要注意：第一，各个影响因素之下是一系列具体的指标，是有关键参数的；第二，各个影响因素之间是相互影响，且有层级之分的，某些因素具有决定性，某些因素是选择性或加分项；第三，各个因素的作用大小和作用机制是不一样的，有的考虑在前，有的考虑在后。基于上述影响因素体系，闫闪闪等（2016）构建了包含 16 个因素的三级指标体系，涉及人口因素、经济因素、交通条件和旅游市场因素，并运用 AHP（analytic hierarchy process，层次分析法）和熵权法对指标确权，计算了全国 33 个主要大中城市建设主题公园的适宜性。这项工作已经有了很大进步，但仍存在几个问题：第一，只是给出了各个城市的排名，那么排名在前几位的城市适合开发主题公园吗？排名第 12 的石家庄就比排名第 20 的南昌更具适宜性吗？显然有点不符合现实，毕竟万达乐园已经在南昌开业，尽管南昌万达乐园绩效不如预期，但毕竟还是先做了。第二，模型测量选择的城市主要是区域中心城市。然而，为了节约土地成本，很多主题公园开发有时候不选择中心城市，而是选择同一市场区位下 1~2 小时车程范围内的二三线城市，如江苏的常州和安徽的芜湖。第三，诚如前文所说，主题公园区位选址存在宏观和微观两个层面，竞合问题可能也存在尺度的差异，采用单一模型将不同因素放在同一层面测量，并不那么准确。

### 3.1.2 区域级主题公园潜在市场要求的估算

在中国的实际发展中，许多人口不算最多、经济也不算最好的发达经济区域内的二三线城市往往成为主题公园布局的重要选择，如珠江三角洲地区的珠海，甚至清远；长江三角洲地区的常州、芜湖等。那么，我们到底如何判断一个城市是否适合开发主题公园呢？这必须回到主题公园发展所需要的市场条件入手。根据规模和市场吸引范围，一般将主题公园划分为目的地级、区域级、城市级和社区级（Clave，2007），不同级别的主题公园开发规模不同，所需要的门槛游客量就不一样。香港迪士尼乐园属于目的地级主题公园，根据其官方公布的数据，作为投资超过百亿元的主题公园，于 2012 年才首次超过盈亏平衡点，其游客量超过 700 万人次。700 万人次/年以上的入园量就是这类主题公园的门槛游客量。深圳欢乐谷则是区域级主题公园的代表，其吸引游客的半径在 2 小时车程范围内。深圳欢乐谷在过去十年，门票价格在 200~230 元，游客量均在 300 万人次/年以上，处于盈利状态。由此观之，区域级主题公园的门槛游客量在 200 万~300 万人次/年。当然，这要视具体投资规模而定，部分老公园因完成了折旧摊销，其门槛容量可能低于 100 万人次/年。由于全球的目的地级主题公园主要就是迪士尼和环球影城，其在美国以外的选址都位于全球城市，如东京、巴黎、香港、上海。因此，本章不探讨目的地级主题公园的选址问题，重点分析区域级和城市级等大中型主题公园选址的问题。

欢乐谷系列、广州长隆欢乐世界等属于典型的区域级主题公园。根据保继刚（2015）的研究，深圳、北京、上海、成都、武汉等主题公园的投资规模基本在 17 亿~25 亿元，越往后投资规模越大。考虑到华侨城集团在控制开发成本方面已经积累了相当的经验，加之现金投资和建设成本相应增长，目前投资一个类似欢乐谷一样的主题公园大概需要 30 亿元。根据保继刚（2015）提出的测量主题公园门槛游客量的模型。我们假设，区域级主题公园项目总投资 30 亿元（不含土地成本），全部用于固定资产投资，折旧期按 10 年计算，则年折旧摊销为 3 亿元。同时，假定公园每年的项目更新改造费用为 0.1 亿元，财务费用为 0.05 亿元。由此可得，公园的固定成本主要来源于折旧摊销、财务费用和更新改造费用，每年共计 3.15 亿元。其他经营收入包括餐饮、商品和场地出租，按一般经验，这部分占标准门票的 20%~30%，本项目按标准门票的 20%计算；考虑营销费用，实际门票一般占标准门票的 70%~90%，本项目计算实际门票为标准门票的 80%。理论上，运营成本包含两部分，其中有一部分是随游客量的增加而增加的。欧美主题公园的运营成本控制比较好，一般能控制在营业收入的 40%~45%，而国内主题公园在这方面由于固定员工比例高，运营成本一般占营业收入的 50%以上，本项目按 50%计算。

因此，在计算之前，我们首先得出以下几个假设。

区域级主题公园固定资产投资 30 亿元。

总成本（$C$）=运营成本（$Cc$）+固定成本（$Cd$）

其中，运营成本（$Cc$）占营业收入的 50%，固定成本（$Cd$）假设为每年 3.15

亿元。

根据表 3-1 的估计值，进一步推算各种门票价格水平下的阈值。假设区域市场对主题公园门票价格不敏感，价格弹性为零（最优估计），在此基础上，估计各种门票价格水平下区域级主题公园正常运营所需要的游客量。根据阈值的公式：$V_2=C/$人均消费，计算得表 3-2。

表 3-1  区域级主题公园项目投资回报估算

| 游客量/万人 | 200 | 200 | 200 | 300 | 300 | 300 | 400 | 400 | 400 |
|---|---|---|---|---|---|---|---|---|---|
| 标准门票/元 | 200 | 250 | 300 | 200 | 250 | 300 | 200 | 250 | 300 |
| 实际门票/元 | 160 | 200 | 240 | 160 | 200 | 240 | 160 | 200 | 240 |
| 其他经营收入/元 | 40 | 50 | 60 | 40 | 50 | 60 | 40 | 50 | 60 |
| 人均消费/元 | 200 | 250 | 300 | 200 | 250 | 300 | 200 | 250 | 300 |
| 合计/万元 | 40 000 | 50 000 | 60 000 | 60 000 | 75 000 | 90 000 | 80 000 | 100 000 | 120 000 |
| 运营成本/万元 | 20 000 | 25 000 | 30 000 | 30 000 | 37 500 | 45 000 | 40 000 | 50 000 | 60 000 |
| 现金流/万元 | 20 000 | 25 000 | 30 000 | 30 000 | 37 500 | 45 000 | 40 000 | 50 000 | 60 000 |
| 固定成本/万元 | 31 500 | 31 500 | 31 500 | 31 500 | 31 500 | 31 500 | 31 500 | 31 500 | 31 500 |
| 税前净收益/万元 | -11 500 | -6 500 | -1 500 | -1 500 | 6 000 | 13 500 | 8 500 | 18 500 | 28 500 |

表 3-2  基于门票价格的游客量阈值计算值

| 标准门票/元 | 60 | 90 | 120 | 150 | 180 | 210 | 240 | 270 | 300 | 330 |
|---|---|---|---|---|---|---|---|---|---|---|
| 实际门票/元 | 48 | 72 | 96 | 120 | 144 | 168 | 192 | 216 | 240 | 264 |
| 其他经营收入/元 | 12 | 18 | 24 | 30 | 36 | 42 | 48 | 54 | 60 | 66 |
| 人均消费/元 | 60 | 90 | 120 | 150 | 180 | 210 | 240 | 270 | 300 | 330 |
| 固定成本/万元 | 31 500 | 31 500 | 31 500 | 31 500 | 31 500 | 31 500 | 31 500 | 31 500 | 31 500 | 31 500 |
| 游客量阈值/万人 | 1 050 | 700 | 525 | 420 | 350 | 300 | 263 | 233 | 210 | 191 |

注：游客量阈值已经进行了取整处理

按照目前欢乐谷、方特等公园标准门票定价于 230 元左右的水平，区域级主题公园在 30 亿元投资下，门槛游客量为 280 万人次/年，才能实现盈亏平衡。

### 3.1.3  区域级主题公园的渗透率和区域人口要求

如果一个区域级主题公园需要 280 万人次/年才能实现盈亏平衡，那么一个城市需要多少人口呢？或者说这个区域级主题公园周边 2 小时车程范围需要多少人口呢？这从另一个侧面就回答了什么样的城市可以开发主题公园。这就要考虑市场渗透率问题。古诗韵（2013）的博士论文，就解决了渗透率测算的问题。市场渗透率指的是在区域主题公园总体市场中，某个主题公园品牌（或者品类或者子品牌）的产品的使用（拥有）者比例，也可以直接理解为用户渗透率或者消费者占有率，是一个品牌在市场中位置的总和，它是多年形成的结果。市场渗透率用以衡量现有市场区间群体访问一处景点的倾向性，一般表示为总客流量在相关市场总体规模中的比例。市场渗透率乘以每个现有市场范围内的合格市场人数，即为预测的潜在客流量。渗透率与一个主题公园所在市场的规模和吸引力相关，与主题投资额度、形象与品牌、认知度、同类景点的渗透、竞争环境，以及其他外部变量如天气等因素相关。

欧美主题公园研究和咨询机构依据他们长期积累的国际同业参照数据库和模型（模型涉及主题公园的规模、主题、管理者意见、区位、其他因素因子），通过按需选择不同的因子计算推测出某一吸引物在特定市场区间中的市场渗透率，见表3-3。

表 3-3  主题公园的市场渗透率比较

| 主题公园地区 | 客流量/（百万人次/年） | 估计的市场渗透率 | | |
|---|---|---|---|---|
| | | 主要市场 | 次级市场 | 旅游市场 |
| 日本的公园 | 1.0~17.7 | 15%~46% | 5%~30% | 1%~25% |
| 亚洲的公园 | 1.1~9.1 | 4%~47% | 1%~15% | 2%~32% |
| 澳大利亚的公园 | 1.0~1.4 | 5%~20% | 5%~15% | 5%~28% |
| 欧洲的公园 | 1.1~12.2 | 7%~33% | 1%~18% | 1%~30% |
| 北美的公园 | 1.3~14.8 | 14%~45% | 7%~25% | 1%~30% |

注：亚洲的公园的数据资料包含日本
资料来源：Clave（2007）

美国主题公园高度依赖一级市场，一级市场客源占到公园游客量的80%左右，见表3-4。各主题公园在当地市场的渗透能力存在差异，市场渗透率在13.4%~59.9%。

表 3-4  美国主题公园一级市场渗透率（2004年）

| 主题公园 | 所在区位 | 年游客量/百万人次 | 一级市场比率 | 一级市场人口量/百万人 | 一级市场家庭年收入/美元 | 一级市场渗透率 |
|---|---|---|---|---|---|---|
| America | 华盛顿特区 | 1.15 | 80.4% | 6.9 | 77 840 | 13.4% |
| Great Adventure | 新泽西杰克森市 | 2.80 | 80.1% | 12.6 | 67 127 | 17.8% |
| Marine world | 加利福尼亚州瓦里豪市 | 1.45 | 79.8% | 5.9 | 84 056 | 19.6% |
| Magic Mountain | 加利福尼亚州瓦伦西亚市 | 2.70 | 80.1% | 10.4 | 65 587 | 20.8% |
| Great America | 伊利诺格尼市 | 2.30 | 80.4% | 8.6 | 71 373 | 21.5% |
| Astroworld | 田纳西休斯敦 | 1.40 | 80.5% | 4.9 | 64 814 | 23.0% |
| Elitch Garden | 科罗拉多丹佛市 | 1.15 | 79.4% | 2.8 | 71 776 | 32.6% |
| Texas | 田纳西阿斯顿 | 2.20 | 80.3% | 5.4 | 68 794 | 32.7% |

续表

| 主题公园 | 所在区位 | 年游客量/百万人次 | 一级市场比率 | 一级市场人口量/百万人 | 一级市场家庭年收入/美元 | 一级市场渗透率 |
|---|---|---|---|---|---|---|
| Georgia | 佐治亚奥斯特尔 | 1.85 | 85.0% | 4.6 | 70 405 | 34.2% |
| New England | 马萨诸塞麻省 | 1.50 | 78.7% | 3.2 | 62 676 | 36.9% |
| ST. Louis | 密苏里圣刘易斯 | 1.35 | 80.2% | 2.7 | 60 102 | 40.1% |
| Darien Lake | 纽约达连湾 | 1.25 | 80.4% | 2.2 | 54 219 | 45.7% |
| Fiesta Texas | 田纳西圣安东尼奥 | 1.40 | 81.3% | 1.9 | 54 540 | 59.9% |

资料来源：引自王刚. 主题公园游客流影响因素及其作用路径研究. 西安：西安交通大学博士学位论文，2009

古诗韵（2013）将深圳欢乐谷的市场划分为两级市场：一级市场，即本地居民市场；二级市场，即本市以外的市场，以此来计算市场渗透率。

（1）深圳欢乐谷的一级市场渗透率的计算公式为

深圳欢乐谷某年一级市场渗透率＝深圳欢乐谷该年入园游客总量×一级市场游客比重/深圳该年年末常住人口数

（2）深圳欢乐谷的二级市场渗透率的计算公式为

深圳欢乐谷某年二级市场渗透率＝深圳欢乐谷该年入园游客总量×二级市场游客比重/深圳以外广东省该年年末常住人口数

测算的深圳欢乐谷市场渗透率如表 3-5 所示。

表 3-5　深圳欢乐谷一二级市场的渗透率（2009~2012 年）

| 年份 | 2009 | 2010 | 2011 | 2012 |
|---|---|---|---|---|
| 深圳年末常住人口数/万人 | 891.23 | 1 037.2 | 1 046.74 | 1 054.74 |
| 一级市场渗透率 | 13.90% | 15.90% | 18.20% | 19.10% |
| 二级市场渗透率 | 0.66% | 0.59% | 0.60% | 0.51% |
| 深圳居民人均可支配收入/元 | 29 245 | 32 381 | 36 505 | 4 0742 |

注：资料来源深圳华侨城欢乐谷旅游公司。一级市场人口规模以深圳年末常住人口来计算；二级市场人口规模以广东省扣除深圳常住人口之后的数据来计算。因为涉及商业数据，这里将具体的入园人数和一级市场所占比例等敏感数据隐去。深圳统计数据引用深圳统计年鉴（2011）、深圳市 2011~2012 年国民经济和社会发展统计公报，引自古诗韵（2013）

从深圳欢乐谷的一二级市场渗透率数据看，一级市场的渗透率已达到北美和日本主题公园渗透率的最低水平，并呈现逐年上升的趋势。二级市场的渗透率表现为大幅度的降低，符合本地市场渗透率高于次级市场渗透率的欧美市场规律。可见，立足本地市场、努力提高本地市场的渗透率是保持公园稳定客流的关键。

2018 年，深圳欢乐谷的一级市场渗透率在 25%左右，而总体市场（一级和二级）的渗透率应该在 30%左右。值得注意的是，由于深圳没有自然风光和历史遗迹的景点，主题公园是城市主要的娱乐项目，其市场渗透率应该高于全国其他城市。换句话说，30%的市场渗透率，在中国应该属于较高的市场渗透率。其他历史遗迹丰富、自然旅游资源雄厚、城市休闲娱乐选择较多的城市，其主题公园的市场渗透率不会比深圳欢乐谷高。

综合门槛游客量和渗透率的分析，280万人次/年的门槛游客量需要中心城市区域2小时范围内的市场人口应该达到900万人以上（280万/30%），且能够较为日常地接受高达200元以上的门票价格。当然，这只是一个粗略的估算，只能为模型的建立提供基本的参照线。

### 3.1.4 区域级主题公园城市开发适应性评估模型

根据前面分析，结合 Clave（2007）提出的区域级主题公园的建设标准，区域级主题公园布局的城市区域需要满足以下几点基本要求。

第一，2小时车程范围内900万人以上（约280万人次的门槛游客量/30%的渗透率≈900万人）。

第二，区域范围内经济较为发达（以确保具有较好的、可持续的重复购买力）。

第三，有较大规模的区域旅游者（2小时车程外市场，约占主题公园游客量的10%~30%）。

第四，区域交通条件优秀（尤其是大型公共交通通达性好）。

第五，气候条件适宜（主题公园全年营业时间较长，雨日数少）。

然而，上述因素，既有宏观层面的，也有中观和微观层面的因素，其中一些因素还同时涉及宏观和微观尺度，如交通条件。从宏观上看，交通条件主要是外部交通，重点在于高铁、高速公路以及航空（尤其是目的地级的主题公园）。对于本市以外市场依赖程度较高的主题公园，外部交通至关重要。从微观尺度上看，是否有公交线路，线路数量的多少，是否有轨道交通，通达性如何，公园到轨道交通站点的步行距离是多少等，直接影响游客的实际到访。一般地，如果主题公园的实际年游客量超过200万人次，考虑停业时间和淡旺季差别，平时将近1万人次/日，旺季可达3万人次/日。这意味着在集中入园的3小时内（通常是8：30~11：30），即使公共交通只承担50%的运输量，也有超过1.5万人次需要乘坐公共交通。这就等于在3小时内，每小时公共交通须运送5000人次，即每分钟就得进站1辆公交车。显然，这样的运输量完全依靠普通公共交通是非常困难的。因此，对于大型主题公园轨道交通是重要的微观选址因素。

构建一个区域级主题公园城市选址模型，可以从宏观选址、中观选址和微观选址这三个角度考虑（图3-2），根据具体指标和数据，一步步进行区域级主题公园市场选址的衡量和评价，确定合适的选址。

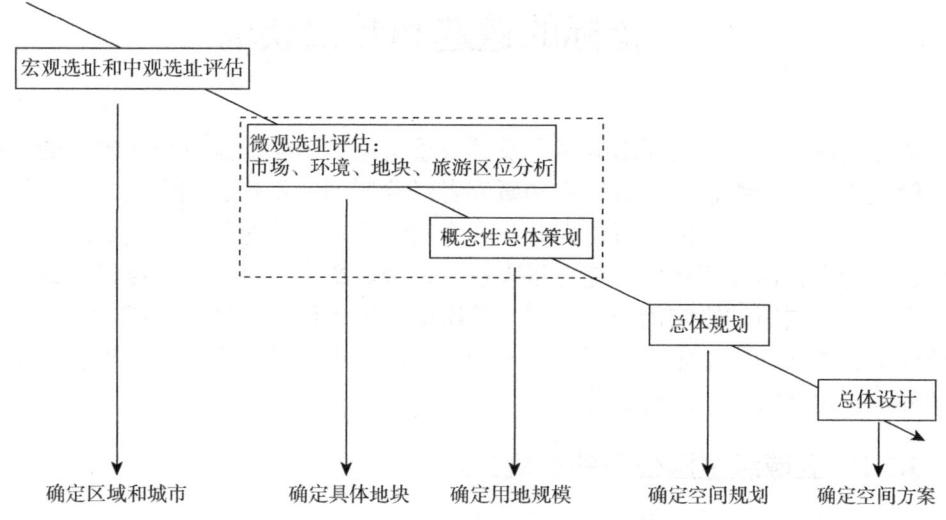

图 3-2　区域级主题公园选址的基本原则和技术方法

根据图 3-2 可知，区域级主题公园的选址主要分为 3 个步骤。

宏观选址：即确定以某个区域中心城市为原点，周边大致 2 小时车程范围的区域。例如，以广州、上海、北京、西安、成都、武汉为中心城市。当然，某些区域中心城市的 2 小时车程半径区域可能是重叠的，如广州和深圳、天津和北京、无锡和苏州等。无论是否重叠，或者重叠多寡，测算方式都是一样的。

中观选址：是指在宏观选址确定的区域范围内选择特定的城市，一般是地级市，部分发达区域可以选择县级市（或县）。例如，在广州 2 小时车程范围内的城市就要评估广州、东莞、深圳、清远、中山、珠海等城市。许多成功运营的主题公园并不一定选择区域内经济最发达的大城市，而是选择周边的中等城市。例如，珠江三角洲区域除了广州和深圳外，珠海作为中等城市也是适宜选择；在长江三角洲区域，常州、芜湖也是不错的选择。后面的具体指标选择和模型测算会进一步说明这一点。

微观选址：指在中观选址确定的城市中选择适宜开发主题公园的地块，这是非常具体的选址。例如，在广州开发主题公园，是选择在天河区、番禺区还是海珠区的哪一地块？或者在芜湖开发主题公园，是选择镜湖区、弋江区还是鸠江区的哪一地块？微观选择需要考虑的因素很多，许多做失败的主题公园其实在宏观选址和中观选址上都没有问题，就是在微观选址上考虑欠妥当，导致开业后游客的实际到访量低于预期。

## 3.2 指标的遴选和数据获取

本评测模型各层级主要影响因素及其权重是通过两轮专家打分法确定的。在第一轮次中，课题组根据现有研究和研究者经验罗列一系列影响因素，并根据影响层级进行划分，部分因素可能同时在多个层级出现。课题组将罗列的影响因素清单发给专家，由专家按照利克特量表进行评分。最终选择影响程度最大的 4~5 个因素作为该层级的影响因子。在第二轮次的专家咨询中，课题组扩大了受访专家的样本，将前一轮确定的各层级因子列出，向专家咨询权重。最后根据专家给出的权重平均值取整，得到结果。

### 3.2.1 区域级主题公园的宏观选址

区域级主题公园的宏观选址主要考虑气候条件、区域人口规模、区域经济水平和区域旅游发展这四个评价要素。如果以宏观最佳选址条件为 100 分计算，那么评价要素的占比是：宏观选址（100 分）=气候条件（20 分）+区域人口规模（30 分）+区域经济水平（30 分）+区域旅游发展（20 分）。区域级主题公园宏观选址评价的具体指标体系，如表3-6 所示。

表 3-6　区域级主题公园的宏观选址指标体系

| 气候条件（20 分） | 区域人口规模（30 分） | 区域经济水平（30 分） | 区域旅游发展（20 分） |
| --- | --- | --- | --- |
| 适宜气温月份数：<br>15~30℃的月份数≥7（10 分）<br>5≤15~30℃的月份数<7（7 分）<br>3≤15~30℃的月份数<5（4 分）<br>1≤15~30℃的月份数<3（1 分）<br>15~30℃的月份数<1（0 分） | 区域常住人口（万）：<br>常住人口数≥3 000（15 分）<br>2 400≤常住人口数<3 000（11 分）<br>1 500≤常住人口数<2 400（7 分）<br>900≤常住人口数<1 500（3 分）<br>常住人口数<900（0 分） | 区域 GDP（亿元）：<br>GDP≥30 000（10 分）<br>20 000≤GDP<30 000（7 分）<br>15 000≤GDP<20 000（4 分）<br>10 000≤GDP<15 000（1 分）<br>GDP<10 000（0 分） | 区域旅游人数（万人）：<br>人数≥30 000（10 分）<br>25 000≤人数<30 000（7 分）<br>20 000≤人数<25 000（4 分）<br>15 000≤人数<20 000（1 分）<br>人数<15 000（0 分） |
| 雨日数：<br>雨日数≤150（10 分）<br>150<雨日数≤200（7 分）<br>200<雨日数≤250（4 分）<br>250<雨日数≤300（1 分）<br>雨日数>300（0 分） | 区域流动人口（万）：<br>流动人口数≥1 000（15 分）<br>800≤流动人口数<1 000（11 分）<br>600≤流动人口数<800（7 分）<br>400≤流动人口数<600（3 分）<br>流动人口数<400（0 分） | 区域人均 GDP（万元）：<br>人均 GDP≥8（10 分）<br>6≤GDP<8（7 分）<br>4≤GDP<6（4 分）<br>2≤GDP<4（1 分）<br>GDP<2（0 分） | 区域旅游收入（亿元）：<br>收入≥4 500（10 分）<br>3 500≤收入<4 500（7 分）<br>2 500≤收入<3 500（4 分）<br>1 500≤收入<2 500（1 分）<br>收入<1 500（0 分） |

续表

| 气候条件（20分） | 区域人口规模（30分） | 区域经济水平（30分） | 区域旅游发展（20分） |
|---|---|---|---|
| | | 区域第三产业比重：<br>比重≥45（10分）<br>40≤比重<45（7分）<br>35≤比重<40（4分）<br>30≤比重<35（1分）<br>比重<30（0分） | |

其中，气候条件影响最大的是气温条件和雨日数，适宜气温月份使用各月平均气温，一般气温越冷越不适合，因为一年的营业时间较短，同时全年雨日数越少越好；区域人口规模包括区域常住人口和流动人口，流动人口数量根据第六次人口普查数据报告来测算，相比之下，常住人口规模更为重要；区域经济水平用区域GDP、区域人均GDP和第三产业比重来测算，数值越高越好；区域旅游发展用区域旅游人数和旅游收入来测算，其中区域旅游人数为各个城市公布的旅游人次数，而非酒店统计的过夜游客数。

### 3.2.2 区域级主题公园的中观选址

区域级主题公园的中观选址主要考虑该城市的交通条件、城市旅游发展、竞合状况和周边配套这四个评价要素。如果以宏观最佳选址条件为100分计算，那么评价要素的占比是：中观选址（100分）=交通条件（40分）+城市旅游发展（20分）+竞合状况（30分）+周边配套（10分）。区域级主题公园中观选址评价的具体指标体系，如表3-7所示。

表3-7 区域级主题公园的中观选址指标体系

| 交通条件（40分） | | 城市旅游发展（20分） | 竞合状况（30分） | 周边配套（10分） |
|---|---|---|---|---|
| 高铁线路数量：<br>数量≥7（10分）<br>5≤数量<7（7分）<br>3≤数量<5（5分）<br>2≤数量<3（3分）<br>1≤数量<2（1分）<br>无（0分） | 公交站点数量：<br>数量≥2 000（10分）<br>1 000≤数量<2 000（7分）<br>500≤数量<1 000（5分）<br>200≤数量<500（3分）<br>数量<200（1分） | 城市接待过夜人数<br>（万人）：<br>人数≥3 000（5分）<br>2 000≤人数<3 000（4分）<br>1 000≤人数<2 000（3分）<br>500≤人数<1 000（2分）<br>人数<500（1分） | 2小时范围内A级旅游景区数量：<br>数量≥400（0分）<br>300≤数量<400（3分）<br>200≤数量<300（5分）<br>100≤数量<200（7分）<br>数量<100（10分） | 周边商务商业区建设情况：<br>优秀（5分）<br>良好（3分）<br>一般（1分） |

续表

| 交通条件（40分） | | 城市旅游发展（20分） | 竞合状况（30分） | 周边配套（10分） |
|---|---|---|---|---|
| 高速公路里程数：<br>里程数≥600（10分）<br>400≤里程数<600（7分）<br>200≤里程数<400（5分）<br>100≤里程数<200（3分）<br>里程数<100（1分） | 轨道交通密度（公里数/平方千米）：<br>密度≥0.1（5分）<br>0.05≤密度<0.1（4分）<br>0.01≤密度<0.05（3分）<br>0.005≤密度<0.01（2分）<br>密度<0.005（1分） | 城市星级酒店数量：<br>数量≥200（5分）<br>100≤数量<200（4分）<br>50≤数量<100（3分）<br>20≤数量<50（2分）<br>数量<20（1分） | 2小时范围内主题公园或类主题公园景区数量：<br>数量≥30（0分）<br>20≤数量<30（2分）<br>15≤数量<20（4分）<br>10≤数量<15（6分）<br>5≤数量<10（8分）<br>数量<5（10分） | 周边住宅区建设情况：<br>优秀（5分）<br>良好（3分）<br>一般（1分） |
| 高速公路出入口数量：<br>数量≥100（5分）<br>50≤数量<100（4分）<br>30≤数量<50（3分）<br>10≤数量<30（2分）<br>数量<10（1分） | | 城市星级酒店出租率：<br>出租率≥70（5分）<br>60≤出租率<70（4分）<br>45≤出租率<60（3分）<br>30≤出租率<45（2分）<br>出租率<30（0分） | 与2小时范围内旅游景区和主题公园的竞合关系：<br>（1~10分）：专家打分 | 周边工业区建设情况：<br>多（-6分）<br>较多（-4分）<br>一般（-2分）<br>少（0分） |
| | | 城市旅游吸引力：<br>（1~5分）：专家打分 | | |

其中，交通条件需要同时评估城市通往区域中心城市和周边城市的外部交通和城市内部的交通情况，这是中观选址的关键，必须能够确保大客流的顺利、便捷到达，尤其是必须具有通达区域中心城市的公共交通系统。

城市旅游发展包括该城市的接待过夜人数（非旅游人数）、星级酒店数量、星级酒店出租率和城市旅游吸引力，其中城市旅游吸引力采用专家打分法，判断依据为以下3点。

（1）该城市是否为区域旅游流的主要方向。

（2）是否是区域旅游资源的富集区；城市旅游形象是否较好。

（3）是否有良好的旅游消费习惯（包括夜间）。

竞合状况方面需要同时考虑该城市与2小时车程范围内区域城市的同业（旅游景区、主题公园）竞争状况，其中一个竞争关系的专家打分项是用于调整中观选址的个体差异因素，由专家主观判断好坏，判断依据为以下6点。

（1）与城市现有主题公园是竞争还是合作。

（2）是否可借力（周围的核心景区）。

（3）城市是否已经具有良好的主题公园现实市场。

（4）是否有与主题公园形成互补的城市其他景区。

（5）城市是否有主题公园相关的产业链。

（6）是否有与主题公园相配套的酒店和餐饮品牌。

周边配套也采用专家打分法，定性标准为以下3点。

(1)城市商务商业区越发达,城市后工业特征越明显,越适合主题公园布局。

(2)城市工业越发达,工业形象越浓厚,越不适合布局。

(3)城市住宅区越多,尤其是高端住宅区越多,越适合。

### 3.2.3 区域级主题公园的微观选址

区域级主题公园的微观选址涉及诸多个体地块因素,具体城市的旅游流向、流速、流量和流质(社会人口结构)不同,不可简单量化评估,针对具体地块,需要开展可行性研究,具体要求如下。

(1)市场研究:潜在市场规模和消费力,现有游客流的流向、流量、流速和流质,目标市场的消费习惯和偏好,目标市场的消费者行为规律(出游范围、出游组合、出游方式等)。

(2)地块研究:地块小气候分析、地块的地形地貌、水系状况、周边社区状况、周边商业状况、周边工业开发状况等。

(3)交通分析:公共交通状况、外部交通状况、交通服务、停车场规划、轨道交通等。

(4)旅游区位分析:周边旅游景区和线路的竞合关系、周边配套分析等。

在宏观和中观选址评价的基础上,微观选址的目的是选择城市内具有旅游开发潜力的地块来建设区域级主题公园,但是由于个体差异过大,如果使用统一的定量模型评估,会产生过大偏差,因此微观选址主要依赖于主观判断和专家分析,有以下几点具体的参考标准,见表3-8。

表3-8 区域级主题公园的微观选址评价标准

| 评价要素 | 参考标准 |
| --- | --- |
| 交通设施 | 该地块1千米内公交站点数量和公交线路要充足,必须有轨道交通站点(600米内),20分钟可达主要的高速出入口 |
| 用地条件 | 可用地面积、地形地貌可塑性、地块周边用地情况,建议为城市新区或城市拓展方向上的城乡接合部土地,足够1 500亩,其中800亩用于开发主题公园,剩下的是公园周边停车场、餐饮、酒店、购物街区及其他配套用地,房地产项目另计 |
| 土地价格 | 按照房地产开发各个合理区间,过高的地价投资主题公园成本过高 |
| 周边配套 | 地块周边已有、在建和规划的项目与主题公园的相关性和互补性 |
| 社区状况 | 所在地块周边的社区状况、人口、经济,如涉及乡村的话,包括乡村土地、生计解决等问题 |
| 商圈价值 | 是否是聚客点、人流方向,周边商业地产的增值趋势等 |
| 城市规划 | 是否是城市的新拓展方向,是否是城市未来交通交汇点,是否是城市较高收入群体的聚居区等 |
| 旅游发展 | 是否在区域旅游大动线上,周边是否有可借力的景区或景点等 |

## 3.3 主题公园适应性评价结果

根据区域级主题公园的宏观选址指标体系和区域级主题公园的中观选址指标体系，对中国主要城市进行主题公园开发的适应性进行了评价，遵守的评分规则和评分标准如下。

第一，两个层次独立评分，互不影响，如宏观选址评分高，并不会折算到中观选址评分。

第二，上一层级决定下一层级，如宏观选址不理想，就没有必要继续中观、微观选址。

根据测算，得到以下结果，见表3-9。

**表 3-9 中国城市开发主题公园的选址评分等级**

| | |
|---|---|
| 宏观选址评分 | 第一梯度：90分及以上——北京区域97，上海区域94，珠海区域97，广州区域100，深圳区域100，天津区域97，苏州区域100，无锡区域100 |
| | 第二梯度：80~89分——南京区域87，济南区域80 |
| | 第三梯度：70~79分——杭州区域72，重庆区域76，成都区域72，武汉区域72 |
| | 第四梯度：60~69分——郑州区域68 |
| 中观选址评分 | 第一梯度：80分及以上——北京82，上海82，广州81，杭州84，重庆80，青岛80，成都80，武汉82，西安82，长沙85 |
| | 第二梯度：70~79分——南京75，天津70，深圳79，大连79，宁波76，厦门70，福州75，郑州78，石家庄75，太原71，哈尔滨73，南昌71 |
| | 第三梯度：60~69分——常州60，芜湖62，扬州61，苏州69，珠海62，东莞60，惠州63，清远62，绍兴62，济南66，泉州68，绵阳60，咸阳62，株洲60，开封61，洛阳69，晋中61，九江63 |

根据表3-10可知，由于北、上、广、深已经开发了相当数量的区域级主题公园，这些城市即使有良好的宏观区域得分，但在选址开发区域级主题公园的时候，仍需谨慎，因而中观评分并不一定比其他二三线城市高。因而评分表仅供参考，在使用上需要注意几个问题。

**表 3-10 中国城市开发主题公园的选址得分情况**

| 排序 | 城市 | 宏观 | 中观 | 总分 | 排序 | 城市 | 宏观 | 中观 | 总分 | 排序 | 城市 | 宏观 | 中观 | 总分 |
|---|---|---|---|---|---|---|---|---|---|---|---|---|---|---|
| 1 | 上海 | 100 | 82 | 182 | 6 | 天津 | 97 | 70 | 167 | 11 | 常州 | 100 | 60 | 160 |
| 2 | 广州 | 100 | 81 | 181 | 7 | 惠州 | 100 | 63 | 163 | 12 | 东莞 | 100 | 60 | 160 |
| 3 | 深圳 | 100 | 79 | 179 | 8 | 珠海 | 100 | 62 | 162 | 13 | 重庆 | 76 | 80 | 156 |
| 4 | 北京 | 97 | 82 | 179 | 9 | 清远 | 100 | 62 | 162 | 14 | 杭州 | 72 | 84 | 156 |
| 5 | 苏州 | 100 | 69 | 169 | 10 | 南京 | 87 | 75 | 162 | 15 | 武汉 | 72 | 82 | 154 |

续表

| 排序 | 城市 | 宏观 | 中观 | 总分 | 排序 | 城市 | 宏观 | 中观 | 总分 | 排序 | 城市 | 宏观 | 中观 | 总分 |
|---|---|---|---|---|---|---|---|---|---|---|---|---|---|---|
| 16 | 成都 | 72 | 80 | 152 | 25 | 无锡 | 100 | 56 | 156 | 34 | 泉州 | 39 | 68 | 107 |
| 17 | 芜湖 | 87 | 62 | 149 | 26 | 唐山 | 97 | 59 | 156 | 35 | 大连 | 37 | 79 | 116 |
| 18 | 扬州 | 87 | 61 | 148 | 27 | 西安 | 51 | 82 | 133 | 36 | 石家庄 | 35 | 75 | 110 |
| 19 | 郑州 | 68 | 78 | 146 | 28 | 咸阳 | 51 | 62 | 113 | 37 | 太原 | 35 | 71 | 106 |
| 20 | 济南 | 80 | 66 | 146 | 29 | 长沙 | 47 | 85 | 132 | 38 | 福州 | 34 | 75 | 109 |
| 21 | 洛阳 | 68 | 69 | 137 | 30 | 宁波 | 46 | 76 | 122 | 39 | 南昌 | 33 | 71 | 104 |
| 22 | 绍兴 | 72 | 62 | 134 | 31 | 株洲 | 47 | 60 | 107 | 40 | 哈尔滨 | 29 | 73 | 102 |
| 23 | 绵阳 | 72 | 60 | 132 | 32 | 青岛 | 41 | 80 | 121 | 41 | 晋中 | 35 | 61 | 96 |
| 24 | 开封 | 68 | 61 | 129 | 33 | 厦门 | 39 | 70 | 109 | 42 | 九江 | 33 | 63 | 96 |

第一，宏观选址分数越高，说明中心区域范围内潜在市场规模越大，超过 75 分以上的区域内，或可选择多个城市布局。换句话说，这样的区域可以同时开发多个区域级主题公园。

第二，宏观选址分数越低，说明中心区域范围内潜在市场规模或购买力不足，宏观选址低于 60 分的中心区域尽量不要布局，但其范围内中观得分较高（超过 70 分）的城市，可以考虑布局一个投资较小的城市级主题公园，如宁波、大连、石家庄、长沙等。

第三，宏观选址分数在 60~75 分的区域，只能选该区域内中观选址得分最高的城市布局。

第四，同属于多个中心区域的城市，即使宏观选址得分较低，若中观选址得分较高，亦可考虑布局，如苏州、无锡、上海等中心区域内的其他城市。

第五，中观选址得分较低的城市（一般低于 75 分），建议缓投资或小投资。

第六，宏观选址低于 60 分、中观选址也低于 60 分的城市均不建议投资区域级主题公园，部分城市可考虑建设城市级主题公园。

根据同一宏观中心区域优选中观评分最高城市的原则，得分次低的城市自动下降下一梯度。例如，本来绍兴按照得分应该排在第四梯度，但由于杭州是区域首位城市，则绍兴自动下降到第五梯度。该原则可以对以上城市是否适宜主题公园开发，以及适宜哪种级别主题公园开发进行评价，见表 3-11。

表 3-11 中国城市开发主题公园的适应性评估表

| 区域级主题公园 | 第一梯度：1. 上海；2. 广州；3. 深圳；4. 北京；5. 天津 |
|---|---|
| | 第二梯度：6. 苏州、南京、常州、芜湖、扬州（五选二）；7. 惠州、珠海、清远、东莞（四选二）；8. 重庆；9. 杭州；10. 武汉；11. 成都 |
| | 第三梯度：12. 郑州；13. 济南；14. 西安；15. 长沙；16. 宁波 |

续表

| 城市级主题公园 | 第四梯度：17. 洛阳；18. 绵阳；19. 开封；20. 无锡；21. 青岛；22. 厦门；23. 大连 |
| --- | --- |
| | 第五梯度：24. 石家庄；25. 绍兴；26. 唐山；27. 咸阳；28. 太原；29. 福州；30. 南昌 |
| | 第六梯度：31. 哈尔滨；32. 株洲；33. 泉州 |
| 暂不适宜 | 第七梯度：34. 晋中；35. 九江…… |

注：6和7选择后剩余的城市可开发城市级主题公园，根据得分高低降到第四或第五梯度，选中的两个城市优先开发得分高的，第二城市不建议同时开发。五选二和四选二意思是这些城市之间由于距离较近，区域市场重叠度高，存在一定的替代性。在开发主题公园时，不能仅仅只考虑本城市公园情况，而应该统筹区域发展来评估。西安、长沙和宁波虽为风险线以下的城市，但其城市发展潜力较大，相关评分可在短期内达标，故纳入区域级主题公园考虑城市

在使用上述评估结果时，仍需注意以下几点。

第一，中国城市处于快速发展中，相关因素变化较快，尽管一些城市可能现在不适宜，但在未来几年内就可能达到开发区域主题公园的标准。

第二，本评测仅针对宏观和中观选址，并未就微观选址进行评估。在具体应用时，应该注意特殊的微观区位。例如，某些城市在宏观和中观选址上的得分不高，但其某个地块却因为临近区域市场而可能获得较好的区位，适合开发主题公园。

第三，这个评估并未考虑具有能够吸引大规模专程市场的目的地级主题公园。目的地级主题公园的选址模式诚如前文所述，并不完全适用本模型。毕竟，目的地级主题公园自带相当比例的中远程专程市场，并不完全依赖于区域市场。

总体上，随着中国经济的发展和城市化的加快，未来一方面城市居民对主题公园的需求将不断增加，另一方面满足主题公园开发区位条件的城市也将增加，从目前一线城市走向二线、三线甚至部分四线城市。

# 第4章  主题公园与城市就业

　　城市发展主题公园的重要目标之一就是增加就业,以消化城市新增就业人口或吸纳产业转型后的失业人口。从全球实践来看,主题公园开发确实能够带来显著的就业增长,其中,很大一部分就业是学历和技术要求较低的岗位。更为重要的是,大型主题公园的开发,将带动城市局部空间的消费导向发展,城市空间消费化,促进了后工业经济的转型,构筑起城市旅游经济的增长极,由此产生大量的主题公园外围旅游相关就业岗位,包括正规就业和非正规就业。正是由于主题公园这种强大的经济带动能力,许多城市在开发主题公园时通常将其纳入城市综合体的概念中,要么将主题公园作为城市综合体的核心,围绕主题公园外围消费建立相应的配套;要么将主题公园作为城市娱乐配套之一,结合影城、步行商业街区、购物广场、创意中心、高端会所和主题社区,形成体系完善的城市娱乐目的地。例如,巴黎的迪士尼乐园开发的目的便是刺激马恩河谷镇(Marne-la-Vallée)的城镇化,创造地方就业(Clave,2007)。又如,深圳华侨城早期独立发展主题公园,包括锦绣中华、中国民俗文化村(2003年与锦绣中华合并)、世界之窗和深圳欢乐谷。随着主题公园的发展,大规模游客流可以刺激周边商业和娱乐消费。华侨城集团逐渐做出相应配套,扩大消费空间。在后期其他城市的开发中,华侨城集团都注重主题公园与相关消费空间的整体开发,如成都华侨城、武汉华侨城。其他主题公园开发企业也基本秉承这一概念,并不会孤立地开发主题公园。发展主题公园所提供的就业包括直接就业(主题公园内部的就业岗位)和间接就业(主题公园周围配套的就业岗位),也包括正规就业和非正规就业。

## 4.1 主题公园就业研究进展

主题公园就业的研究主要沿着两个方面展开：一个方面是评测和分析主题公园开发对城市就业的多维度影响，关注两个问题。一是主题公园开发产生就业的规模和层次；二是主题公园就业的结构和可持续性（梁增贤和保继刚，2014）。另一个方面是研究主题公园就业在多大程度上惠及本地居民，又在多大程度上能够提升当地居民的生活质量（梁增贤和保继刚，2014）。无论是在乡村还是在城市，创造就业，改善民生都是旅游发展的基本诉求，而旅游发展也确实能够创造就业（别婉文等，2017；梁增贤，2018）。然而，旅游发展创造了谁的就业？这些就业能否改善就业者的生活境况？如果城市大型旅游项目开发所产生的就业岗位并不面向城市居民，那么提高城市居民就业、改善生活境况的基本诉求从何谈起？这些问题直指旅游就业研究的核心，奠定城市大型旅游项目开发的"合法性"。

事实上，中外学者对旅游就业研究的兴趣点存在差异，这反映各国旅游发展的现实需求。中国学者侧重于总体层面的就业评估，强调旅游就业的规模效应，通过构建旅游就业的指标体系（冯学钢，2008），利用省域（唐代剑和李莉，2005）或全国（郭为和何媛媛，2008）的旅游统计数据，对旅游就业的规模、弹性、时空分异进行研究，并不断通过研究方法的改进（厉新建，2009）和数据处理方式的优化（郭为等，2009），使测量的结果趋于精确。早期西方学者也重视总体层面就业效应的评估，如澳大利亚学者 Leiper（1999）。近年来，西方学者倾向于研究旅游就业的微观层面（侧重于工作本身），从雇佣者、受雇者和旅游研究者等视角进行分析（Ladkin，2011），涉及工资、福利、劳务关系、工作环境、季节性、满意度、忠诚度等议题，其中满意度与忠诚度是研究的热点（Gartner and Cukier，2012）。

总体层面的就业评估与微观层面的就业分析之间产生一个研究的断层。一方面，总体层面的研究描述了旅游就业的全貌和一系列特征（如社会人口结构、就业类型、特征等），但却忽略了旅游就业在具体时空、群体（本地与外地）之间的分配，无法考究这种就业分配方式对实际就业者生活境况的影响，因而也就无法回答旅游发展是否能真正提高本地居民的就业和生活境况；另一方面，微观层面的研究提供了旅游就业的生动案例，然而，同一问题在不同案例中表现出迥然不同的结果，我们很难寻找到能被广泛接受的解释。本书认为，两个层面的研究之间应该存在一个连接层，它能够研究总体就业的具体分配，以及这种分配如何影响工作环境、收入水平、福利待遇、满意度等关乎就业者生活境况的问题。

旅游就业存在国家间（发展中国家与发达国家）差异。有限的选择、多样的岗位和大规模的非正规就业在发展中国家很常见，但在西方发达国家却鲜见。发达国家的研究结论不能直接用于发展中国家（Cukier-Snow and Wall，1993）。事实上，旅游就业的差异不仅表现在国家间，还存在于城乡间。在一些民族和乡村地区，人力资源的流动性较低，旅游业不得不依赖于本地劳动力。因此，这些地方的旅游发展给当地居民带来就业机会，并提供劳动培训，减少年轻人进城务工，使农村大多数家庭成员仍能够聚居在一起（Snyman，2012）。民族或乡村地区旅游发展对当地居民就业的积极影响得到学界的广泛认可，即使这些就业机会呈现低层次、低技能、低工资等特征（Deller，2010）。在城市，尽管一些研究表明，以饭店和旅行社为代表的城市旅游发展显著影响旅游就业（郭为等，2009；郭为和何媛媛，2008）。但城市外来务工者较多，人力资源的流动性大，在就业机会分配的市场化作用下，我们难以判断城市旅游是否真的能为本地居民创造就业，也无法知道旅游就业中的性别差异、工资歧视等涉及社会公平和就业者生活境况等具体问题的答案（Moore and Wen，2008）。更为重要的是，城市旅游发展往往由正规部门推动核心旅游项目的开发，非正规部门围绕旅游项目形成（梁增贤和保继刚，2012a）。城市旅游不仅带来正规就业，还有非正规就业，而我们对非正规就业却缺乏足够了解。城市大型主题公园便是典型，其周围往往分布大量非正规就业者，且就业者来源广泛，生活迥异（梁增贤和保继刚，2012a）。城乡差异在多个层面影响旅游就业的实际效应。

## 4.2 主题公园的就业特征

中国政府和企业界倾向于过高估计主题公园对就业的促进作用。武汉欢乐谷一期开发建设时，就估计会创造超过 1 000 个工作岗位，并预计武汉华侨城全面开业后，将创造超过 5 000 个就业岗位，为武汉市拉动的就业岗位将超过 25 000 个[①]。上海迪士尼度假区在建设期间就提供了超过 3 000 多个就业岗位，而在其官网公布的首轮招聘岗位中，就有超过 100 个高技术含量职位的类别，包括工程设计、项目管理、施工管理、项目整合、IT、合同/采购、财务等。上海迪士尼度假区整体运营直接产生的就业岗位或超过 1 万个。计划于 2020 年开园的北

---

[①] 佚名. "华侨城牵手武汉正逢其时"——武汉华侨城实业发展有限公司副总经理丁未明专访. 湖北日报，2013-01-10.

京环球影城将于 2019 年下半年启动社会招聘，一期项目大概需要招收 8 000~10 000 名员工，包含技术维护人员和旅客服务人员。此外，北京环球主题公园还将带动周边其他业态的发展，包括餐饮、酒店等服务行业，初步预估将带动 4 万人就业，包括北京环球影城主题公园的服务人员。

实际情况，可能并没有那么乐观。旅游就业分为正规就业和非正规就业。非正规就业包括非正规部门就业和正规部门的非标准就业（张丽宾，2004）。主题公园正规就业主要指主题公园的标准就业，多为合同制的固定员工。非正规就业可以分为两类：一类是主题公园内部的临时工、季节工、实习生等非标准就业（梁增贤等，2016）。值得注意的是，一些研究将非标准就业归为"正规就业"（冯学钢，2008；郭为等，2009）。另一类是主题公园外围绕主题公园游客经营，如无固定场所、未经工商登记也无劳动合同的街头游贩（Wen et al.，2016；梁增贤和保继刚，2012a，2014）。不同国家和地区主题公园就业的分配结构存在一定差异。

欧美主题公园基本属于正规部门就业。由于主题公园整体工资水平较其他行业低，加上发达国家内部大规模低层次劳动流动性和规模都不大，主题公园很难吸引外来务工者。公园为了降低人力成本，维持正常运营，不得不降低就业门槛，调整岗位结构，面向本地低收入者和初次就业的年轻人（实习生居多）提供大量季节性临时岗位，导致正规部门的非标准就业（以季节性临时工为主）规模远远大于标准就业（固定员工）。欧洲主题公园 1 个固定岗位对应 16 个季节性临时岗位，美国主题公园 1 个固定岗位对应 8~12 个季节性临时岗位[①]。以美国佛罗里达的坦帕湾布希公园（Busch Gardens Tampa Bay）为例，该公园占地 135 公顷，2017 年接待游客 396.1 万人次，位列北美地区第 12 位[②]，旺季提供 3 500 个就业岗位，其中固定岗位约 200 个，其余皆为季节性临时岗位，1 个固定岗位对应超过 15 个季节性临时岗位（Clave，2007）。根据国际旅游景区和主题公园协会（International Association of Amusement Parks and Attractions，IAAPA）的调查，全球 41.9%的主题公园员工年龄为 19 岁及以下，61.3%的员工是第一次就业者，而季节性临时员工达 31.3%[①]。由于欧美国家对非正规部门管制严格，非正规部门就业极少。

香港主题公园固定员工要比季节性临时员工的规模大。2017 年，香港迪士尼乐园雇佣员工超过 7 000 人，其中固定员工为 5 000 名左右，季节性临时员工最高可达到 2 000 名[③]，基本上 2 个固定岗位对应 1 个临时岗位，而将近 50%的固定员

---

[①] 转引自 Clave S A. The Global Theme Park Industry. Cambridge：CABI，2007：235.

[②] TEA，AECOM. The Global Attractions Attendance Report for 2017. Themed Entertainment Association，2018.

[③] 季节性临时员工的雇佣主要用以应对万圣节、圣诞节、春节、暑假及其他特殊时节的旺季需求。

工为开园时的员工，人员流失率较低，员工构成较为稳定[①]。受到一系列行政干预和市场化机制的作用，加上外来务工人员在香港就业的限制，香港迪士尼乐园的就业岗位主要面向中低收入的香港居民，包括身心障碍人士（persons with disabilities）。由于严格管制，非正规部门就业也很难在香港存在。香港海洋公园从1977年开业至今，已超过40年，园区不断扩大，从最初的十几个游乐项目扩大到现在的50多个。在迪士尼乐园选择落户香港后，海洋公园进行了大规模扩建，员工数量从最初的300多人不断扩大到1 500人，如今已经超过2 000人。

中国内地的差异更大。中国内地主题公园雇员规模较小。例如，各城市欢乐谷雇员在1 000~1 500人，世界之窗和锦绣中华民俗村则在700~800人，许多城市大型主题公园更是低于此规模。由于劳动力的市场化，经济结构的"非农化"以及快速城市化等因素（胡鞍钢和赵黎，2006），大规模低层次劳动力流向城市，主题公园所需低层次劳动力供给相对充足，人力成本较低，流动性较大。企业普遍采用一年制的合同工，而临时工、实习生等不到10%，员工流失率年均在20%左右，其中服务岗位的流失率最大，技术岗位次之，管理岗位最小（梁增贤和保继刚，2014）。

尽管从表面数据上看，中国内地许多主题公园12个固定岗位（一年制合同工）对应1个季节性临时岗位，但由于固定员工的流失率较大，实际长期"固定"下来的员工比例较低，企业并不担心固定员工过多"沉淀"的问题。中国内地主题公园面临的主要不是固定员工比重过高的问题，而是管理人才短缺和基层员工流失率高的问题。以下的一系列特征反映了中国主题公园就业的基本现实。

第一，近年来中国主题公园产业迅速扩大。2017年，全球十大主题公园集团的游客总量增长8.6%，其中中国主题公园集团游客总量增幅近20%，目前中国主题公园集团游客总量占全球游客总量约四分之一[②]。相应地，对主题公园各层次的管理人才的需求就迅速增加。新开设的公园到处挖人，许多管理人员从相关的旅游景区、酒店和旅行社转入，高校针对性培训的应届毕业生又因被认为缺乏工作经验得不到相应的管理岗位而离开主题公园行业。上述问题造成两个结果：一是老公园管理人才流失严重，流失的人才到新公园直接担任高层管理者，拔苗助长；二是公园管理水平参差不齐，管理质量不稳定。主题公园普遍缺乏接受过专业管理培训的管理者。

第二，中国内地人力成本相对较低，尽管人力成本支出占公园运营成本的大部分，但对于中国内地的主题公园而言，还是在可控的范围内。以深圳华侨城三个主题公园为例，人工成本占总运营成本（含税金）的比例在25%~40%（王刚，

---

① 数据来源于《香港迪士尼乐园2017财政年度业绩概要》。
② TEA，AECOM. The Global Attractions Attendance Report for 2017. Themed Entertainment Association，2018.

2009），经营绩效越好，比值越低。香港海洋公园经营了40多年，在运营成本控制方面已经做得比较出色了，其人工成本占总运营成本的比例高达50%，且随着香港薪资水平的上升近年来还略有增加[①]。香港迪士尼乐园的人工成本更高，因为香港迪士尼雇佣比海洋公园更多的员工，且有部分为外聘高管。

第三，中国内地主题公园员工的流失率比较高。在深圳，深圳华侨城三大主题公园的就业门槛相对较低，工作要求较为简单，成为许多进城务工人员的第一站或跳板。因此，深圳华侨城三大主题公园的员工大部分非深圳居民，多为外来务工者，主要来自珠江三角洲以外的广东其他地区以及广西、湖南等周边省份。对于深圳本地户籍居民而言，主题公园中低层就业岗位的薪资水平比较低，难以维持在深圳的较高生活成本。正如梁增贤和保继刚（2014）所说，大都市主题公园的结构性就业的分配呈现明显的"外向型"特征，主要面向外来务工者，而非本地居民。在没有其他干预的情况下，这类旅游项目开发所带来的就业将主要面向外来务工者，因为较低的工资水平难以吸引本地居民就业。通过开发主题公园增加本地居民就业，可能还需要相关配套政策或福利。

第四，由于管制宽松，中国内地公园普遍存在非正规部门就业，与欧美国家和香港地区主题公园形成鲜明对比，见表4-1。

表4-1 中外主题公园就业情况对比表

| 地区 | 正规就业 | | 非正规就业 |
| --- | --- | --- | --- |
| | 正规部门标准就业 | 正规部门非标准就业 | 非正规部门就业 |
| 欧美国家 | 比重小，一般不到1/10，多为本地居民，多为管理和技术岗位 | 比重很大，主要是本地年轻人和低收入者，多为服务岗 | 不同国家之间存在差异，一般管制严格，很少出现 |
| 中国香港 | 比重较大，一般占2/3，多为香港本地居民，部分是外来职业经理人，主要为管理和技术岗 | 比重较大，一般占1/3，基本为香港本地居民，部分为外来实习生和身心障碍人士，多为服务岗 | 管制非常严格，基本没有 |
| 中国内地 | 比重很大，多为外来务工者，本地居民只占小部分，流失率高 | 比重小，多为外来务工者、实习生，服务岗居多，基本是年轻、健全人士 | 总体管制宽松，在特定时间、特定地点管制严格，非正规部门就业规模较大 |

注：中国内地情况主要反映一线大城市主题公园的情况，引自梁增贤和保继刚（2014）

中外主题公园就业分配存在明显差异。在中国内地，受到低工资、弱非正规部门管制和低人力成本的约束，加上外来务工者的竞争和不断提高的城市居民就业薪酬期望，在就业分配的市场化作用下，本地居民很少选择主题公园正规部门就业。因此，华侨城主题公园正规部门就业主要面向年轻的外来务工者，呈现明显的"外向型"特征。更为重要的是，主题公园非正规部门就业在中国内地是一个重要的就业领域，需要特别关注。尽管管理和技术岗位的薪酬较高，但这些岗位数量较少，主题公园能够创造的大量就业岗位多是低层次、低工资、低技能

---

① 资料来源：2014~2017年香港海洋公园业绩报告。

（学历）的岗位。这些员工难以支付较高的城市通勤费用和时间成本，只能聚居在公园周边，形成低收入邻里。一部分员工居住在公园提供的集体宿舍，另一部分员工（主要是已婚，有家庭的）居住在公园周边的城中村，如深圳华侨城附近的白石洲。此外，许多固定员工利用闲暇时间从事兼职工作，有的就从事主题公园非正规部门就业行业，如倒卖门票，销售雨衣、矿泉水，从事黑出租生意等。正规就业者与非正规就业者之间存在某种角色转换关系。

## 4.3 主题公园非正规就业的管制

非正规就业似乎是与中国内地主题公园开发相伴生的现象。由于客观存在且常常被游客事先感知的园内与园外商品差价，导致了相应需求的增长。非正规就业有其存在的土壤。大量的研究指出，非正规就业与全球化和城市化紧密联系（黄耿志等，2011）。我国主题公园的发展集中在沿海大城市，这些城市往往充当我国全球化和城市化的桥头堡，从福特主义生产体系向后福特主义生产体系转变的过程中，大量未能适应新工作要求的居民和外来务工者成为非正规就业的主体。其中，以主题公园开发为主导的地方经济转型和快速城市化往往形成新的经济秩序、空间秩序和社会秩序。非正规就业作为新经济秩序的重要部分，其发生机制主要由新秩序中的利益相关者，如游客、政府、正规部门和社区居民等共同决定。为了深入了解非正规就业者的分布和管治。笔者实地考察深圳华侨城主题公园群（两次共计 39 天），详细记录非正规就业者的类型、数量、分布、人口特征、活动规律，跟踪走访部分就业者，了解其生活情况和商品来源及价格。访谈包括正式访谈和有目的的日常谈话，涉及 82 人次，包括主题公园的高管、公园员工、非正规部门就业者和社区居民，其中有录音的为 49 人次（深圳 38 人次、北京 11 人次），共计录音约 38 小时；无录音的为 33 人次（深圳 11 人次，北京 22 人次），分别做了访谈笔记。其中北京欢乐谷调查时间为 2011 年 7 月 17 日～2011 年 8 月 2 日。田野调查获得了非正规就业的规模、类型、产业链和空间分布等情况，了解从业者的生活情况和来源地。二手资料主要来源于华侨城集团及其下属主题公园企业，深圳、北京等地相关政府部门和事业单位。

### 4.3.1 非正规就业者与游客双方利益权衡下的市场选择

非正规就业的形成受非正规就业者和游客双方选择的影响。对非正规就业者而言，利润的大小决定了他们是否从事该活动；对游客而言，差价的大小决定了他们是否购买非正规就业者提供的产品或服务。从表 4-2 可知，北京欢乐谷 4 种非正规就业者（图 4-1）提供的产品和服务中，矿泉水和雨衣的差价和利润较小，但需求量大。以卖雨衣的为例，暑假期间，每人每天能卖 50 件左右，最差也有 30 件，最多不超过 100 件，全职全勤者一个月能挣 2 500~3 000 元；倒卖门票的和出租车服务的利润较大，从业人员较少，全年可从业。暑假期间欢乐谷每天游客量超过 10 000 人次，据倒卖门票的受访者保守估计，如果仅有 1%的游客购买"黄牛票"，每天也有 100 张的销量，利润总额超过 3 000 元，平均到每个人每天也有 200 元收入；出租车服务差价较大、需求量大，但从业人员较多，平均收益较高。

表 4-2　北京欢乐谷非正规部门 4 种就业者数量和收入水平对比

| 类型 | 卖矿泉水的 | 卖雨衣的 | 倒卖门票的 | 开黑出租车的 |
| --- | --- | --- | --- | --- |
| 就业人数 | 平季 20 人左右，旺季 30 人左右 | 平季 40 人左右，旺季 60 人左右 | 10~15 人，分为 2~3 个团伙 | 平时 20~30 辆，高峰期超过 50 辆 |
| 单位利润 | 1.3 元/瓶 | 约 2.1 元/件 | 20~60 元/张 | 10~20 元/次 |
| 日人均销量 | 2 箱（24 瓶装）左右，最好的卖 5~6 箱 | 50 件左右，最差 30 件，最高不超过 100 件 | 保守估计 1%的游客购买黄牛票 | 流动性大难以估算 |
| 人均收益 | 个人差别大，人均约 3 000 元/月 | 个人差别不大，人均 3 000 元/月 | 收入高，人均超过 4 000 元/月 | 根据访谈，收入水平介乎卖雨衣和倒卖门票者之间 |
| 年提供总收入 | 约 90 万元 | 约 90 万元 | 超过 100 万元 | |

注：笔者根据调研情况分析估算。卖雨衣的按照 1 年经营 6 个月计算，其余按照 1 年 12 个月计算；在估算年提供总收入时，卖矿泉水的按照 25 人计算，卖雨衣的按照 50 人计算；倒卖门票的根据 2011 年北京欢乐谷 345 万人次的 1%计算，即为 3.45 万张，按较低的 30 元/张计算。开黑出租车的服务差价较大，但需求量大，从业人员较多，流动性强，且多处载客（不一定都在欢乐谷），很难剥离。根据访谈了解，他们一般的月均收入水平介乎卖雨衣和倒卖门票者之间，但大多数人都是兼职

(a)

(b)

图 4-1　北京欢乐谷公交站和人行天桥下的非正规就业者（笔者摄于 2011 年）

### 4.3.2　体制性默许为非正规就业者的投机行为留有足够空间

城中村和城乡接合部非正规就业的发展相对宽松，处于管制之外的"特殊管制"之中（黄耿志和薛德升，2009）。在北京欢乐谷的案例中，社区自治组织和地痞组织尚未形成，非正规就业主要受到政府部门（包括社区政府、交警、城管等部门）的管制。政府对非正规就业的态度与其说是模糊（黄耿志和薛德升，2009），不如说是一种"体制性"默许。首先，非正规就业者规模大，流动性强，类型多样，涉及多个政府部门的协同管制，政府执法成本很高，不太可能长期专人专岗执法，只能是在"奥运会"等大型城市节事和庆典期间实行暂时性的严格管制；其次，非正规就业者属于弱势群体，而非正规就业也维持了相当一部分人的基本生计，涉及复杂的城市社会发展问题，如失地农民的就业安置问题等；最后，北京作为首善之区，和谐社会是社区政府重要的政治诉求，人情执法在社区层面上得到体现（执法者与一些非正规就业者熟悉，了解对方生活的困境，执法较为宽松）。政府对非正规就业清理和整顿的态度是明确的，但在执行时却要考虑上述情况，执法时松时紧，为非正规就业留有足够空间。政府部门对待非正规就业更侧重于维护社会和谐，寻求各方都能够容忍的平衡，形成"体制性"默许。

"我们整天躲躲藏藏的，赚钱不容易啊……一到搞什么奥运会那会，我们就不能摆了……"（60 岁老太太，垡头社区居民，长期在欢乐谷公交站附近卖矿泉水）

"哎，保安我们也熟啊，大家都要吃饭的，他们也是做做样子，赶赶而已，真抓了回去还费事，就怕城管、警察——他们也不可能天天来，抓我们这种小生意干吗呢？不到大活动（指大规模的城市整治运动）他们也不来的。"（倒卖门票的小伙，有时在网上销售门票后到公园给游客送票）

"那卖水的老婆老太都六七十岁了都，经不起折腾啊，你把她们逮回去，要真出什么事，谁都担不起这个责任。咱执法也讲人性，也不往死路赶，说道说道，不太影响公共秩序就行了，咱也是保一方平安，这不是和谐社会嘛。"（城管执法者，长期负责北京欢乐谷片区的游贩管制）

"咱们抄过（黑出租车）不是一两回了。但是这样做有一个问题，成本太高了，交警不可能天天来抄车吧……交警还有别的任务……其实啊，这种现象别说在我们这里，在朝阳区，在整个北京市都是一个普遍的现象，全市都没有招。"（欢乐谷社区负责人，长期负责北京欢乐谷社区管理）

### 4.3.3 正规部门的容忍为非正规部门的发展留有暂时性的商业机会

正规部门是指北京欢乐谷和周边的固定商业店铺。正规部门享有"合法化"优势，在相同的商业空间里，非正规部门往往难以抗衡正规部门。因此，主题公园与周边商业设施的空间关系以及主题公园自身的商业策略影响非正规商业，从而影响非正规就业。如果园外正规商业布局在游客流线上，卖矿泉水的非正规商业就会降低；如果园外正规商业发展成熟，多样化程度高，卖雨衣和矿泉水的非正规就业就缺乏竞争力；如果所处区域对园外非正规就业管控严格，非正规就业就会得到一定控制。因此，从主题公园经营者的角度看，除黑出租车外，其他 3 种非正规就业是完全可以通过经营策略的调整来控制的。例如，公园提供免费的雨衣，园内矿泉水的价格与市场价相当或略高，对优惠门票的比例和投放方式做一定的调整，对购票服务和方式进行优化，这 3 种非正规就业就会得到控制。

然而，主题公园的经营方并未采取上述策略，对非正规就业他们有自己的考虑。一方面，企业不具有城市管理的执法权，对园区以外的非正规就业者并没有执法力；另一方面，作为连锁的国有企业，管理制度缺乏弹性，价格调整和经营策略的变化并不像民营企业那样灵活。非正规就业者的空间分布也与游客流的空间规律紧密相关。2011 年，在没有修通地铁之前，北京欢乐谷的游客主要通过公交车、自驾车和旅游大巴 3 种交通方式到达和离开，最近的公交车站是厚俸桥南（北京欢乐谷）站，自驾车和旅游大巴都停在欢乐谷临时停车场，部分外地旅游大巴沿金蝉西路欢乐谷一侧停靠。因此，出售矿泉水和雨衣的游贩主要散布在金蝉西路欢乐谷一侧，尤其是公交车站和出入口区附近，他们需要不停地迎抢顾客；倒卖门票的游贩主要聚集在售票处附近和停车场出口附近，等候和物色可能的购买者；黑出租车集中聚集在出口区招揽客人（图 4-2）。

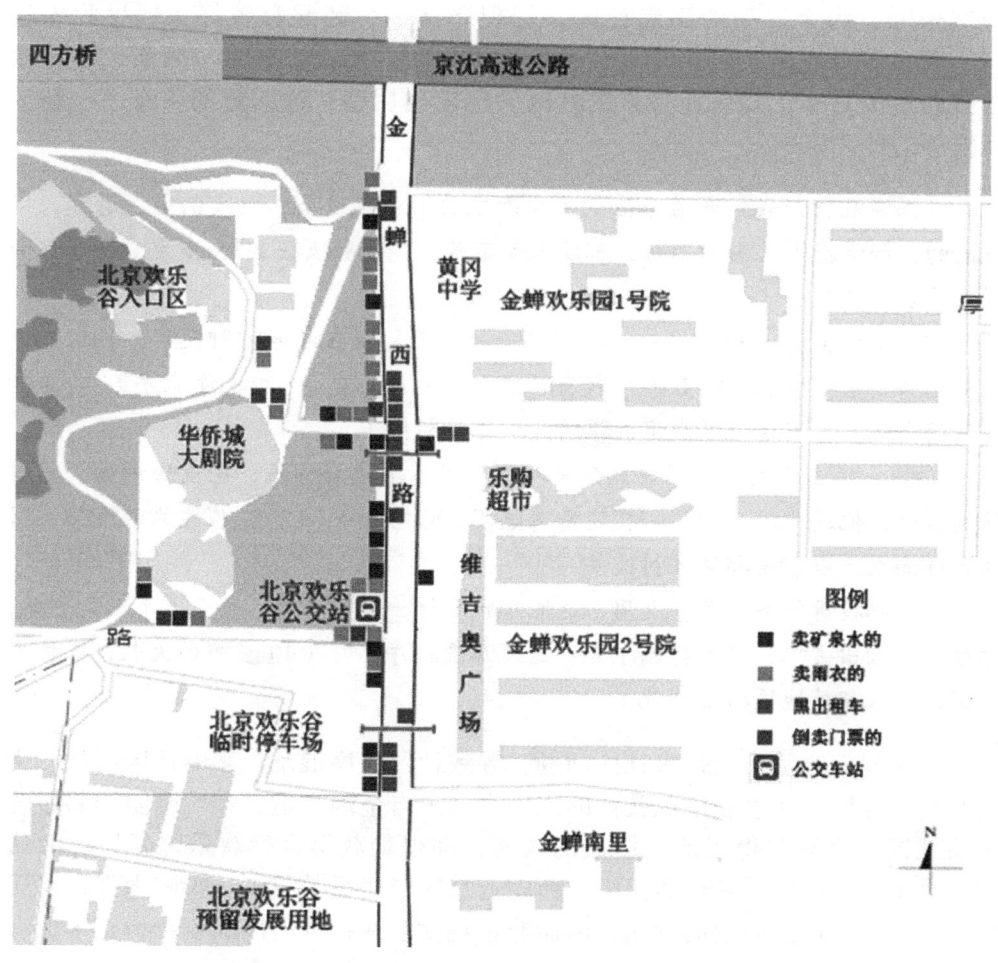

图 4-2 北京欢乐谷非正规就业者空间分布示意图（2011 年）

### 4.3.4 社区居民对非正规就业的复杂情感

北京欢乐谷非正规就业所提供的产品和服务基本上不针对社区居民。社区居民对非正规就业的复杂情感反映社区人口构成的复杂性。北京华侨城所处地块原属厚俸村和邱家庄两个村子。北京华侨城开发后，两个村子的农民90%以上搬迁到现在的金蝉南里，另有从楼梓庄等较远社区过来的拆迁户，整个金蝉南里的居民大都是原南磨房乡农民，相互熟悉，关系较好，保留着农村的生活习惯。与开发前混乱的城乡接合部景观相比，今天北京华侨城的城市景观有了很大改观。因此，金蝉南里居民对非正规就业带来的社区问题习以为常，保持较为宽容和理解的态度。然而，在两个村子原址上新建的金蝉欢乐园，为大户型的高尚社区，管理严格，小区配套较好，居民收入较高，大多非本地人，居住时间也不长，邻里间并无太多联系。因而，金蝉欢乐园的居民对非正规就业带来的社区问题较为反感，他们更期待有序、整洁和安静的社区氛围。

"很混乱啊，我们开着车他们（卖雨衣的）都贴过来，把我们当成游客，很危险的，经常堵车，影响不好，都没人管不是？"（林女士，35岁左右，家住金蝉欢乐谷2号院）

"我们以前都是一个村的，经常在一起聊天，现在没地方聊天了，她们也是闲着无聊出来摆摊（卖矿泉水），我有时候也跟她那儿坐会，咱也没地方了。"（60多岁的老太太，家住金蝉南里，以前是厚俸村村民）

"嗨，哪里有生意儿哪里就会有人啊，说不上谁影响谁，也没啥影响，你过你的日子，他过他的日子……我还看着热闹，哈哈……"（60岁左右的大伯，家住金蝉南里，以前是邱家庄村民）

"我都投诉很多次了，没用，这地儿就那样，乱！哎哟，每天上下班堵着慌，你碰上周末出去吧，路都排满了车，这地儿没秩序！"（40多岁的大叔，家住翠城馨园，从朝外地区搬迁到此）

非正规就业确实会带来社区问题，导致社区秩序混乱，影响社区居住、交通和商业环境。从事非正规就业的人群大多来自金蝉南里、翠城馨园和邻近的堡头社区，容易获得当地老居民的认同，却很难获得金蝉欢乐园新居民的认同。由于金蝉欢乐园常住居民少，而附近社区老居民数量大、影响力强，老居民的意见影响社区问题的管制，因而非正规就业在社区居民的复杂情感中保有生存空间。

对非正规就业管理的态度取决于如何看待非正规就业。非正规就业是指制度化经济结构之外的经济活动。当一个国家、一个城市处于发展阶段，制度化经济发育不成熟，非制度化的非正规经济就自然生长。事实上，发达国家的经验已经表明，只有一种经济组织形式的城市，是难以创造可持续发展能力的（张彦，

2008）。评价非正规就业或经济部门对城市发展的影响，就要看其所秉持的价值观。通常有三种观点：二元主义、新马克思主义和新自由主义（黄耿志和薛德升，2011）。

二元主义认为城市经济天然地划分为现代与传统、正规与非正规。非正规经济是传统、落后、边缘的象征，而正规经济是先进、发展的表现。这种观点认为，非正规部门的产生源于工业化不足与劳动力快速增长所形成的过度供给的城市劳动力市场，因而非正规就业是城市剩余劳动力人口由于无法进入正规部门而选择生存策略的结果，反映的是劳动力市场结构的分割性。这类学者普遍认可非正规就业对解决贫困、失业人口的暂时性积极意义，认为随着经济的发展，以及经济的正规化发展，政府必须消除非正规就业。

新马克思主义认为，一个经济系统中存在多种商品生产方式，小商品生产方式与资本主义经济存在相互联系。非正规就业不会随着经济正规化发展而消失，有可能在某些领域还会继续扩大，成为正规经济的重要补充。非正规经济是一种规避政府管制的收入获取活动，是过度劳工管制与丰富劳动力供给并存的结果。该群体认为，政府不应该过度管制非正规就业，同时应尽可能保障低收入劳动者权益，发挥非正规就业的调节作用。

新自由主义更为激进，认为政府制定的法律、法规大多是低效率的、过分侵权的和有失公平的，个人有必要也有权利去打破这种正规性。因此，非正规就业就成为人们以不合规定的手段达到合法目的的社会经济活动，反映了人们对现行制度的一种反抗。新自由主义非常强调非正规就业的积极面，认为非正规经济比正规经济具有更大的自治、灵活和自由性，强调简化行政管制手续，降低正规化成本，最大限度地鼓励非正规就业发展。

根据上面的观点和立场，发展中国家城市政府对非正规部门的政策大致有三种政策倾向：鼓励、限制和逐步正规化（尹晓颖等，2010）。然而，各个城市在具体实施上有极大的弹性空间，可以理解为选择性执行或运动型治理。即在大多数情况下，政府都不会采取绝对措施完全驱赶和消除非正规就业者，但又不会给予正规化保护。管制可以实施，也可以不实施；可以频繁实施，也可以择机实施。通常，在城市大型节事或景区重要活动期间，管制就会变得非常严格。当然，对主题公园而言，他们也可以采取一定的合法措施进行管制，如划定管制区域，不允许非正规就业者进入；禁止游客携带违禁物品入园；提示游客非正规商品的安全性风险；对部分显然违法的非正规行为提请政府执法；公开园内普通商品价格甚至免费提供等，见图 4-3。

图 4-3　北京欢乐谷外商品安全和价格提示（笔者摄于 2017 年）

事实上，各方都没有完全"堵死"非正规就业的动力和具体措施。对非正规就业者而言，各方集体"默许"下的"意外机会"却可能是他们维持生计的主要方式。调研发现，非正规就业不仅是一种维持生计的方式，还牵扯到以主题公园开发主导的城市空间重构过程中所产生的一系列社会问题。非正规就业群体构成复杂，在就业动机、人员构成和收入水平等方面呈现明显分异。

从就业动机多元看，传统的观点认为，非正规就业者的主要动机是维持生计或巩固社区网络。在一些案例调查中，大部分非正规就业者确实出于生计的考虑，他们大多是农村和城镇低收入居民，也有外来务工者（梁增贤和谢春红，2016）。然而，一些案例还涉及征地拆迁安置问题，如北京华侨城的开发使一部分拆迁居民（主要是原厚俸村和邱家庄的村民）过上了宽裕的生活，但却失去了原有的社会空间（如公共活动空间、消费空间等）。这部分居民出身农民，他们保持着劳作的习惯，在高度城市化的空间里，他们较容易从事非正规工作，这并非完全出于生计，或许仅是一种生活态度。非正规就业在城市现代化与人的现代化之间生成一条"过渡带"，一边是现代化的都市环境，另一边是传统的农民和外来务工者，非正规就业为他们提供一种适应都市环境的方式。

从就业者群体人员构成来看，情况更为复杂。卖矿泉水的人需要冷藏设施保存矿泉水，因而他们大多来自周边社区，劳动技能较低，就业弹性很大；卖雨衣的投资和技术要求极低，不仅附近居民，就连较远社区的居民和大中院校学生都会来争夺市场，竞争较为激烈；倒卖门票群体规模小，相互认识，极力排挤新进入者，这群人年富力强，脑子灵活，熟悉网络技术，富有经验；黑出租车群体除了周边社区居民外，还有在高峰期聚集到此的北京其他地区的黑出租车司机群体，周边黑出租车司机相互认识，结成群体，在与外来出租车司机的竞争中总能抢占有利位置，争夺更多客人。四种非正规就业群体中的本地人都相互认识，相互照应，卖矿泉水的也会兼卖雨衣，但是倒卖门票者和黑出租车司机通常不卖矿泉水和雨衣，四种非正规就业者间的合作多于竞争。

收入水平差异也很明显。四种非正规就业中，收入最高的当属倒卖门票的，其次是黑出租车司机，最少的是卖矿泉水和雨衣的。然而，非正规就业收入并不是非正规就业者收入的全部。全职从事非正规就业的人群收入水平都比较低，主要来自翠城馨园、金蝉南里、垡头社区和小武基村，这部分人群都是老工业社区的居民、经济适用房购买者、农村居民，还有租住在附近小区的外来务工者。兼职从事非正规就业的人群分异较大，流动性高，收入水平相差悬殊。非正规就业是主题公园运营后对周边社区产生的一种持续的旅游影响。

在中国，旅游就业的分配是一种市场化的选择行为。城市居民就业的期望较高，而外来务工人员的诉求较低，年轻化，且吃苦耐劳，更具竞争力。与此同时，内地主题公园所提供的大量低层次就业岗位多为一年制合同的固定岗位，季节性临时岗位较少，特别适合外来务工人员，这减少了本地居民短期兼职的机会。主题公园正规部门就业者工资水平较低，生活在社会中下层，流动性大，生活质量很难保障。与正规部门相比，非正规部门似乎更能吸收本地居民就业，他们由周边社区低收入者、城乡接合部或城中村居民（或农民）以及外来务工者组成。尽管收入可观，且工作灵活，但易受一系列因素影响而呈现脆弱性，工作不稳定，并不能保证就业者的长期生活。非正规就业在城市现代化与人的现代化之间生成了一条"过渡带"，是主题公园运营后对周边社区产生的一种持续的旅游影响。既然各个利益相关群体集体"默许"，那么对待主题公园非正规就业就不能一味地"堵"，而应侧重于"疏"。政府应该为非正规就业提供一个走向正规化的平台。通过规范非正规就业者的活动行为、活动空间和从业范围，提供基本的就业保障，给予主题公园周边社区居民参与旅游发展的机会，分享发展的利益，或许才是实现主题公园引导下城市化发展目标的正确方向。

# 第 5 章　主题公园季节性与奇幻城市

今天，中国的许多城市已经进入了后工业时代，主题娱乐成为休闲消费的时尚。工业时代的厂房被改造成 LOFT 或创意中心，主题餐厅、酒吧、咖啡厅遍布其中，各种艺术展览、文化演出和名家讲座经常举办，甚至主题购物街也有。城市社会空间被重构，并赋予新的意义和认同。新的消费和生活方式被建立，主要面向中等收入群体及其他后工业城市的主流消费群体。城市呈现消费的常态化，甚至是 24 小时城市。Hannigan（1998）将这种城市空间定义为奇幻城市（fantasy city）。奇幻城市是 20 世纪 90 年代在西方盛行的。当时西方主要的房地产开发商都致力于城市娱乐目的地（urban entertainment destination，UED）的开发，一次性建立包括赌场、超级影院、剧场、主题餐厅、模拟影院、互动乘骑、虚拟现实场景等极具后现代特征的消费空间。这些空间的发展，与当时西方追求新城市经济转型密切相关。

## 5.1　主题公园与奇幻城市

主题公园不能单纯依赖门票、餐饮、商业的收益，还应该增加娱乐中心、主题餐厅、影院、体育设施、音乐会或剧场等休闲娱乐空间以满足多样化的旅游需求（Formica and Olsen，1998）。这不大可能通过主题公园内部空间的调整来实现。事实上，大多数开发商围绕主题公园开发主题酒店、主题餐厅、主题剧场、主题商业街等消费空间，形成一个综合的都市娱乐目的地。UED 作为城市土地开发模式，在北美被广泛应用，受娱乐集团和大型房地产开发商推动。Hannigan（1998）用奇幻城市的概念理解 UED 模式，解释城市为何展现为主题化的奇幻体验。工业时代的码头、仓库和工厂如何被主题公园、影视城和主题餐馆所取代。然而，奇幻城市能否结束城市再开发对城市社区的破坏，建立地方认同和体验呢？

Hannigan（1998）界定了奇幻城市的六个特征。

第一，主题化，从娱乐空间到整个城市都具有可读的主题。

第二，品牌化，奇幻城市要建立品牌识别和价值。

第三，全时段，奇幻城市本质上是 24 小时城市。

第四，模块化，能够将各种娱乐要素、消费空间高度整合。

第五，独立性，奇幻城市与周边社区在物质、经济和文化上有明显区分。

第六，后现代，奇幻城市充满模仿、虚拟现实和奇幻景观。

西方政府机构、娱乐企业或协会、房地产开发商、地方政客、规划师和经济师通常都支持发展奇幻城市，认为它能够实现城市经济转型，构建新的吸引力和实现地方的可持续发展。反对者则主要是社区居民、学者和文学作家。他们大都批判奇幻城市破坏了原有城市空间，歪曲现实世界的日常生活，破坏混合社区的多样性，以及导致消费空间的中等收入群体专享（Goldberger，1996）。Hannigan（1998）毫不避讳地宣称奇幻城市就是解决美国社会长期文化冲突的终极产品，它能够平衡中等收入群体渴望刺激体验又不愿承担风险的矛盾心理。

奇幻城市在后工业社会得到了重新发展，并赋予了新的意义。20 世纪 80 年代，美国主要城市都致力于开发奇幻城市空间。这种"回归内城"的消费趋势受到了一系列因素的影响。

第一，进入后工业社会，城市的主要空间被写字楼和购物中心占据。然而，传统的写字楼和购物中心不足以令城市充满吸引力和活力，很多需求需要城市空间的重新调整来满足。例如，在写字楼工作的城市白领可能会在午休时间去周围的商场、商业街区和购物中心购物，那么连接写字楼的周边商业空间就必须做出调整以满足这样的需求。一般地，城市中心商务区（central business district，CBD）主要是白天运营，在下午六点之后逐渐停止运营，此时写字楼周围的街区变得异常寂静，城市空间并没有得到充分利用。娱乐，或可成为发挥这些空间夜间价值的关键。例如，新加坡的 CBD 白天主要是商务办公空间，夜晚则成为供市民娱乐消费的夜市。

第二，奇幻城市往往是以旧城改造或者历史街区保护的形式建设的。然而，它不同于以往的大规模拆迁改造，而是基于现有城市物质空间和肌理进行主题化的重塑，赋予城市更多的地方意义和价值。在这样的过程中，不同的人群都试图赋予其属于自身群体的文化和认同。此时，文化冲突就发生了。奇幻城市就是在这样的文化争议中开发的。例如，使用旧的厂房开发酒吧；更新码头仓库用以建设新的商业空间、影院等。北京的 798 就是这种城市空间的典型。它原本是工业时代的工业厂房，但经过主题化改造后，变成了奇幻城市空间。尽管它沿用了工业时代的大多数建筑形式，但在文化上、艺术上和主题上则完全属于另一个时代，变成了纯粹的文化和艺术中心。它所表达的文化认同绝对不是工人群体的意志，而是新兴社会群体的意志。

第三，城市复兴的背后是新型政企合作模式的推动。西方城市的执政者更像企业家，他们与开发商合作，积极地推动城市的更新改造。政府和开发商在很多方面的诉求是一致的，包括经济利益的最大化。在政府的积极参与下，许多针对现有城市空间的改造和权益变化、协调变得极为容易，一系列根本性的调整得以实施。这种模式在中国被发挥到极致。政府主导的新区开发、旧城改造（含三旧改造）以及城市更新运动，在房地产开发商的资金支持下迅速推进，短短数年便可改造完成。

在中国，奇幻城市的开发并不一定局限于旧城改造和内城更新，也有可能在城市棕地（brownfield）上新建城市娱乐消费目的地，如深圳的欢乐海岸（图5-1）。

图 5-1　深圳华侨城欢乐海岸

资料来源：华侨城集团公司. 华侨城，2011（47）：14

深圳华侨城欢乐海岸以海洋文化为主题，将主题商业与滨海旅游、休闲娱乐和文化创意融为一体，整合零售、餐饮、娱乐、办公、公寓、酒店、湿地公园等多元业态，形成独一无二的商业+娱乐+文化+旅游+生态的全新商业模式，实质上就是奇幻城市。

奇幻城市与主题公园的连接，对城市消费以及消费空间产生重构，通常被认为为后现代消费重构。后现代的消费者被认为是一群捉摸不定的群体，他们选择消费的场所时常发生变化，并没有固定的模式。由于他们的消费认同可能来源于不同的形象和符号，他们不会对单一消费品牌产生长期固定的忠诚（Firat and Venkatesh，1995）。后现代的消费空间重构，主要来源于以下四个方面的革新。

第一，魅惑技术（seductive technology）。

迪士尼乐园的成功并不是因为米老鼠的故事情节有多么吸引人，而是迪士尼的幻想工程师（imagineers）通过主题故事的投射，吸引、刺激和运输游客到主题公园，并使之快乐。魅惑技术就像一个魔幻剧场，通过故事的体验转化，持续地吸引游客的到访，无论价格有多么昂贵。奇幻城市实际上就是一个更大的魔幻剧场，也是通过更大的、更多元的主题故事转化，营造特殊的体验和吸引力，持续吸引游客。这种主题体验并不能在家里或者在网络上获得，必须身临其境。所谓魅惑技术，就是运用后现代的主题故事，在现实场景中营造幻觉和奇观以吸引消费者的综合能力，是一种能够让游客完全"浸入"（immersion）奇境的能力。

当魅惑技术引入对城市生活和消费空间的改造时，一系列奇幻城市空间就被生产出来。在市民广场上，你可能看到奇形怪状的公共艺术小品，它好像是一本书，但仔细一看又不是，充满了后现代主义色彩。它在表达着什么，但又仁者见仁智者见智，然而你却可能被它深深吸引，甚至与其合照。城市步行系统的景观小品中设置了奇怪的装置，人们可以触动它，从而产生声、光、电的变化，出现奇幻景观。街头的艺术表演能够用很小的点缀，让整个城市空间充满奇幻色彩，吸引游客的驻足观赏（图 5-2）。

图 5-2　法国安纳西街头艺术表演（笔者摄于 2018 年）

第二，文化资本（cultural capital）。

文化资本是法国著名社会学家布尔迪厄提出的。文化资源将会被转化和利用成为文化资本，使之发挥作用以让城市获得特殊的竞争优势。这正是为何那些历史悠久、具有深厚文化底蕴的城市永远具有吸引力的原因。在古老的欧洲，各国之间文化差异明显，在漫长的历史过程中，它们逐渐形成了自己的节庆、习俗、语言、建筑、音乐等文化资源。将这些具有强烈地域特色的文化资源开发成为旅游产品，就形成了城市的文化资本。例如，在意大利威尼斯狂欢节上，当地人戴着精致的威尼斯面具，打扮成中世纪人的样子走上街头。华丽复古风，使人俨然回到中世纪的欧洲，其营造的中世纪的奇幻景观，每年都能吸引大量的游客。在中国，文化资源的开发尚处于较为初级的阶段，文化资本的转化率较低，由此形成的城市文化产品缺乏体验性和吸引力，转化手段尚不足以构建奇幻城市空间。

中国的文化资源极其丰富，地域性差异也很明显，一旦得以恰当开发，便能转化为城市的文化资本。事实上，在快速城市化的过程中，一些城市的文化逐渐凸显出来，如广州的市井文化和商都形象、深圳的现代化气息和创新形象等。主题公园作为一种后现代的城市消费空间代表，只有布局在具有特定形象的大都市才能有较好的感知形象。我们很难想象，迪士尼乐园会与兰州、西宁等西部城市发生关系，而迪士尼乐园选择布局在香港这种国际化大都市，似乎要比布局在中山、东莞、佛山这类工业城市更为恰当。当然，主题公园的选址布局，并不仅仅只是受城市形象这一个因素的影响。

奇幻城市的成功之处在于，能够将城市古老的文化资源通过"幻想工程"或主题化（theming）包装，借助现代高科技技术、乘骑器械等魅惑技术，转化为文化资本，吸引来自全球各地的旅游者。在这里需要注意两点：第一，奇幻城市所整合和转化的文化资源并不一定仅仅来源于"当地"，它可能来自它的文化圈。例如，成都欢乐谷所营造的"巴蜀迷情"区并不完全来源于成都文化，而是来源于巴蜀文化圈，甚至还有藏文化圈的要素。第二，奇幻城市所整合和转化的文化资源并不是完整转化，而是截取代表性、符号性的文化要素，用魅惑技术来展示。它所呈现的文化往往是支离破碎的，甚至已经远离了初衷。因此，从某种意义上说，文化资源很重要，但转化文化资源成为文化资本的能力和技术更为重要。今天中国奇幻城市的建设，缺乏的就是这种转化能力。

第三，情感氛围（affective ambience）。

奇幻城市的建设借鉴主题公园情感管理的理念，往往会营造情感氛围。例如，在日本东京迪士尼乐园，经常被人提及的是其卓越的日式情感服务。东京迪士尼乐园的主要客源是家庭游客和年轻女性游客，这部分游客对情感较为敏感，要求也很高。东京迪士尼乐园内的餐厅不仅仅提供餐饮这一基本功能，也会让主题人偶与就餐者互动、合照和分享餐食，就像主人在招待来访的客人一样。有时候，餐厅还会提供特色的表演，赠送礼物，让游客在迪士尼的餐厅获得比一般餐厅更丰富的体验。迪士尼的餐厅所提供的，已经超出了传统餐厅的功能性价值，更多的是符号性价值。到这里就餐的人，不会在意餐食分量的大小等基本的功能性指标，而是考虑互动的体验、餐厅的主题化以及就餐服务等符号性特征。

在中国当代的城市发展中，似乎郊区农村的邻里关系要好于城市的邻里关系。尽管受到快速城市化的挤压和肢解，传统农村的熟人社会已经瓦解，但半熟人社会依然存在。农村邻里之间相互熟悉，相互往来。村社和宗族有许多共同的仪式和节庆仍然坚持，在旅游开发的大背景下，一些节庆甚至被放大成为旅游产品。在城市居住的农村人也会在这个时节返乡，偶尔还会带来其他城市人。中国乡村的情感纽带是通过传统的仪式和节庆得以维系的。然而在城市，邻里之间相互不认识，互相不往来者甚多，加之部分城市社区置换率很高，邻里经常更换，市民在日常生活中普遍缺乏情感慰藉。

奇幻城市的建设试图解决市民在情感需要上的诉求。奇幻城市提供了切实可行的方案，通过在城市空间举办各种节庆活动、演讲会议、社区互动、主题街市、团建活动等，提供市民各种社会互动的可能性。这种有组织、舞台化的场景尽管可能脱离日常生活，但是却意外地呈现出比日常更为欢乐和奇幻的场景氛围。情感表达可能被放大。人们在传统节庆中不敢表达或者不适合表达的情感，在这类主题氛围中却容易宣泄出来，并被认为是理所当然的。深圳华侨城 T 街创意市集在每月第一个及第三个周末定期举办，为来自全国范围内的原创设计师和设计团队提供了广泛的交流与推广平台，同时也为社区居民提供了情感交流的场所。人们在这里可以互动分享，甚至消费。创意集市每次都有特定的主题（图 5-3）。

图 5-3　深圳华侨城 T 街创意市集主题（2018 年 5~8 月）

## 5.2 主题公园季节性与消费规律

除了空间重构，还有时间节律的变化。主题公园是后工业化城市的娱乐综合体，面向的是后工业社会的主流消费群体——城市新兴社会群体。他们是城市白领、自由职业者、私营企业主、个体工商户、企业家等。他们中的大多数属于中等收入群体，并接受过较好的教育，其中一部分人还具有留学背景。主题公园成为他们青睐的城市娱乐空间。

主题公园的消费是有季节性变化的。主题公园从早期的游乐园发展而来，而美国科尼岛的游乐园是游乐园时代的象征。科尼岛最早的游乐园只是白天营业，晚上并不运营，其主要原因就是无法提供夜间照明设施。月神乐园的出现，改变了这一状况。月神乐园于1902年建成，1903年开业，与之前的游乐园不同，月神乐园广泛使用电器设备，光电灯就使用超过25万盏。月神乐园成为能够日夜运营的游乐园，其所营造的夜景最具有吸引力，加上引进了来自世界各地的建筑景观和民族表演，以及丰富的乘骑设备，月神乐园成为真正意义上的大型游乐园。从此，游乐园就发展成为可以夜间狂欢的娱乐空间。夜间娱乐是人类消费文明的一大进步。在传统工业社会，人们上班朝九晚五，夜间才拥有可供休闲的时间。然而遗憾的是，大量的娱乐空间只能白天运营，与人们上班的时间相冲突。时间上的冲突，造成了消费的不满足。技术进步带来的夜间照明设备的发展给娱乐带来了新的发展机会。今天，中国许多主题公园开设了夜场。例如，深圳世界之窗的夜场，每年吸引上百万名游客，甚至比日场还具有吸引力。迪士尼乐园的营业时间一度延长，夜间提供烟火表演，成为游客最为期待的迪士尼景观之一。夜间娱乐消费空间和机会的出现，带来消费时间规律的变化，主要表现在以下两点。

第一，消费不再局限于特定的时间，而是被无限延长，甚至出现24小时消费城市。

后工业城市的主流消费由于逐步脱离工业生产时间规律的约束，消费时间的安排变得越来越灵活。在今天中国的主要城市，不打烊的书店、24小时营业的便利店，甚至只在夜间营业的娱乐场所比比皆是，成为一种潮流。2014年4月18日晚开始，位于北京美术馆东街的三联韬奋书店正式开启"不打烊书店"模式。此举激发了读者的热情，不少人来到北京，一定要专程来看一看这个"城市的精神地标"。据三联韬奋书店提供的数据，书店当年年底在该模式下盈利增长了130%。然而，适合开展24小时消费模式的城市空间是有选择的，必须能够吸引特定的夜间消费群体才可以维持。24小时书店的模式并非三联韬奋书店首创，早在 2005 年，位于北京五道口的民营书店"光合作用"就曾实行过全天不打烊的营业模式，但到 2011 年，该书店因经营困难而关门。在一阵热潮之后，不少书店因亏损而倒闭或取消了 24 小时营业的制度。事实上，城市适合开 24 小时书店的位置非常稀少，北京的三里屯算是最适合的位置。这里酒店多、夜店多、高级公寓多，周围有大量的外来人口和有消费能力的客群，他们乐于夜间消费。于是，2018 年 4 月，三联韬奋书店又新开了一家 24 小时书店。这一次，书店开设在酒吧和商场林立的三里屯。

第二，消费的个体随机性增大，总体规律改变，消费的时空行为也发生质变。

由于消费时间被无限延长，甚至一天 24 小时都能消费，加之许多消费空间呈现综合化倾向，即在一个地方实现一站式多种消费于一体的空间越来越多。对于消费者个体而言，他开展某种消费可以在一天中的任何时候，甚至任何地点进行。城市居民买菜不一定要在早上，购物也不会局限于周末或者下班后，吃饭不一定会在饭点，甚至上下班的通勤也不见得都集中在高峰期。因此，对于城市娱乐的消费者研究而言，由于个体消费随机性的增强，把握个体消费时空规律的关键在于捕捉个体的特质和群体类型。特定类型的群体，具有特定的消费时空规律，从而构建消费认同。那些夜间出没在高端会所的消费者不会是普通的工薪群体，而他们也极少会在早上上班时间出现在城市的早餐摊点前。每一个消费群体，都有属于自己的消费空间和消费时间，这种消费规律随着城市社会的演化，而呈现规律性特征，与之前并不相同。消费的时间和空间冲突，主要出现在人们脱离自身群体出现在其他消费群体的消费时间和空间中，以及不同消费群体共同使用的时空中。消费者的时空行为也因此有所调整，新的城市消费习惯正在形成。今天，一些大都市的居民倾向于"蜗居"，能不出门就不出门，非要出门就会选择一个可以同时完成多个目的的城市消费空间进行消费。这就催生了消费综合体的诞生和发展，由此形成奇幻城市。

日常活动包括家内（in-home）和家外（out-of-home）两种，一些活动可能兼具二者特征，如休闲（Ettema et al.，1995）。Doherty 和 Miller（2000）将日常活动划分为基本需要、工作/上学、家务、接受服务、照顾儿童、购物、休闲/娱乐、社交和其他 9 大类 64 小类。Yee 和 Niemeier（2000）则将其划分为参观访问、约会、自由时间、私事、购物。Kuppam 和 Pendyala（2001）总结其为工作、工作相关、家内外事务、休闲、睡眠。随着研究的推进，日常活动的种类被进一步挖掘，从 30 种到 271 种的分类都有（Harvey，1993）。琐碎的活动细分并不利于研究，日常活动的分类要经过活动属性的检验。一些学者开展了有益的尝试，如以活动时长作为指标进行分类（Buliung and Kanaroglou，2007）。Doherty（2006）则通过活动本身的属性，重新界定家内和家外各 4 种日常活动。Miranda-Moreno 和 Lee-Gosselin（2008）根据日常活动的频率及其规律性将其划分为惯常的（habitual）、计划的（planned）和随意的（impulsive）三种。Doherty 和 Mohammadian（2011）将工作、上学等划分为固定（fixed）活动，而将休闲、访友、娱乐和购物界定为弹性（flexible）活动。

　　根据日常活动对社区的依赖性，也可以进行活动划分。与社区紧密相关的主要是家外活动，包括购物、就医、体育锻炼、休闲活动、亲友聚会、外出吃饭、旅游以及工作等。由于购物活动多尺度的空间分异（柴彦威和李昌霞，2005），本书将购物划分为购买日用品和购买服饰，分别代表小尺度和大尺度购物，而旅游主要集中为市区旅游。梁增贤和许德祺（2016）的研究以深圳华侨城为例，界定了 5 种社区日常活动因子：低社区依赖性活动距离、低社区依赖性活动频率、高社区依赖性活动频率、工作的频率与距离以及高社区依赖性活动距离。研究进一步表明：女性低社区依赖性活动的时间距离远于男性；居民对社区的依赖性随着年龄的增长而增强；居民对社区的依赖性随着学历的增长而降低；居民对社区的依赖性随着收入的增长而降低；居民对社区的依赖性随着家庭结构的扩大和老龄化而增强；居民高社区依赖性活动频率随着居住时长的增长而提高。显然，不同消费活动的时空规律也有所差异。

　　主题公园是一个游客流密集的景区，也是后工业社会消费空间的典型代表，其游客流又具有普遍的波动性。主题公园是游客流密集型景区，单位面积承载的游客量很高，许多主题公园在旅游旺季更是超负荷接待。这不仅造成物质容量的过载，也会影响游客心理容量（梁增贤和董观志，2011），造成容量管理难题。与此同时，主题公园的游客流呈现明显的季节性波动（梁增贤和保继刚，2012b），一些公园的淡旺季波动非常大，对景区的容量管理乃至人力资源管理等造成重大影响。对于主题公园这种游客流密集、季节性波动大的景区，精确的容量管理是建立在扎实的游客流季节性波动规律基础上的。季节性（seasonality）波动是大多数旅游景区的普遍特征，尤其是主题公园。而中国现行的休假制度又在一定程度上加剧了这一问题。在景区运营管理的传统观念中，大多数学者将旅游季节性波动看成是一种需要克服的障碍和困难（Butler，1994；Lundtorp，2001），特别关注旅游季节性波动对旅游景区的负面影响，而很少讨论如何利用这种季节性波动。事实上，在主题公园的管理实践中，季节性波动也有积极的方面。比如，由于季节性波动的存在，游乐设备可以在淡季进行定期检修（通常大型游乐器械需要每周停运检修一次），基层员工可以利用淡季轮休。对于那些游客量很大、季节性波动也很大的主题公园，可以在旺季雇佣较大比例的临时工和实习生，减少景区的人力成本（梁增贤和保继刚，2014）。在美国，主题公园使用季节性临时工和实习生的比例更大。

　　因此，准确把握游客流波动规律不仅是主题公园实现精确容量管理的关键，也是人们实现最佳旅游体验的重要依据。通常，主题公园游客流季节性波动分为年际、月际、周内、日内波动，容量管理的策略和措施就必须根据各种波动规律做出相应安排。

### 5.2.1 生命周期与年际波动

后工业社会，消费热度是不断变化的，消费者甚至是 1 小时热度。最新、最热成为时代潮流。各种"网红"不断涌现，又迅速消失。去年流行的娱乐，今年就不再流行了。一些娱乐活动的热度甚至不能持续 1 个月。主题公园的年际波动规律其实就受制于消费热度的变化，从而形成主题公园的生命周期律。不同类型的主题公园年际波动也有所差别。一般主题公园一个完整的生命周期从开业、发展、巩固再到衰退或者复苏少则三五年，长则八九年。许多主题公园能够存活几十年或者上百年并不是因为它不受生命周期约束，而是因为它通过更新、改造实现多个生命周期的叠加。因此，更新、改造是主题公园保持吸引力和生命力的关键。与此同时，大多数主题公园存在一个首期效应，即市场追新求奇的心理使得公园开业前两年面临一个游客量的高峰期。因此，我们不能简单认为一个主题公园开业前两年经营效益好，就认为这个主题公园成功，而要从更长的一个经营周期来判断。深圳欢乐谷游客流的年际波动说明了这一现象，见图 5-4。

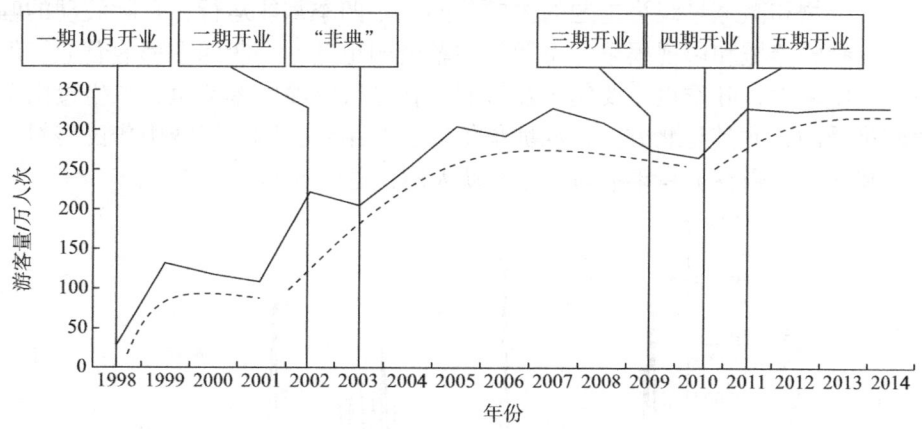

图 5-4　深圳欢乐谷游客量（1998~2014 年）
资料来源：深圳华侨城欢乐谷旅游公司

深圳欢乐谷作为一种全新的城市娱乐消费选择，在 1998 年一期开业的时候，受到市场的欢迎。2002 年，深圳欢乐谷投资 8 亿元建设了二期，增加了香格里拉森林、飓风湾、阳光海岸等项目，再加上夏季开放的玛雅水公园，园区游乐项目由 40 个增加到近百个，受到了市场欢迎，欢乐谷成功实现转型，由一个儿童游乐园转变为集参与性、观赏性、娱乐性、趣味性于一体的现代大型主题乐园，给其带来了长达 8 年（2002~2010 年）的热度。在这次大的热度周期中，深圳欢乐谷游客流的年际变化除受到了"非典"疫情影响，出现较大幅度下降外，其余年份基本保持规律性波动。然而，随着设施设备的老化，吸引力逐渐下降，消费热度也在下降，游客流存在下行压力，深圳欢乐谷从 2009 年到 2011 年接连加大投资力度，推出三期、四期和五期项目，目前园区又进入了一个新的周期性波动阶段。2014 年，深圳欢乐谷接待游客 330 万人次。

显然，对于主题公园而言，为了保持消费热度，定期更新娱乐项目、开展大型主题分区是必需的，但其更新节奏需要根据市场消费热度变化的规律进行。

### 5.2.2 类型特征与月际波动

主题公园的类型特征影响游客流的月际波动。一般以水上游乐为主的主题公园一年中的开业时期主要集中在"五一"到"十一"之间，南方略长，北方略短。因此，北方的水上公园要么做得比较小，要么做成室内的，要么利用温泉水（使用温泉水也存在其他新的问题）。南方的情况也并未见得很好，最大的天气问题就是雨日数比较多。然而，尽管气候变化给各地天气带来影响，但总体上天气还是可以预测的，因而主题公园在判断天气对游客流波动影响上也是可以预测的。以动植物和微缩景观为主题的主题公园一年四季都能运行，月际波动的幅度较小。以乘骑器械和影视娱乐为主题的主题公园也基本一年四季都能营业，但月际波动幅度略大，旺季也主要集中在暑假。在冬天寒冷的季节里，乘坐过山车还是比较难受的，尤其是北方。以深圳华侨城三个主题公园（锦绣中华民俗村、世界之窗和深圳欢乐谷）一年中的月际波动为例，见图 5-5。

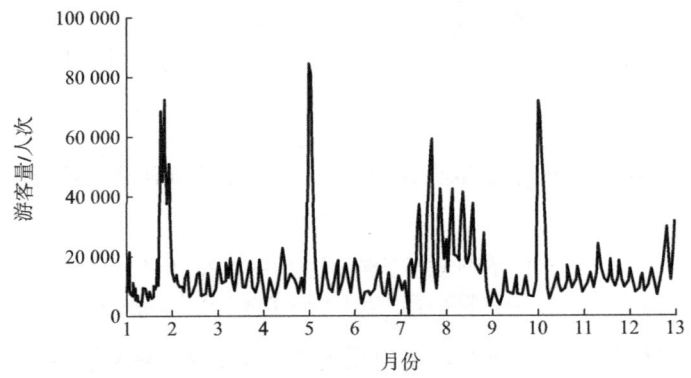

图 5-5　深圳华侨城三大主题公园游客流月际波动
资料来源：王刚（2009）

深圳华侨城三大主题公园游客流的月际波动很明显，春节、"五一"、暑假和"十一"，分别为 4 个峰值月，而 4 月、6 月、7 月和 9 月往往是主题公园游客流的谷值月,其中 4 月主要受南方雨季影响,6~7 月主要是学校期末月或考试月,9 月受学校开学影响(王刚,2009)。

除了主题公园外,城市其他类型消费空间也具有月际波动规律。南方城市的 24 小时书店在夏季迎来游客流的高峰。通宵达旦的夜店月际变化稍微小一些,但其营业的旺季也主要在夏季。在北方,各种主题节庆活动、城市节事活动都不会选择在寒冷的冬季进行,除非是以冰雪为主题的节事活动。

### 5.2.3 消费节律与周内波动

城市不同社会群体的消费群体消费的时间选择有所差异。主题公园主要面向城市中等收入家庭消费,具有两大特征:第一,消费主要集中在节假日和夜间;第二,消费以家庭为中心,同时考虑个人偏好。主题公园游客流周内波动指主题公园游客流在一周中不同日之间的游客量变化。一个成熟的主题公园的游客流周内波动是比较规律的。一方面,主题公园的核心市场是 2 小时车程范围内的近程市场,基本当日往返,因此其游客流周内波动规律与武陵源遗产地等古村镇有所不同;另一方面,主题公园游客流周内波动规律还分黄金周波动和非黄金周波动。张朝枝和保继刚(2007)以武陵源遗产地为例,指出三类黄金周的游客流峰值日基本上都出现在假期中间时段,而且持续的时间相对较长。梁增贤和保继刚(2012b)的研究表明,主题公园黄金周的游客流峰值日基本出现在假期的前半段,且持续的时间比较短。这是因为主题公园游客流大都属于近程市场,黄金周第一天便迎来高峰,加上游客大都当日往返,故而峰值持续的时间不长。从黄金周与非黄金周比较来看,董观志和刘芳(2005)以深圳欢乐谷为例,研究非黄金周主题公园的周内变化,发现游客流峰值日是周六,谷值日是周二,见图 5-6 和图 5-7。

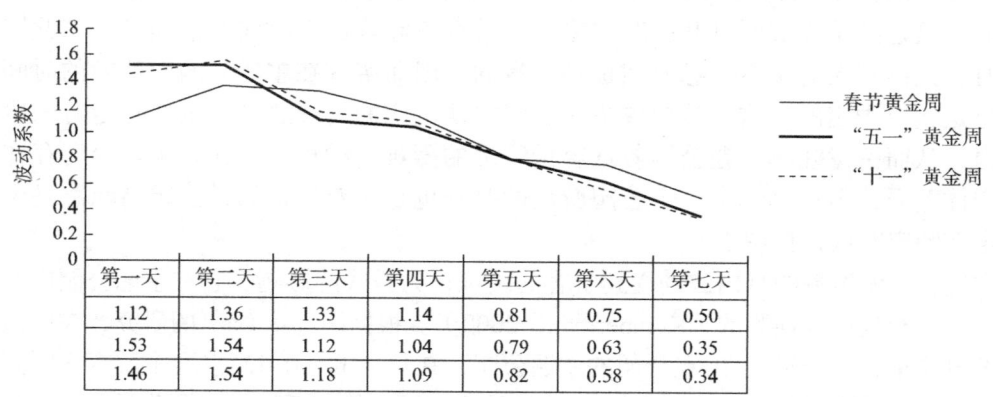

图 5-6 深圳华侨城三大主题公园三个黄金周周内波动情况
资料来源:梁增贤和保继刚(2012b)

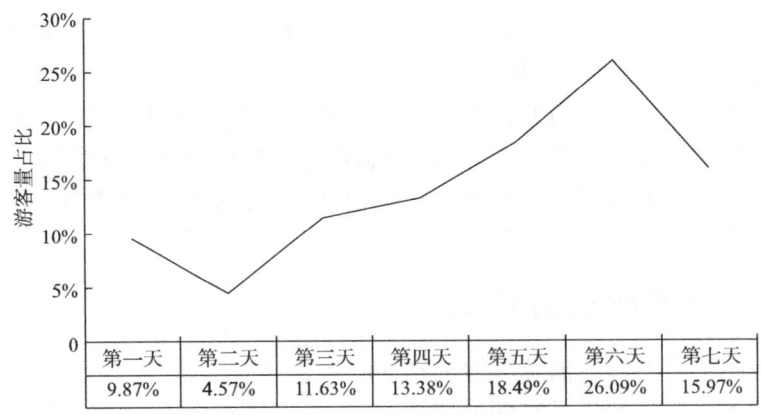

图 5-7 深圳欢乐谷非黄金周周内波动情况
资料来源：董观志和刘芳（2005）

由于游客流周内波动规律，因而存在"旺周淡日"（如黄金周的最后一天）和"淡周旺日"（如非黄金周的星期六）。主题公园消费的周内集中性是很难避免的，这与假日制度的安排紧密相关。如果城市能够提供更为灵活的假日安排和带薪假期制度，中等收入家庭的消费者就不必在集中的时间出游主题公园。因此，后工业社会消费的群体规律，更多地表现为特定假日制度的影响。

### 5.2.4 消费习惯与日内波动

主题公园游客流日内波动指主题公园游客流在一日之内不同时间段的游客量变化，主要与消费者个人的消费习惯有关。一个成熟公园的日内波动是相对规律的，淡旺季之间和周内与周日之间的差别并不是很大。游客每日到访主题公园的时间是比较集中的，因而入园的游客流高峰出现的时间也是相对稳定的，只是旺季或节假日开园时间略早，游客流高峰出现时间提前而已。与此同时，人们每天的生活作息时间也是一贯的，因而游客在主题公园内就餐的时间也是相对固定的。这直接导致主题公园餐饮供应的高峰总是稳定在特定时间段内，从而引发旺季主题公园餐饮容量管理的困难（梁增贤，2017）。尽管存在个体差异，但游客结束一个公园游玩的时长也是相对稳定的，出园高峰总是固定在特定时段，见图 5-8。

主题公园游客流的日内波动受到游客的决策行为模式的影响，它在主题公园内的时空分布是可以预测的（Kemperman，2000）。根据图 5-8（a）的研究，在一段的日子里，一个早上 9 点开园的主题公园，在每天的 10~12 点迎来游客入园高峰，13 点后游客开始陆续出园，一直持续到闭园。换句话说，主题公园承载瞬时容量的高峰出现在 11~12 点。然而，这些容量在主题公园内并不是集中分布的，而是有规律分布的，见图 5-8（b）。游客各项活动之间有密切的衔接，餐饮需求集中出现在 11：30~13：30。在中国，由于游客园内二次消费的比例较低，餐饮容量的压力并不像欧美主题公园那么大，但仍呈现相对的集中就餐现象。游客在不同的景点之间的时空分布也略有不同，游客从园区入口到达各个景点或游乐器械是需要一定时间的，而各个景点或游乐器械接待游客量的高峰时段相应地也滞后于入园高峰期。

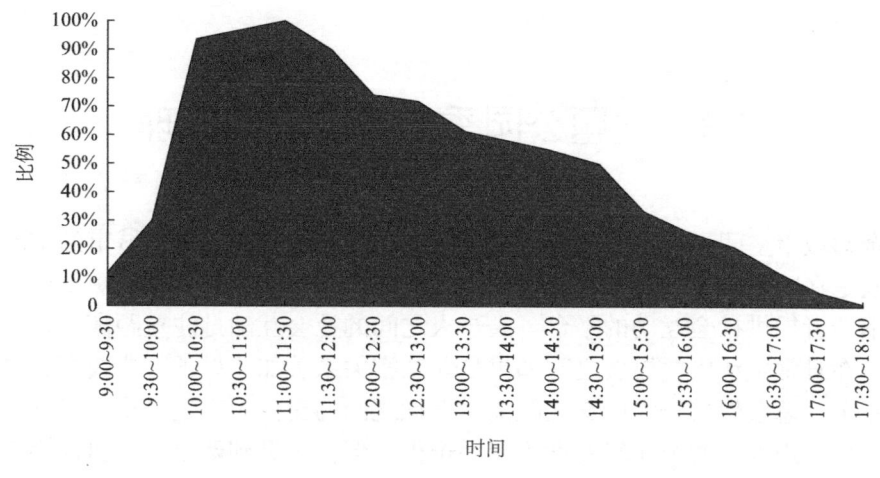

(a)

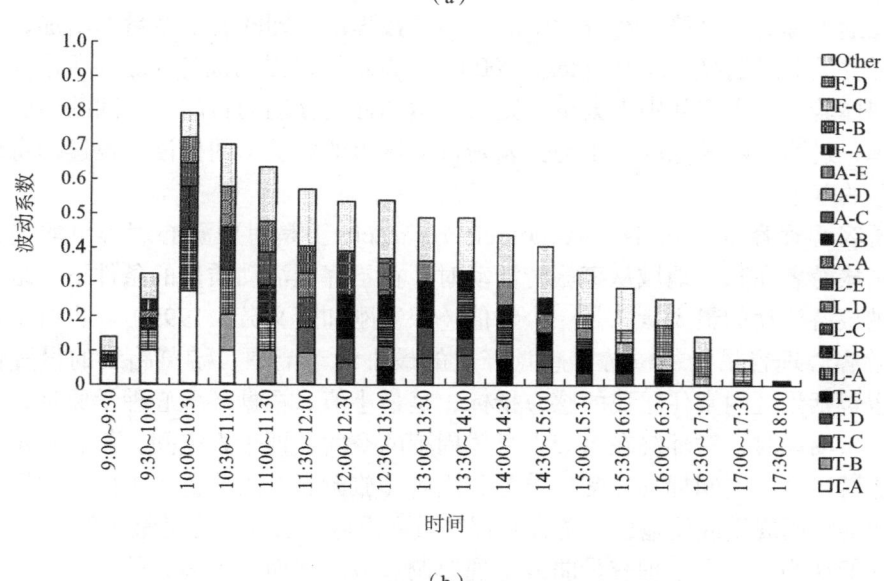

(b)

图 5-8　某主题公园游客流日内波动情况

资料来源：Kemperman（2000）

如果公园提供夜间旅游项目，那么相应地，消费的时间分布还会延长，并呈现新的特征。需要注意的是，消费时空的特定设置也会影响人们消费习惯的形成。例如，在日常生活中，人们可能在中午12点左右吃午饭，但在主题公园消费中，人们就餐时间可能延后，集中在 12：30~13：30。这是因为由于游玩的吸引，就餐的需求被延后。在日常生活中更为常见的是，由于夜间娱乐活动选择的丰富，以及网络娱乐内容的发展，人们入睡的时间也被延后，城市居民消费的时间总体上是被延长的。

## 5.3 主题公园季节性与消费心理

奇幻城市空间不同于一般的物质空间，它强调社会性。奇幻城市的空间体验不仅仅是在特定主题和特定情感氛围下提供的人与人的情感互动，更重要的是为不同消费者提供社会互动的平台。人与人之间的社会互动是注重距离、密度、高度的。在日常生活中，男女之间如果是非亲密关系（如非母子、非夫妻、非情侣等关系），总会保持较大的交往距离。女性之间的交往距离显著小于男性之间。于是你可以观察到两个年轻女性手牵手逛街，但极少见到两个年轻男性手牵手逛街。在一般的城市空间，随着消费者数量的增加，消费者个人的总体感受和满意度是逐渐下降的，这符合经济学中的边际效益理论，即随着游客量的增加，游客的满意度呈下降趋势（Saveriades，2000）。奇幻城市强调人与人之间所形成的社会空间体验，如果空间中人太少，则很难达到社会互动的目的，空间的体验性就会下降，进而影响满意度。主题公园是奇幻城市的典型空间例证，也遵循奇幻城市体验的基本规律。

游客心理容量（tourist psychological capacity）是对旅游心理容量的狭义理解，指旅游者在某一地域从事旅游活动时，在不降低活动质量的条件下，地域所能容纳旅游活动的最大量，是一个峰值（保继刚和楚义芳，1999）。也有学者认为，游客心理容量指每位游客感觉舒适的最小活动范围、游览路线的设置情况等，也包括景区内常住居民的感应指标，是最小值。根据环境心理学原理，旅游者在从事活动时，对环绕在每个人身体周围的空间，即个人空间，都有一定的要求。旅游者个人空间标准通常指单位利用者（旅游者个人或群体）所需占用的旅游资源的空间规模或设施量。游客心理容量由设施量表征，也是最小值。

一般认为，游客心理容量曲线呈现单调递减。然而，大多数的研究结论都是基于注重人与自然交流的自然依托型旅游景区，而非主题公园这类奇幻城市空间。梁增贤和董观志（2011）的研究指出，主题公园游客量过多或者过少都会降低游客的满意度,游客心理容量曲线呈现非单调递减性。该研究通过问卷调研和与深圳欢乐谷的合作研究,采用修正的满意度法去测度游客心理容量。数据选取主要考虑深圳欢乐谷更新建设情况和我国假日制度的改革。1998 年,深圳欢乐谷"一期"建成开业,2002 年"二期"投入使用。研究选取 2004 年国庆假期到 2009 年 4 月近五年的调研数据,集中在"二期"建成之后。尽管数据的时间跨度较大,但并不影响核心问题的论证。一方面,虽然深圳欢乐谷"三期"建成后设施容量增加,但游客量也相应增加,单位面积游客量仍相对稳定;另一方面,深圳欢乐谷是一个相对成熟的主题公园,运营规律、增长平稳。研究选取 2008 年假日制度改革实施前的旺季数据,各年旺季具有较强的可比性。同时,该研究也考虑了深圳欢乐谷季节性的特征,即元旦、春节、"五一"和国庆节等三个黄金周和一个短假期的高峰期,以及周末的小峰值;每年的 6 月和 9 月是游客流的淡季期,而 4 月、7 月和 9 月也会出现短期的低潮[①],其他时段为平季。

研究采用 5 个时间段调研报告数据进行测度,其中包括淡季、旺季和平季三个时段的数据。将各时段日际满意度与游客量关系列表,并运用 SPSS 20.0 对关系表数据进行回归分析,采用曲线估计模式,进行多种曲线相关系数模拟。其中,三次曲线的解释量($R^2$)为 0.997,具有最高的拟合度,符合 R 性检验,该三次方程如图 5-9 所示。

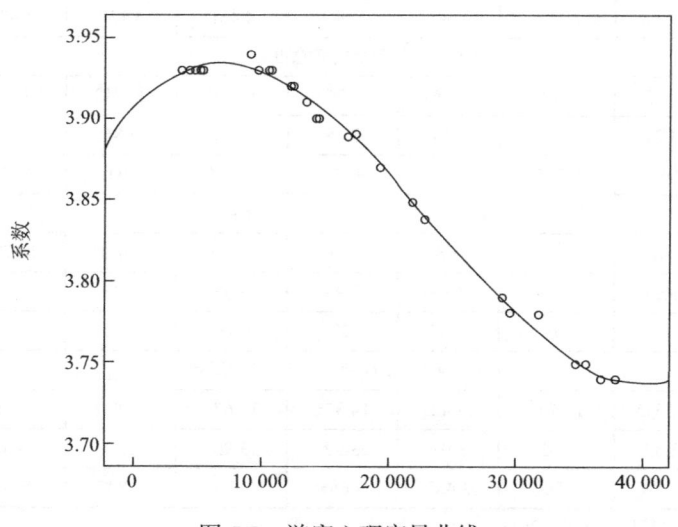

图 5-9　游客心理容量曲线

该曲线方程为:$S = 3.905 + 8.85 \times 10^{-6} x - 7.5 \times 10^{-10} x^2 + 1.07 \times 10^{-14} x^3$。其中,$S$ 为满意度,$x$ 为游客量,($3978 \leqslant x \leqslant 37961$)。对该曲线进行极值求算,得:

---

[①] 4 月和 7 月多是受雨天和台风的影响,9 月则是受学校开学的影响。

当游客量 $x=6\,927$ 时，满意度 $S=3.966$。也就是说，深圳欢乐谷最佳的日游客心理容量是 6 927 人，此时游客满意度能够达到 3.966，而过多或过少的游客量都会使游客满意度降低。游客心理容量是有曲线限制的，一方面，当游客量低于景区门槛游客量时，主题公园一般会关闭部分设施，甚至关闭整个景区，因此不会出现绝对小量的游客容量；另一方面，尽管超过主题公园环境容量的现象时常发生，但是景区和游客都会对现实存在的拥挤进行相应的调整，也不会出现非常严重的游客过量。梁增贤和董观志的概念模型已经说明，游客量大于最佳游客量之后，其满意度将随游客量的增加而一直下降，主题公园游客心理曲线是三次曲线，只在游客量（$x$）为 $3\,978 \leqslant x \leqslant 37\,961$ 时适用。故此，主题公园游客心理容量的概念模型为倒 U 形曲线。

游客心理容量受到游客流季节性的影响，表 5-1 反映了主题公园各季节单位满意度所承载的游客量，即单位容量。

表 5-1　主题公园游客心理单位容量

| 项目 | 第一天 | 第二天 | 第三天 | 第四天 | 第五天 | 第六天 | 第七天 | 平均值 |
| --- | --- | --- | --- | --- | --- | --- | --- | --- |
| 2004 年国庆黄金周满意度调查报告 | | | | | | | | |
| 游客量/人 | 31 471 | 31 874 | 28 959 | 21 876 | 17 352 | 12 348 | 5 603 | 21 355 |
| 满意度 | 3.77 | 3.78 | 3.79 | 3.85 | 3.89 | 3.92 | 3.93 | 3.85 |
| 单位容量/人 | 8 348 | 8 432 | 7 641 | 5 682 | 4 461 | 3 150 | 1 426 | 5 591 |
| 2005 年春节黄金周满意度调查报告 | | | | | | | | |
| 游客量/人 | 35 579 | 36 821 | 37 961 | 34 767 | 29 422 | 22 813 | 16 824 | 30 598 |
| 满意度 | 3.75 | 3.74 | 3.74 | 3.75 | 3.78 | 3.84 | 3.89 | 3.78 |
| 单位容量/人 | 9 488 | 9 845 | 10 150 | 9 271 | 7 784 | 5 941 | 4 325 | 8 115 |
| 2008 年 3 月 1 日到 3 月 7 日调研数据 | | | | | | | | |
| 游客量/人 | 9 813 | 3 978 | 4 687 | 5 007 | 5 233 | 4 871 | 10 786 | 6 339 |
| 满意度 | 3.93 | 3.93 | 3.93 | 3.93 | 3.93 | 3.93 | 3.93 | 3.93 |
| 单位容量/人 | 2 497 | 1 012 | 1 193 | 1 274 | 1 332 | 12 39 | 1 086 | 1 376 |
| 2009 年 4 月 12 日到 4 月 18 日调研数据 | | | | | | | | |
| 游客量/人 | 17 375 | 12 704 | 13 423 | 14 371 | 14 678 | 11 031 | 19 367 | 14 707 |
| 满意度 | 3.89 | 3.92 | 3.91 | 3.90 | 3.90 | 3.93 | 3.87 | 3.90 |
| 单位容量/人 | 4 467 | 3 241 | 3 433 | 3 685 | 3 764 | 2 807 | 5 004 | 3 772 |

资料来源：梁增贤和董观志（2011）

深圳欢乐谷游客流的季节性明显呈现出四个大高潮，分别是元旦、春节、"五一"和国庆节等三个黄金周和一个短假期的游客流高峰期。还有很多小的峰值，是周末的游客流。此外，还分别在暑假、寒假、圣诞节、三八节、复活节（香港放假）等节假日期间出现大流量。6 月和 9 月是游客流的低潮期。4

月、7 月和 9 月出现短期的低谷值。从表 5-1 可知，旺季主题公园游客心理容量明显要比平季和淡季都要大，而淡季主题公园游客心理容量也明显要比平季和旺季要小。

游客的年龄也会对心理容量产生影响。由于主题公园的游客以年轻群体为主，老年人比较少，部分调研时间没有老年人的数据，造成部分时段的数据缺失，但不影响整体验证效果，见表 5-2。通过单因素方差分析表明，少年、青年、老年三个群体的游客心理容量呈现显著差异。整体上看，少年游客心理容量与青年游客心理容量并无很大差异，少年游客对整个游玩过程比其他年龄层次游客表现出更高的满意度；老年游客心理容量要比其他年龄层次游客心理容量要小，而少年和中年游客对游客量的增加具有较高的耐受区间，老年游客对游客量的增加比其他年龄层次的游客更为敏感。

表 5-2 游客心理容量与年龄结构关系

| 年龄阶段 | | 少年 | 青年 | | | 老年 |
|---|---|---|---|---|---|---|
| 年龄 | | 小于 14 岁 | 15~24 岁 | 25~34 岁 | 35~54 岁 | 55 岁以上 |
| 调查人数/人 | | 215 | 797 | 403 | 155 | 46 |
| | | 215 | 1 355 | | | 46 |
| 比例 | | 13.30% | 83.85% | | | 2.85% |
| 报告 | 游客量/人 | 满意度 | | | | |
| 2008 年 3 月 1 日到 3 月 7 日调研数据 | 9 813 | 4.02 | 3.92 | | | 3.50 |
| | 3 978 | 3.94 | 3.93 | | | 4.00 |
| | 4 687 | 3.94 | 3.93 | | | |
| | 5 007 | 3.95 | 3.93 | | | |
| | 5 233 | 3.95 | 3.93 | | | 3.50 |
| | 4 871 | 3.94 | 3.93 | | | 4.00 |
| | 10 786 | 4.02 | 3.92 | | | 3.75 |
| 2009 年 4 月 12 日到 4 月 18 日调研数据 | 17 375 | 3.89 | 3.89 | | | 3.00 |
| | 12 704 | 4.00 | 3.90 | | | |
| | 13 423 | 3.94 | 3.89 | | | |
| | 14 371 | 3.94 | 3.89 | | | |
| | 14 678 | 3.94 | 3.88 | | | 3.50 |
| | 11 031 | 4.00 | 3.91 | | | |
| | 19 367 | 3.85 | 3.87 | | | 3.00 |

从性别上看，游客的心理容量也存在一定的差异。梁增贤和董观志（2011）运用 SPSS 20.0 进行独立样本 T 的检验表明，双尾 t 检验的显著性概率 Sig.（2-tailed）为 0.000，小于 0.05，可以得出结论：男女游客的满意度具有显

著性差异。结果表明，女性游客心理容量在 5 000 人次到 6 000 人次，而男性游客的心理容量在 10 000 人次左右，女性游客心理容量明显要比男性游客心理容量要小。另外，女性游客比男性游客更容易受到游客量增加的影响，表现出更高的弹性，但女性游客和男性游客受到游客量减少的影响程度相当，两者的弹性差异不大。

上述研究不仅印证了社会心理学关于社会交往距离的基本结果，也进一步说明了以主题公园为代表的城市奇幻空间特征。在奇幻城市中，人们消费的不仅仅是物质对象，更重要的是人与人之间的交往、互动和体验，更有可能消费自己。与此同时，后现代的消费空间不仅提供了一种简单的社交，而且它们也成为新的身份和生活方式的证明，尤其是那些与性别（gender）和性话题（sexuality）有关的东西。在奇幻空间中，各种被放大的身份认同行为被认为是合理的。14 岁大的孩子可以去奇幻城市的购物中心，尝试各种风格和时尚装饰，其中包括鼻环和肚脐环、文身、染发和破洞牛仔裤。尽管他们的父母可能并不认可，但在这样的空间中发生却是理所当然的。特定社会群体的身份，只有在奇幻空间特定的时空中被认同。

# 第6章　主题公园与旅游绅士化

主题公园是后工业社会空间的例证，主要面向中等收入群体，能够带来大规模消费客流，因而成为吸引高收入群体入住周边社区的核心吸引物。相对较高收入群体置换相对低收入群体社会空间的现象可以理解为绅士化（gentrification）。绅士化是全球化的结果和显现（Davidson，2007）。绅士化成为一种全球的城市发展策略用以推动城市内城的转型，吸引新兴较高收入群体重新回到城市（Smith，2002）。因此，绅士化也就成为全球性的社会空间重构过程（Butler，2002）。得益于旅游业的快速发展和绅士化的普适化，绅士化现象不仅发生在发达的西方国家，在许多新兴国家也有不断涌现的新的案例，如中国（He，2010）。Smith（2002）称这一绅士化的地理扩张过程为"绅士化普遍化"（gentrification generalized）。绅士化的不断蔓延，需要适应当地的国情和特殊的社会情境，从而衍生出许多新的特征和形式。旅游绅士化就是其中之一。

旅游绅士化的理论引介到中国的时间比较短（赵玉宗等，2006），但受到了旅游地理学者的广泛关注，一些案例研究已经在中国展开。例如，一些研究对北京南锣鼓巷开展实证，指出在历史街区保护和房地产投资的背景下，南锣鼓巷的历史街区改造运动呈现绅士化的特征，并伴随着旅游业的发展（Shin，2010）。类似的现象在南京也有出现。赵玉宗等（2009）在南京"总统府"周边区域的实证研究表明，城市旅游绅士化现象呈现了较为明显的居住与商业转变过程，日益具有国际化特征，不仅展现了当代中国城市化过程中全球化和地方化的相互作用，也反映了文化战略的全球趋势与地方城市发展的融合。在中国，旅游绅士化现象主要集中在北京、上海、广州、深圳等国际化大都市。本章将以深圳和北京华侨城为例，研究旅游绅士化的成因和社会空间后果，并进一步探讨和调适Gotham（2005）提出的旅游绅士化理论。

# 6.1 构建旅游绅士化的阶段模型

## 6.1.1 重新认识旅游绅士化

绅士化被西方学术界公认为城市研究的重要议题（Hamnett，1991；Smith，2002），也是受到争议最大的议题之一（Rérat et al.，2010）。早期描述绅士化现象主要采用一些建筑外表或者环境景观等物质空间变化的词汇，如褐砂石化（brownstoning）（Bunting，1987；Engels，1994）、定居化（homesteading）、白漆化（white painting）、白墙化（white-walling）和红砖化（red-brick-chic）（Lees et al.，2008）。然而，绅士化最核心的过程并非物质空间变化，而是社会空间重构。1964 年，Glass 提出了绅士化的经典定义，即欧洲较富裕人口迁入低收入的工人社区，旧的房屋被修缮，街区的物质景观、商业环境和文化景观发生改变，房地产价格和生活费用上涨，导致原来的居民被迫迁出，直到较低收入群体的绝大多数都迁出为止。绅士化并非以"绅士"的主体性来界定，而是以较高收入群体的空间生产行为来界定，绅士化的主体并不一定是所谓的"绅士"。在过去将近 60 年的时间里，绅士化通常以"新城市主义"①（new urbanism）、"城市再开发"（urban redevelopment）、"城市更新"（urban renewal）、"新社区运动"（new communities）和"历史保护运动"（historical preservation）（Listokin et al.，1998）等形式周期性的发生在世界各地，从西方世界蔓延到新兴国家，产生多种类型，出现了学生绅士化（studentification）（Smith D，2005，2008；何深静等，2011）、乡村绅士化（rural gentrification）（Hines，2007，2011；Phillips，2004，2010；何深静等，2011）、新建绅士化（new-build gentrification）（Davidson and Lees，2005，2010；Kotze，2008）、超级绅士化（super gentrification）（Butler and Lees，2006；Lees，2000，2003；Rofe，2004）、旅游绅士化（tourism gentrification）（Gotham，2005；赵玉宗等，2009）等。Glass 所界定的绅士化仅仅是众多绅士化的一种，甚至是非常特殊的一种（Lees，2000），见表 6-1。

表 6-1　不同绅士化内涵的比较

| 类型 | 主体 | 社区本底 | 景观变化 | 发生地域 | 置换特征 |
|---|---|---|---|---|---|
| 学生绅士化 | 学生及其生活方式的迁入，多为短暂居住 | 原来居住有中低收入群体 | 外观会得到一定的修缮，围绕学生的新消费空间的出现 | 多位于高校附近，位于或临近城市中心区（包括城中村） | 有共同文化与生活方式人群的多元聚集，低收入者不一定完全迁出 |

---

① "新城市主义"源于美国，在城市发展中注重考虑社区整合、机会成本、时间成本和居住舒适。一方面通过旧城改造，改善内城环境，提倡回归城市；另一方面侧重发展城市郊区，重构城市边缘区。

续表

| 类型 | 主体 | 社区本底 | 景观变化 | 发生地域 | 置换特征 |
|---|---|---|---|---|---|
| 乡村绅士化 | 中等收入群体及其生活方式的迁入 | 原本有乡村社区，但不一定都是中低收入者 | 将中等收入群体身份镶嵌在乡村景观，构建新的消费和文化空间 | 位于乡村地区，乡村与城市存在地租差 | 较低收入的乡村居民被中等收入群体置换 |
| 新建绅士化 | 中等收入群体及其生活方式的迁入 | 原来没有居民或已经完全拆迁的棕地 | 中等收入群体审美、生活和消费文化景观的建设 | 城市棕地，可以是原来的工业区或内城空地 | 对周边低收入群体的间接置换，最终低收入者完全迁出 |
| 超级绅士化 | 高收入群体（super-rich）的迁入 | 原本是中等收入群体居住绅士化的社区 | 景观和私密性提升，高收入群体文化的空间生产 | 发生在金融业发达的全球城市中心区或内城 | 一般中等收入群体的迁出，最终成为高收入群体的专属社区 |
| 旅游绅士化 | 更高收入群体的迁入 | 原本就是中等收入群体居住社区 | 大型旅游娱乐项目的开发诱发中等收入群体消费空间和文化空间形成 | 城市旅游娱乐区附近 | 中低收入者完全迁出，成为高收入群体专属社区 |

注：笔者据参考文献 Butler 和 Lees（2006）；Davidson 和 Lees（2005，2010）；Gotham（2005）；Hackworth 和 Smith（2001）；Lees（2000，2003）；Lees 等（2008）；Little（1983）；Phillips（2004）；Smith D（2005）；Smith N（1987，2002，2005）；Warde（1991）整理

面对绅士化的全球化，一些学者主张对绅士化的概念进行有针对性的、弹性的界定，以适应新的变化（Clark，2005），主要表现在以下五个方面。

第一，绅士化原本被视为西方国家逆城市化和郊区化后的一种中等收入群体"重返城市运动"（back to the city movement）。但后来证明，绅士化是中等收入群体在内城的重新聚集，又称"住在城市运动"（stay in the city movement），而一些新兴国家的绅士化也并没有郊区化的基础。

第二，绅士化跳出了传统的内城，扩展到城市滨水区（Hoyle，1988）、城郊（Badcock，2001；Hackworth and Smith，2001）、乡村（Hines，2007，2011；Phillips，2010；何深静等，2011）。

第三，绅士化不仅仅以旧房屋的修缮为特征，还包括居住区配套的完善和提升，以及社区整体消费空间的升级（Smith N，2005）。

第四，传统绅士化发生在居住有低收入者的邻里，而当前一些绅士化发生在没有居民的城市棕地上，即新建绅士化（Rérat et al.，2010；Visser and Kotze，2008）。尽管有一些学者对此保留异议（Boddy，2007），但主流学者认为，虽然新建绅士化不存在对原来的居民进行直接置换，但造成间接置换（Davidson and Lees，2010）。

第五，迁入者主要是中等收入群体，但也包括高收入群体和低收入的学生群体（何深静等，2011），绅士化不一定迫使原来的居民完全迁出。

总之，绅士化的核心就是较高收入群体置换较低收入群体的社会空间过程。事实上，Gotham（2005）提出的旅游绅士化是一种在美国第三次绅士化浪潮中出

现的超级绅士化（Hackworth，2002）。中国的旅游绅士化从一些实证研究呈现的事实看，可能发生在较高档的社区或大都市内城（赵玉宗等，2009），也可能发生在居住有低收入群体的历史街区（Shin，2010），甚至发生在没有任何早期居住者的城市棕地。这意味着，中国的旅游绅士化可能并不一定是超级绅士化。

### 6.1.2 旅游绅士化的阶段模型

本质上，社会空间置换①是旅游绅士化的核心过程。这个过程包括不同收入群体的置换，建成环境的转变，文化和生活方式的变迁以及社会经济的重组（Warde，1991）。这个转型的过程还涉及社会人口结构的变化，地方认同的转变和绅士的社会影响（Phillips，2002）。另外，大都市惯习（metropolitan habitus）的变化也被认为是绅士化的重要方面（Butler，2002）。旅游绅士化提供了生产导向和消费导向绅士化解释的概念性连接，涉及房地产业、旅游业和地方制度的变化（Gotham，2005）。

Atkinson和Bridge（2005）认为绅士化有7个积极方面和11个消极方面。其中，很多方面的影响早已在绅士化的生产导向和消费导向解释中应用，主要采用时间序列分析法（Kerstein，1990）。Smith（2002）认为时序序列分析能够基本覆盖生产导向和消费导向的绅士化解释。Zukin（1990）强调资本投资的时间序列，并应用资本与文化的一系列循环路径解释绅士化的各个阶段，涉及劳动力/产品、基础设施和财政。Phillips（2005）将这一模型进一步发展，在资本与文化的循环路径中增加了4个阶段，用于解释乡村绅士化。Donaldson（2009）调整了上述模型，将解释维度划分为劳动力/产品、产权关系、人口变化、财政/投资，并应用于旅游绅士化小镇的分析。

尽管Gotham（2005）没有使用阶段模型解释旅游绅士化，但他的分析遵循了时间序列的基本逻辑，涉及资本投资（主要是旅游投资）、旅游地演化、人口变化、政府和旅游房地产开发商的角色变化等不同阶段的变化。因此，本书综合Zukin（1990）、Phillips（2005）、Gotham（2005）和Donaldson（2009）的阶段模型框架，针对旅游绅士化的特殊性，提出了4个关键的分析维度：旅游发展/投资、人口变化、基础设施/景观变化、文化和生活方式变迁，具体见表6-2。

---

① 薛德升（1999）将 displacement 翻译为"替换"，邱建华（2002）解释为"动迁"，何深静和刘玉亭（2010）理解为"置换"。从英语词义看，displacement 有移位、取代之意。西方的 displacement 包含两个过程，即低收入群体的迁出和中等收入群体的迁入，"动迁"仅指低收入群体的迁出，缺乏迁入，实则不妥。从汉语词义看，"置换"几乎等同于"替换"，不同的是"替换"有承袭前者角色和责任的意思，而在绅士化中，中等收入群体并不会承袭低收入者的角色和责任，相反，他们会将自己的文化和生活方式表达在空间中。综上所述，本书采用"置换"。

表 6-2　旅游绅士化的阶段模型

| 旅游发展/投资 | 人口变化 | 基础设施/景观变化 | 文化和生活方式变迁 |
| --- | --- | --- | --- |
| (1) 旅游及旅游相关投资；<br>(2) 当地旅游房地产市场的创造；<br>(3) 投资的阶段和形式；<br>(4) 投资主体 | (1) 人口数量变化；<br>(2) 人口结构重组 | (1) 历史建筑保护；<br>(2) 景观和设施配套建设；<br>(3) 地标性建筑和吸引物建设；<br>(4) 建筑修复；<br>(5) 绅士化产品的生产 | (1) 思想和人与人的交流；<br>(2) 生活方式变迁；<br>(3) 空间的文化生产；<br>(4) 社区认同 |

资料来源：Liang 和 Bao（2015）

根据表 6-2 可知，旅游投资是旅游绅士化生产导向解释的核心维度。旅游及旅游相关的投资能够促进地方旅游发展和房地产市场的繁荣。同时，旅游投资也会刺激私人企业投资旅游相关的消费场所，如购物中心、文化中心、主题社区等（Gotham，2005）。旅游发展和投资不仅仅重组地方经济，也会导致社会人口结构的变化（Mullins，1991，1994）。社会人口结构的变化可以根据主体人群的变化划分为几个不同的阶段，而社会人口结构特征分析可以纳入消费导向的解释中。

基础设施和生活配套空间的重构以及文化和生活方式的变迁也可能受到旅游发展的影响。上述社会空间结构可以作为旅游绅士化消费导向的部分解释。基础设施和生活配套的变革涉及商业振兴、历史街区保护、邻里和谐、旅游与文化设施重构、旧房更新、生活环境的改善、街区广场的主题化、建筑修复和建成环境的转型等内容（Zukin，1990；Phillips，2005）。地方经济的重组导致消费空间的增加，如俱乐部、酒吧、购物中心、酒店、主题公园、餐厅等的兴建。许多这类新出现的消费空间主要面向较高收入的迁入者和旅游者，而非原来的居民。因此，旅游绅士化后的区域看起来像奇幻城市（Hannigan，1998）。文化和生活方式的变迁同样重要，反映较高收入的迁入者所带来的新的生活方式，逐渐占据社会空间文化话语权的过程。

## 6.2　深圳华侨城案例

深圳的旅游绅士化也属于全球化的一部分。深圳的快速城市化又给绅士化带来了新的特征。中国是一个追求城市化的新兴国家（He and Wu，2009），积极参与全球化浪潮。全球化和城市化从根本上改变了中国大都市绅士化的路径和特征（He，2010）。深圳是一个位于中国南部的大都市，紧邻香港特别行政区。自 20 世纪 80 年代开始，深圳的快速城市化迅速地将其从一个小渔村转变为国际大都市。深圳华侨城在深圳快速城市化的过程中扮演重要角色。深圳华侨城是一个面积近 5.664 8 平方千米的区域，整合了旅游、房地产业和电子制造业，更重要的是它是一个宜居的社区（Liang and Hui, 2016）。本节将基于旅游绅士化阶段模型，对深圳华侨城旅游绅士化的过程、成因和社会空间影响进行实证分析。

深圳华侨城是中国旅游房地产的典型。1995 年，保继刚以深圳华侨城为例证明了主题公园对周边房地产的增值作用（保继刚，1995）。深圳华侨城发展历史较长，经历了多个阶段（董观志和张颖，2008a；魏小安等，2010），目前已经成为一个集综合主题公园、高档商业、创意产业、文化娱乐、高尚社区于一体的旅游城，受到学界广泛关注，故而成为本书案例。小尺度的绅士化研究多选择一些界限分明的社区（community）或街区（block）。本书的深圳华侨城是指在街道办（一般为正处级单位）之下，开发商之上这个层面来界定，所属 5.664 8 平方千米①的范围涉及华侨城集团、港中旅集团等企业的开发，具有较为明确的历史和现实边界，而在行政上，都统一由沙河街道办及其下属社区工作站管理。

### 6.2.1 深圳华侨城发展阶段性的研判

本书首先从旅游绅士化的视角重新研判深圳华侨城社会空间变迁的阶段性。魏小安在《优质生活的创想家：华侨城发展轨迹的观察》一书中将其划分为两个阶段，即初创阶段（1985~1993 年）和转型阶段（1994~2009 年）（魏小安等，2010）。董观志从"旅游+地产"模式演变的角度，将深圳华侨城的发展划分为三个阶段：萌芽期（1986~1998 年）、崛起期（1999~2002 年）和扩张期（2003 年至今）（董观志和张颖，2008a），并提出在这三个阶段中存在五次重大的升级过程：第一次升级（吸引侨资，创建华侨城，1985~1988 年）、第二次升级（主题公园，缔造传奇，1989~1993 年）、第三次升级（结构调整，主业定型，1994~1999 年）、第四次升级（基业长青，布局全国，2000~2005 年）、第五次升级（品牌整合，战略提升，2006 年至今）（董观志和张颖，2008b）。深圳华侨城官方认可的阶段划分以《华侨城区总体规划2005-2015》为标准，该规划中的"华侨城区规划建设历史与现状研究"专题将深圳华侨城的发展分为三个阶段：第一阶段从 1986 年开始到 1992 年，是由"飞地"型的独立开发区模式起步阶段；第二阶段从 1992 年到 1997 年，是以多业并举、功能复合的方式融入城市阶段；第三阶段从 1997 年开始到 2004 年，是向高品位、多元化的综合性城区迈进阶段。由于该规划从 2004 年 4 月底

---

① 深圳华侨城原为4.8平方千米，后逐渐扩大用地，现为5.664 8平方千米。目前大部分地块已经开发，52.18公顷的欢乐海岸一期已经完成，剩下部分正在建设。

正式启动，规划者倾向于将之前的深圳华侨城发展历程与规划后的发展做两个阶段的划分，暗含即将到来的第四个阶段（2004年至今）[①]。上述3种典型的阶段划分中，有几个关键的时间节点（表6-3）。

表6-3 深圳华侨城发展阶段的起始时间节点与关键事件

| 时间节点 | 关键事件 |
| --- | --- |
| 1985年 | 2月，叶飞[①]提议，后经国务院批准，由国务院侨办接管沙河华侨企业公司所辖的4.8平方千米的华侨农场，更名为华侨城，11月深圳特区华侨城经济发展总公司成立 |
| 1986年 | 5月13日，深圳特区华侨城经济发展公司在深圳市人民政府登记注册。8月25日，深圳市政府批准华侨城总体规划 |
| 1989年 | 11月22日，华侨城第一个主题公园锦绣中华开业并获得成功，华侨城进入主题公园发展时代。国务院副总理吴学谦和侨办主任廖晖等中外嘉宾出席了锦绣中华开业典礼 |
| 1992年 | 邓小平同志发表南方谈话；1月21日，邓小平同志视察中国民俗文化村和锦绣中华 |
| 1994年 | 6月18日，世界之窗建成开幕，6月20日，江泽民同志视察世界之窗。华侨城进入国企改革阶段，7月30日，华侨城机构改革方案正式出台 |
| 1997年 | 4月18日，国家级美术馆何香凝美术馆落成；8月18日，华侨城实业股份有限公司成立；9月10日，"华侨城A"股票在深交所顺利上市 |
| 1999年 | 4月，华侨城正式由原来的国务院侨办划归中央大型企业工作委员会管理 |
| 2000年 | 1月12日，《华侨城集团宪章》正式印发实施（试行）；华侨城正式提出"中华锦绣工程"的战略目标，昭示着华侨城旅游业走出深圳 |
| 2003年 | 1月1日，锦绣中华、中国民俗文化村两景区正式合并；1月22日，上海天祥华侨城投资有限公司接受闵行区浦江镇政府授权，组织编制"浦江镇中心区2.6平方公里"开发项目修建性详细规划；4月28日，华侨城集团公司"盐田林海云天生态旅游项目"立项；6月28日，北京华侨城正式动工 |
| 2004年 | 1月22日，"欢乐海岸"项目土地签约；东部华侨城（盐田）旅游项目3月动工兴建；11月，与招商地产再度联合竞拍深圳尖岗山38.7万平方米用地 |
| 2006年 | 1月22日欢乐海岸正式签约；7月29日，北京欢乐谷正式开业；10月20日，成都欢乐谷奠基；12月26日，华侨城洲际大酒店试业 |

① 叶飞，上将军衔，出生在菲律宾，与东南亚侨界关系密切，曾担任过招商局主管部门交通部长，对经济发展有深入的理解。1985年，全国人大副委员长与侨办主任的叶飞提议建设华侨城

注：笔者根据华侨城集团大事记整理

表6-3所列的时间节点和关键事件有的是针对华侨城集团企业发展的，有的是关注于华侨城集团在深圳以外的扩张。根据旅游绅士化发展的3条主线，本书将深圳华侨城的旅游绅士化划分为三个阶段。

第一阶段是深圳华侨城的绅士化还没有出现从传统的农村社区转变为工人社

---

① 《华侨城区总体规划2005-2015》编制领导小组由任克雷担任组长，涉及旅游、房地产和电子产品领域的企业高管，委托深圳市城市规划设计研究院编制，由王富海主持规划，项目的具体名称叫"华侨城地区发展策略研究与总体规划"。项目于2004年4月底正式启动，包括7个专题研究报告：《华侨城区规划建设历史与现状研究》《华侨城区发展形势和条件分析》《华侨城居民意愿调查研究》《华侨城区发展目标和策略》《华侨城与周边地区协调发展研究》《华侨城区土地利用和空间布局研究》《华侨城交通系统改善策略》。在对上述7个专题研究报告进行总结、提炼的基础上，编制领导小组完成了华侨城发展策略总报告——《建设21世纪可持续发展的人文生态示范城区》。目前，新一轮规划正在编制中。

区的阶段。起始时间应该以"华侨城"作为一个整体被确立下来及被统一开发的时间为基准。1981 年,华侨城所在地光明畜牧场沙河分场成立的沙河华侨企业公司,已经初步具备土地的独立开发权利,开发范围以沙河分场为主体,并开始引进"三来一补"企业。1985 年,国务院侨办接管沙河华侨企业公司,确立了 4.8 平方千米的土地作为开发范围,并于 11 月成立深圳特区华侨城经济发展总公司进行统一开发,以更为明确的方式确立了华侨城的范围和开发主体。因此,第一阶段首先发起的时间应该是 1981 年。

第二阶段是旅游绅士化的初级阶段。1989 年,锦绣中华的开业和成功,拉开了深圳华侨城旅游业发展的序幕,随后其相继建设了中国民俗文化村和世界之窗,华侨城旅游业的发展具有规模优势和社会影响力,对城市空间的开发产生深远影响。与此同时,深圳华侨城于 1990 年开始开发高尚社区,如海景花园、东方花园和锦绣花园。因此,以 1989 年为基准,设定为第二阶段的起始时间。

第三阶段是旅游绅士化的高级阶段。这一阶段以新一代主题公园(深圳欢乐谷)、大规模的消费空间(OCT 广场、沃尔玛超市和华侨城 LOFT 等)以及更加高尚化的社区(波托菲诺)开发为特征。开发的方式除了传统的棕地开发以外,更多地向现有建筑的更新、改造和再利用转变。深圳华侨城的开发进入了"华侨城·旅游城"阶段,强调的不再是单纯的房地产开发,而是突出整个社区发展的整体性和主题化,出现了高尚化的主题社区。从这几个标准来看,这一阶段的起始时间应以 1998 年深圳欢乐谷的开业算起。值得注意的是,旅游绅士化高级阶段呈现的文化和资本逻辑与旅游绅士化初级阶段存在差异(后文将详述)。

### 6.2.2 从乡村社区到工人社区

1981 年以前,深圳华侨城所在地属沙河农场管辖,呈现典型的乡村景观,这种乡村景观的积累和乡村人口的沉淀经历较长的时间,因此当年沙河农场的乡村生产和生活方式在今天繁华的华侨城周边仍然存在。在快速城市化背景下,物质景观的变迁是迅速的,而人的现代化则需要较长的时间。人与地之间的现代化的不同步,是造成今天深圳华侨城复杂多样的人地关系的原因之一。

1949 年,深圳所在地成立宝安县人民政府,县城设在南头,先属东江专属管辖,后分别归珠江专属、惠阳专区和佛山专区管辖。1979 年 3 月,深圳市成立,11 月深圳市改为省属市,1980 年 8 月设立深圳经济特区,为副省级建制。1979 年深圳建市时总人口不过 31.4 万人,大多数为农民。深圳城市空间的演变首先从蛇口和罗湖开始。在 1980 年制定的《深圳市城市建设总体规划》中,确立了以工业为主的发展目标，同时发展贸易、农业和旅游业，并确立以罗湖—上步为发展中心，而沙河—蛇口为卫星工业区。因此，蛇口和罗湖是深圳早期发展的两个增长极，两个增长极之间仍是一派乡村景观。20 世纪 80 年代初期，连接两个增长极的增长轴——深南大道①被建立，奠定了深圳华侨城的微区位。

深圳华侨城所在地 1949 年后属于佛山专区农垦局下属的沙河农场，该农场最初约有 350 户共 1 500 人左右，包括上白石村、下白石村、白石洲村、新塘村 4 个自然村。1956 年深圳修建铁岗水库，将石岩塘头村 68 户共 486 人的库区移民迁移到沙河农场，成立塘头村，最终形成了沙河五村。整个农场人口约为 2 000 人，全部是农民。

1979 年，改革开放的试点首先在深圳进行。深圳的发展缺乏资金、技术和人才。因此，利用外国的资金和技术，吸引华人、华侨回国投资成为地方促进经济发展的主要方式。同年 2 月，国务院给香港招商局划批 2.14 平方千米的土地建立蛇口工业区。蛇口工业区由一个企业独立开发运营，打破传统体制的束缚，成功引进外资发展工业，建立了著名的"蛇口模式"。1980 年 5 月 16 日，中共中央和国务院批准《广东、福建两省会议纪要》，决定在深圳试办经济特区②。从此，深圳特区的蛇口模式得到确立和推广。随后全国按照蛇口模式兴建了大批工业区，蛇口模式成为当时城市开发的主流模式。1981 年，光明农场沙河分场成立沙河华侨企业公司，以蛇口模式为样本，积极引进劳动密集型的加工工业，发展地方经济。沙河华侨企业公司陆续从全国（主要是广东省内）各地华侨农场征调青壮年劳动力，以接受过高中及以上教育的"知识青年"为主③，大量的产业工人聚集到深圳华侨城。

特区建设没有现成的经验，政府对企业建设工人社区是按照"三线建设"的模式配给的，即政府为开发区配套足够的土地和用地指标用以建设职工宿舍，负责建成社区的管理（这一制度影响到今天，作为企业的华侨城集团具有一定的行政管理权）。1981 年到 1985 年，沙河华侨企业公司引进的企业主要聚集在东部工业区，并在工业区的周边开始建设光华街、光侨街和西组团 3 处工人社区。光华街、光侨街和西组团是开放式社区，包含有两室一厅的小户型（西组团居

---

① 1979 年深圳建市后不久，政府决议对广深 107 国道进行沥青路面改造，于是诞生了今天的深南路（蔡屋围至上步的 2.1 千米）。1982 年开始进行第一次扩建，深南路拓宽到 50 米。1987 年，深圳把铁路用高架桥托起，全线贯通 6.8 千米长的深南大道。1991 年 5 月，深圳市将深南大道扩建为从上海宾馆到南头联检站，全长 18.8 千米，中间连接了深圳科技园、深圳大学和华侨城。随后其又经历了几次重大的扩建和更新，目前全长 25.6 千米，路宽 135 米，最宽处达到 350 米。值得注意的是，深南大道华侨城段是全线最窄的一段。

② 1981 年，在中共中央和国务院同意的《广东、福建两省和经济特区工作会议纪要》中，明确指出将深圳特区建设成为兼营工、商、农、牧、住宅和旅游等多种行业的综合性特区。文件中已经将旅游作为特区发展的重要产业方向。

③ 在改革开放初期的中国，接受过高中教育的青壮年已经属于文化素质较高的群体。

多)、多人间职工宿舍(光华街、光侨街居多),没有电梯、没有奢华的外部装饰,楼房之间较为密集,中间缺乏公共活动空间(图6-1)。

(a) 光华街社区现状　　　　　　(b) 光侨街社区现状

图6-1　光华街与光侨街社区现状(笔者摄于2010年)

由于沙河华侨企业公司政企合一、管理混乱、缺乏技术、资金匮乏等原因,加上周边工业开发区的竞争,企业发展并不顺利。这一时期,国家相继出台了《关于当前旅游体制改革几个问题的报告》《关于华侨投资优惠的暂行规定》《关于国营华侨农场经济体制改革的决定》等决议,推动国企改革,吸引华侨资本和激活华侨企业。1985年2月,经国务院批准,将沙河华侨农场4.8平方千米的土地设为开发区。同年11月,深圳特区华侨城经济发展总公司成立,由马志民担任指挥部主任,全面领导开发区的建设,沙河华侨企业公司所辖范围正式改名为"华侨城"[①]。

根据1985年国务院侨办下发的《关于成立深圳特区华侨城建设指挥部的通知》(侨人字127号),华侨城的建设要参照蛇口模式。华侨城经济发展总公司组织人员考察蛇口,并从全国各地招揽人才,从深圳市政府获得多项优惠政策,如规划审批权、三年内所得税返还权、人事权、去港澳出差的审批权等。这些政策给予华侨城经济发展总公司很大的发展自由。马志民先生的准确判断和卓识眼光确实为华侨城早期发展奠定了坚实的基础。华侨城地处当时深圳城郊,交通不便,荒山荒岭,滩涂遍布,连一块平整的土地都没有,其完全借鉴蛇口模式发展工业区并不具有竞争优势。马志民利用规划审批权,首先聘请新加坡规划大师孟大强先生完成了《华侨城总体规划(1986)》。该规划将华侨城定位为"以轻型

---

① 华侨城创立初期,国务院侨办直属的另一家企业香港中旅集团以其每年三分之一的利润作为华侨城的初始开发投资。因此,后期华侨城从香港中旅集团脱离后,其早期投资的3个主题公园香港中旅集团都是最大股东。华侨城logo上的"华侨城"为1985年底中共中央总书记胡耀邦同志的亲笔题名。

工业为主，兼有商业旅游、文化、居住功能的外向型城市组团"，在空间布局上：深南路以南安排游憩、文化交流设施和提供给华侨居住的别墅区；深南路以北的区域，在深圳湾大酒店对侧建设带状的城区级商业中心；工业区分布在东部和西北部；居住区分布在沿深南路的南部和西北部工业区南侧。这部规划奠定了今天深圳华侨城的基本格局。

1986 年至 1988 年，华侨城的主要工作一方面是营造环境；另一方面是积极吸引侨资企业。华侨城引进的第一个项目是"深圳华悦实业有限公司"，随后一批侨资企业陆续进驻。当时的华侨城基本上是一块工业飞地，与周边城市空间并不相连，因此必须开发工人宿舍区及其他生活配套设施，满足产业工人的生活需求。除继续扩建光华街、光侨街和西组团外，华侨城又新建了东组团。随着华侨城居民的日益增多，1987 年修建东部菜市场。东组团与之前的三个工人社区在建设理念上存在明显差异，其尊重原有地形地貌，富于变化，更适宜居住，成为当时工人理想的居住区。整个华侨城聚集了大量的产业工人，形成了系统完善的工人社区。

早期入住华侨城的居民基本上是华侨城内企业的职工，此外还包括原沙河分场的农民和极少数外来购房者。据一位在华侨城工作超过 18 年、负责华侨城社区物业的资深人士回忆，1986~1988 年在华侨城的工人数量应该超过 20 000 人，他们一部分居住在各个工厂内部的职工集体宿舍，更多的则居住在光华街、光侨街、西组团和东组团，见表 6-4。

表 6-4 前绅士化阶段工人社区规模和人口数量

| 社区 | 最早使用时间 | 建筑数量/栋 | 房屋类型 | 户数/户 | 职工数量/人 |
| --- | --- | --- | --- | --- | --- |
| 光华街、光侨街 | 1979 年 | 约 45 | 公寓/集体宿舍 | 约 1 200 | 约 4 000 |
| 西组团 | 1981 年 | 52 | 公寓/集体宿舍 | 约 2 000 | 约 5 000 |
| 东组团 | 1988 年 | 27 | 公寓/集体宿舍 | 约 1 000 | 约 2 500 |
| 总计 |  |  |  |  | 约 11 500 |

注：早期的东组团仅有 27 栋楼，1988 年后相继建设的松山村、香山村和华山村等楼盘被纳入东组团。由于工厂、企业陆续进入，工人流动性较大，当时也并没有较为准确的统计，职工数量根据相关社区的访谈资料和社区资料整理。

显然，华侨城的工业化使得城区在短时间内吸引了大批产业工人，数量远远超过原沙河农场的农民数量，其中很多产业工人是知识青年。这些产业工人的到来，不仅改变了城区的经济秩序和空间秩序，也重组了社会秩序，以工人为主导的城市社会空间被建立起来。

### 6.2.3 从工人社区到初级绅士化社区

1989 年锦绣中华的成功多少令人意外。意外事件的背后反映的是特殊时代背景下的政治文化和社会心理,更反映的是华侨城企业所面临的现实问题。深圳特区自成立以来,城市规划指标总是被提前突破①。深圳的快速城市化超出了绝大多数人的设想,大面积的土地被开发,水资源短缺,劳动力价格不断上升,城市空间不得不向关外拓展。显然,深圳以蛇口模式为核心的城市开发方式面临土地、水资源和人力资源压力,华侨城发展需要另辟蹊径。

1985 年,马志民组团到欧洲考察,在荷兰马林洛丹参观"小人国"后,其形成了"锦绣中华"的构想。回国后,马志民组织专家对该构想进行论证、策划。1987 年 9 月锦绣中华正式动工修建。在经历 2 年的精心施工后,总投资 1 亿港元②的锦绣中华于 1989 年 9 月正式开业,开业当天就吸引超过 3 000 名游客,而国庆期间更是每天都有 3 万名游客入园,深南大道封闭一半用于停靠车辆(魏小安等,2010)。锦绣中华开业一年多便收回成本,而且人均利润高达 6.354 万元(保继刚,1994)。锦绣中华的成功不仅是中国主题公园产业发展的里程碑事件,更重要的是为华侨城的经济转型提供了方向,创新了城市空间发展的方式,为后来主题公园房地产模式奠定了坚实的基础。

锦绣中华的成功使得华侨城成为中国主题公园产业的领跑者,主题公园也是华侨城集团唯一能够取得全国第一的产业③。1991 年 10 月 1 日,毗邻锦绣中华,华侨城在原来深圳湾游乐场建成了总投资为 1.1 亿港元的中国民俗文化村。中国民俗文化村集合了 21 个民族的 24 种村寨类型,从全国聘请民族演员、艺人、美食厨师,展现中国多民族文化,开业一年多便收回投资。1994 年,华侨城和港中旅集团又以 5.8 亿元的巨资开发世界之窗。世界之窗开业后,业绩表现一直很好,3 年便收回成本。深圳华侨城通过 5 年的发展,形成我国第一个主题公园集群。图 6-2 反映了深圳华侨城早期 3 个主题公园的入园情况。

---

① 1980 年《深圳市城市建设总体规划》中设定的到 1990 年深圳面积为 50 平方千米和人口为 50 万人的目标很快就被突破。1982 年《深圳经济特区社会经济发展大纲》将 1990 年的发展目标调整为 98 平方千米和 80 万人口,仅到 1984 年,这一规划所设定的 1985 年土地和人口目标就被突破。深圳市政府不得不于 1986 年再次设定发展目标,然而到 20 世纪 80 年代末,这些发展目标都被突破。

② 当时 1 港元约等于 0.7 元,因而锦绣中华的投资应该在 7 000 万元左右。

③ 锦绣中华、中国民俗文化村和世界之窗都是华侨城与港中旅集团合作开发的,1994 年以前,双方都处于马志民先生领导下,股权分配不清晰,一般外界将 3 个公园的成功归功于华侨城集团。

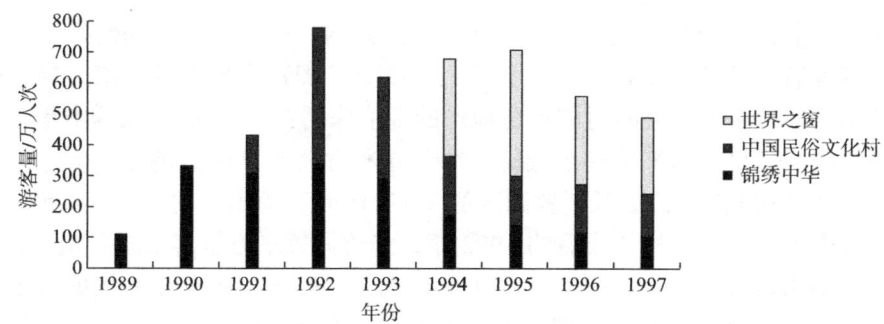

图 6-2 深圳华侨城主题公园群游客量情况（1989~1997 年）
资料来源：华侨城集团旅游部

这一时期我国主题公园的发展受到政治和社会心理影响较大，市场缺乏稳定性和持续性。尽管 1992 年锦绣中华和中国民俗文化村市场有大幅度的增长，当年两个公园入园游客综合量超过 746 万人次，但随后便呈现逐年下降趋势。围绕主题公园，华侨城相继提升和新建了深圳湾大酒店（1985 年开业，1998 年翻新）、海景酒店（1992 年建成，2003 年翻新）、华侨城医院（1990 年建成）、何香凝美术馆（1997 年开馆）、中旅学院、华夏艺术中心（1991 年建成）、燕晗山郊野公园等配套设施。

3 个主题公园的成功奠定了华侨城的产业基础，同时也刺激了周边房地产的开发。1986 年华侨城房地产公司成立后，首先完成了《华侨城总体规划（1986）》和《华侨城一期详细规划》[①]。1987 年，首先开发的东方花园被评为当时深圳最好的别墅区。东方花园最早的开发目的有两个：一个是为当时华侨城和港中旅集团的中高层职工提供改善型住房（最早也是以建设职工住房的名义开发的）；另一个是吸引当时到深圳投资的港澳客商，具有商品房的性质。事实上，第一批购房者也大多数来自港澳地区。

1990 年 11 月，华侨城又开发了海景花园。海景花园是华侨城集团开发的第一个高尚住宅区[②]，也是华侨城首次开发高层建筑，该楼盘很快售罄，受到市场热捧。随后华侨城又开发了建筑风格基本类似和设施配套更加齐全的桂花苑[③]（1993 年开始入住）、湖滨花园（1994 年 8 月 29 日竣工）、中旅广场（1996 年开始入住）、汇文·荔海楼（1997 年 9 月竣工）等小区。

---

① 该规划的编制时间是 1986 年 2 月至 1986 年 9 月，1989 年其被建设部评为优秀规划设计二等奖。
② 海景花园周边配套有银行、证券交易部、新华书店、健康广场、中英文俱乐部、水疗温泉、中型超市；小区建有双层停车场，建筑面积 10 670 平方米，有 357 个车位；小区附近有幼儿园、小学、中学、大学、体育中心、文化艺术中心等。这些配套设施完全不同于普通的工人社区，呈现明显的高尚化。
③ 桂花苑在香港、深圳以"高尚住宅"的名义同时发售，1993 年其在香港《文汇报》刊登广告，以 1 平方英尺（1 平方英尺≈0.09 平方米）451 港元的价格销售。该小区有草坪、专用网球场和游泳池，还配备大型停车场。

这一时期，主题公园主要布局在深南大道以南，而高尚社区的恰当布局及主题公园开发后所营造的良好形象和氛围大大提升了周边房地产的价值。保继刚的研究证明了华侨城主题公园对周边房地产的增值作用：在 1988 年锦绣中华开业之前，华侨城的房价是深圳关内最低的，每平方米均价才 2 015 港元，低于南山区的平均水平 2 300 港元，更低于罗湖区的 3 061 港元和福田区的 3 078 港元。在锦绣中华和中国民俗文化村建成后的 1992 年，华侨城每平方米房价飙升至 7 556 港元，高于福田区和南山区的平均水平（保继刚，1995）。旅游业的发展带来了游客流，激活了华侨城的商业，带动了城区配套的发展，形成了一个适宜居住的环境，这有别于蛇口模式下所形成的大量不太宜居的工业区。

这一时期华侨城的社会空间出现了明显的变化，表现为由旅游及其配套产业的发展所带来的旅游绅士化。

首先，华侨城由单一的工人社区转变为一个出现居住分异的混合社区。不同收入的居民住在不同的小区，这一点集中体现在房价的差异上（表 6-5）。华侨城也同时扩建了工人社区，如东组团增建了松山村、华山村，主要是为内部企业职工提供企业福利房居住；西组团也继续扩建，华侨城集团旗下的康佳集团新建了康佳苑以满足集团内部职工的居住需求。早期华侨城企业职工的工资水平较低，少数高收入员工购买高尚社区的住房，如海景花园、东方花园和中旅广场，因此华侨城集团内部低收入员工与华侨城内其他企业的普通职工都居住在东组团、西组团、光华街、光侨街等工人社区。与之相对应的是，新建高尚社区吸引了深圳乃至港澳地区的中等收入新居民入住，形成绅士化社区。

表 6-5　深圳华侨城第 2 阶段楼盘价位对比一览表

| 类别 | 开盘时间 | 项目名称 | 目前占地面积/公顷 | 目前建筑面积/万平方米 | 开盘时平均价位/（元/米²） |
|---|---|---|---|---|---|
| 工人社区 | 1981 年 | 西组团 | 14 | 12.2 | 职工福利房 |
|  | 1988 年 | 东组团 | 14 | 13.6 | 职工福利房 |
| 高尚社区 | 1992 年 | 海景花园一期 | 2.86 | 9.3 | 3 000 |
|  | 1995 年 | 海景花园二期 |  |  | 6 000 |
|  | 1993 年 | 桂花苑 | 2.5 | 6.7 | 5 000 |
|  | 1994 年 | 湖滨花园 | 0.9 | 7.2 | 4 000 |
|  | 1996 年 | 中旅广场 | 1.6 | 12.9 | 8 000 |

资料来源：世联地产.华侨城房地产发展案例研究. 2008

其次，新建社区高尚化、封闭化，小区配套齐全，为较富裕群体服务的消费空间逐渐形成。以海景花园为例，1992 年初其开始陆续交付使用，小区由四栋 32

层的高层封闭住宅和一组商业裙楼组成。主要是三室二厅或二室二厅的住宅，小区绿化面积 9 530 平方米，配套有超市、健身疗养中心、药店、银行、书店，设有双层停车场，共计 357 个车位。

最后，中等收入群体大量入住到高尚社区，老社区开始出现小范围置换，城区人口结构开始变化，低收入者逐渐被边缘化。高尚社区人口规模扩大（表 6-6），多面向外来购房者，也面向华侨城集团及其下属企业中高层员工（主要居住在汇文·荔海楼和中旅广场）。这部分人收入高，主要从事现代服务行业。此外，华侨城新增加的社区配套和消费空间也主要面向这部分人群，且不断扩大。1994 年以前，工人社区住宿主要是由企业自行分配，职工每个月交纳一定的租金，职工拥有房屋的"绿本"。1994 年后，华侨城内部房产政策改革，落实房屋产权，企业员工内部向集团交纳一定的"购房款"①，将居住的房产"绿本"换成正式的房产证（红本）。拥有产权证的房屋就能够自由买卖，一部分拥有产权证的职工将房屋出售（价格往往是购房款的几倍），让渡给新的居民（较高收入群体）。

表 6-6　深圳华侨城初级绅士化社区规模和人口数量

| 社区 | 建设时间 | 建筑数量/栋 | 房屋类型 | 户数/户 | 目前居民数量/人 |
| --- | --- | --- | --- | --- | --- |
| 东方花园 | 1987 年 | 125 | 别墅、多层、高层公寓 | 约 800 | 约 5 000 |
| 海景花园 | 1990 年 | 4 | 高层公寓 | 732 | 约 3 000 |
| 湖滨花园 | 1993 年 | 3 | 高层公寓 | 438 | 约 1 500 |
| 中旅广场 | 1995 年 | 6 | 多层、高层公寓 | 1 048 | 约 3 500 |
| 汇文·荔海楼 | 1997 年 | 2 | 高层公寓 | 529 | 约 2 000 |
| 总计 |  |  |  |  | 约 15 000 |

注：东方花园目前居住居民数量约 5 000 人，50%左右是租住户，多为外籍人士或高收入白领

低收入居民被逐渐置换出去，而低档消费空间也逐渐减少。一方面，大量旅游者的消费使得物价上涨；另一方面，新建设的消费空间也主要服务于中等收入群体，无论是价格、档次还是使用价值都不符合低收入者的需求。因此，低收入居民只能到华侨城周边的城中村消费，逐渐被边缘化。

这一阶段，深圳华侨城主题公园的发展对城市空间重构的作用逐渐显现，表现为初级旅游绅士化：第一，3 个主题公园的成功带动了旅游相关产业在华侨城的发展，以生产为导向的工业经济秩序向以消费为导向的混合经济秩序转型；第二，主题公园、高尚社区以及相关配套空间的建设，重构了华侨城的空间秩序，由单一的

---

① 华侨城及其下属企业内部认购的房屋价格比较低，通常一套 60 多平方米的房子仅需交纳 4 万多元的购房款，因此当时大多数职工都认购各自的住房。当然，并不是所有华侨城旗下的职工宿舍都进行了产权化，集团内部仍保留较大规模的企业职工宿舍。

工人社区转变为趋于高尚化的混合社区；第三，旅游业的发展提升了城市空间品味，吸引了相对高收入群体入住，调整了社区人口结构。

### 6.2.4 从初级绅士化社区到成熟绅士化社区

20 世纪 90 年代末期，特区内"三来一补"产业逐步外迁，生产要素在全市范围内重新配置，关外得到发展。1993 年，中央对地方经济建设和土地开发进行调控，深圳城市发展进入转型调整期，第三产业迅速发展。这一时期，华侨城与深圳市区连成一片，成为名副其实的城区。在 1996 年《深圳市城市总体规划（1996-2010）》中，华侨城定位为全市的中心。与此同时，华侨城集团编制了《华侨城总体规划（1996-2005）》，确立华侨城要以先进工业为基础，建成 21 世纪示范城区、深圳市的高尚型社区和具有国际水平的旅游城。为此，将华侨城西北部工业用地（1986 年规划）调整为居住用地，居住人口控制在 6 万人，并配套 10 万人的公共服务设施，其中 3 万人规模的服务设施面向旅游者。

深圳华侨城的发展目标紧跟深圳经济转型的大背景，发展以旅游业为先导的第三产业，旅游者需求成为华侨城空间分配的重要考虑，最值得关注的是将"高尚型社区"确立为最终发展目标。华侨城的规划第一次将旅游业与房地产统筹考虑，充分发挥旅游对房地产的积极作用，引发进一步的旅游绅士化。

1998 年，华侨城集团独立投资 17 亿元的欢乐谷一期开业。这是一种全新的、更加贴近于西方主流的主题公园形态。欢乐谷投资规模大，引入的西方娱乐文化元素，符合后工业社会消费者的需求，具有可复制性、易更新性等特点，很快成为华侨城集团最具生命力和竞争力的主题公园品牌。与此同时，华侨城围绕主题公园大力发展旅游相关产业，主要表现在三个方面：第一，对原有旅游相关产业进行升级改造。1985 年开业的深圳湾大酒店是深圳著名的四星级酒店。2004 年，酒店拆除重建，更名为华侨城大酒店。2006 年，引进"洲际酒店及度假村"品牌管理华侨城大酒店，并将其更名为华侨城洲际大酒店。2003 年重新装修了以东南亚风格为主题的海景酒店，为四星级商务酒店。第二，新建和拓展旅游相关产业。2001 年 10 月 28 日，华侨城聘请洲际酒店集团进行管理的威尼斯皇冠假日酒店正式开业。该酒店投资 4 亿多元，拥有标准客房 375 间，豪华套房 47 间，是华侨城第一家五星级酒店。2004 年 5 月深圳城市客栈开业，并逐步实现连锁经营，成为中国著名的经济型酒店品牌。第三，对原有工业区进行更新改造，开发文化创意空间。2005 年 1 月，通过厂房改造形成的 OCT 当代艺术中心开馆，成为华侨城 LOFT 的主体建筑，经常举办国际性艺术展览，是艺术家交流的平台。2006 年 5 月，深圳华侨城创意文化园挂牌成立，随后一批创意文化企业和机构陆续进驻，其中包括一批旅游策划公司、园林景观公司、建筑设计公司等旅游咨询行业的企业,华侨城成为全国重要的旅游创意产业基地。

加工工厂被现代服务业替代,华侨城集团建立了新的经济秩序,以旅游、房地产和电子产品为三大支柱的经济结构被确立,而对于深圳华侨城而言,旅游、房地产成为主要经济,电子产品工业仅剩下研发中心和少量的生产线,旅游及其相关产业成为经济主流,形成了相对完善的体系,见表6-7。

表6-7 深圳华侨城旅游相关企业情况(2003年)

| 企业类型 | 单位数/个 | 比重 | 从业人数/人 | 比重 |
|---|---|---|---|---|
| 食(华侨城内所有餐饮单位) | 101 | 54.9% | 3 479 | 33.3% |
| 住(酒店、宾馆) | 8 | 4.3% | 838 | 8.0% |
| 行(旅行社、租车公司) | 4 | 2.2% | 111 | 1.1% |
| 游(主题公园) | 3 | 1.6% | 2 670 | 25.6% |
| 娱 | 14 | 7.6% | 503 | 4.8% |
| 购(仅包括旅游商品销售) | 46 | 25.0% | 335 | 3.2% |
| 咨(旅游咨询机构) | 7 | 3.8% | 61 | 0.6% |
| 育(旅游教育机构) | 1 | 0.5% | 96 | 0.9% |

注:资料来源于董观志和张颖(2008a),该资料转引自华侨城集团一份内部调查,单位数为准确数据,由于部分企业不提供从业人数,因而从业人数仅为统计到的数量,实际上从业人数远比这个数据高,故本书对表格做了一定的调整

以主题公园为核心的旅游业的发展,使得城市空间重构具有新的动力和方向,高尚社区的开发成为必然趋势。当然,每个时期人们对高尚社区的理解存在明显差异。高级旅游绅士化阶段,华侨城高尚社区以西方文化为主题,这与欢乐谷西方文化主题的空间形态契合。除了在棕地上新建高尚社区外,也开始通过对城市空间更新实现消费空间的绅士化。更引人注意的是,大规模的消费空间建成,如1999年12月,占地5公顷的OCT生态广场建成;2000年4月,华侨城沃尔玛购物广场正式营业,而更为高档的益田假日广场也在华侨城社区附近建成。完善的配套和高档消费空间的建成说明华侨城社区拥有较大规模的高消费群体。这一时期,最重要的绅士化社区开发是波托菲诺。波托菲诺包括三个小区,一个是波托菲诺·天鹅堡,一个是波托菲诺·纯水岸,另一个是波托菲诺·香山里。波托菲诺房地产价格很高,光从房屋租赁指导价便可了解一二,见表6-8。

表 6-8  南山区 2010 年房屋租赁指导租金表

单位：元/（月·米²）

| 小区 | 住宅 | | | | 商业 | | | | |
|---|---|---|---|---|---|---|---|---|---|
| | 带电梯 | 不带电梯 | 平房 | 别墅 | 高层 | | 多层 | | 简易 |
| | | | | | 一楼 | 二楼以上 | 一楼 | 二楼以上 | |
| 纯水岸、天鹅堡、益田假日广场、欢乐谷、华侨城购物中心、东方花园别墅区、锦绣花园二期、锦绣花园三期 | 90 | | | 110 | 140 | 80 | 300 | 250 | |
| 锦绣花园一期、东方花园、丹霞阁、湖滨花园裙楼、海景花园、中旅广场、云飞阁、东部菜市场、西部菜市场、锦绣中华、中国民俗文化村、世界之窗、海景酒店、华侨城步行街、沃尔玛、汇文楼、荔海楼、文昌街、生态广场 | 45 | 30 | | | 200 | 150 | 200 | 150 | |
| 光华街、光侨街、中新街、香山村、松山村、佛山街、桂花苑、侨城东街、芳华苑、荔枝苑 | 45 | 30 | | | | | 65 | 35 | |

资料来源：深圳市南山区出租屋综合管理办公室，本表仅节选华侨城部分

从表 6-8 可知，位于第一栏的居住小区都是高尚社区[①]，其出租指导价格基本是初级绅士化社区（第二栏）的两倍。根据笔者走访几家房地产中介公司了解到，2010 年纯水岸小区非别墅住房的实际租赁价格远高于指导价，有的甚至高达每月 150 元/米²。总体上，华侨城高尚社区的实际出租价格高于指导价。

高尚社区主要针对较高收入的购买者，他们多是脑力劳动者、金融、贸易、媒体、咨询等现代服务业的高级经理人、成功商人，年收入数百万元甚至千万元以上的家庭，学历、社会地位较高的富裕人群。锦绣花园总户数 1 998 户（包括锦绣花园一期），2009 年 10 月入住率为 100%；波托菲诺·天鹅堡小区总户数为 1 476 户，2009 年 10 月的入住率为 85%[②]。根据笔者调研，华侨城高尚社区的房子基本上开市一两天便售罄，其中一部分人将其作为投资，一部分人作为第二居所，一部分人作为实际住所，他们中仅有少部分人户籍在深圳。

小区配套也极为高档，以波托菲诺商业街为例，商业街涵盖餐饮、综合性会所、超市、酒吧、咖啡面包房等，已进驻的商家有丹桂轩餐厅、舞鹤日本料理、汉阳馆韩国料理、百佳超市、可颂坊面包店、illy 咖啡、SPR 酒吧、梦圆皇宫美容等连锁品牌店。

---

① 锦绣花园二期于 2001 年建设，2002 年建成，2011 年 11 月每平方米均价在 36 000 元左右，每套房总价超过 600 万元；锦绣花园三期为小高层，于 2005 年建成，2011 年 11 月每平方米均价在 45 000 元以上，有 148 平方米的户型，每套房总价也超过 600 万元；2002 年华侨城新开发了东方花园 M3 区、P1 区、H 区等别墅区，由梁文杰先生设计，售价超过 10 万元/米²。

② 资料来源于《建·城：华侨城集团规划建设经验总结》，此入住率统计为缴纳物业费的住户，不能排除部分住户长期（超过 6 个月）不居住在华侨城的情况。

2006年华侨城社区登记的居住人口为 51 355 人，其中常住人口 19 855 人，暂住人口 31 500 人。据华侨城集团城管部门估计，城区实际居住人口规模为 6 万~7 万人[①]。其中，波托菲诺·天鹅堡共 1 495 户，波托菲诺·纯水岸共 564 户，且均为大户型，假设每户有 2~3 口人，天鹅堡常住人口应该超过 4 000 人，而纯水岸应该超过 1 200 人，两处高尚社区常住人口就超过 5 000 人，还不包括其他绅士化社区。因此，经过高级绅士化后，在深圳华侨城居民构成中，中等收入群体的比重迅速扩大，成为社区主流。

## 6.3 北京华侨城案例

改革开放以来，北京、上海、广州、深圳等城市在中国全球化进程中占据领先位置，并逐渐从众多世界城市中脱颖而出，争当最高等级的全球城市（薛德升等，2010）。北京作为中国的首都，在人口规模、经济水平、城市化水平、文化影响等各个方面基本符合世界城市的标准。屠启宇在其《谋划中国的世界城市》一书中，提出了中国发展世界城市的战略构想。金元浦在其《北京：走向世界城市》中更是直接提出"北京世界城市指数"。

《北京市城市总体规划（2004-2020）》明确指出"以建设世界城市为努力目标，不断提高北京在世界城市体系中的地位和作用，充分发挥首都在国家经济管理、科技创新、信息、交通、旅游等方面的优势"。《北京市国民经济和社会发展第十二个五年规划纲要》，进一步提出了建设中国特色世界城市的目标。世界城市是北京从 20 世纪 90 年代以来一直追求的目标，北京已经成为区域性世界城市，并将走向全球性世界城市，甚至全球城市。

世界城市是典型的后工业社会。后工业社会资本的积累方式发生转变，金融资本控制全球的生产与流通。因此，取得世界城市地位的关键在于取得金融中心地位：一方面，大量的外资银行、金融机构聚集，另一方面，发达的金融市场呈现极高的金融业务水平，控制全球资本的循环。然而，金融中心的确立受一系列因素影响，其中拥有以现代服务业为支柱的雄厚经济基础是关键，大多数世界城市的第三产业比重都超过 80%，北京正逐步接近这一水平。

2012年的北京已经是区域性的世界城市。全国 100 强企业中有将近 80 个企业的总部设在北京。"国字号"的企业和政府经济、金融、贸易机构都在北京。然而，北京要成为全球性的世界城市，还需要在跨国机构、跨国企业方面也具有控

---

① 资料来源于《华侨城旅游度假区总体规划（2006-2015）》。

制力。北京也是全国最大的跨国企业的总部基地,全球 500 强企业的中国总部超过 50%都在北京,主要分布在北京的 CBD、金融街、中关村、燕莎和朝外商圈。跨国企业和机构的进驻,深刻影响了北京城市空间的重构,外国人士的住房需求刺激了北京的绅士化,形成封闭社区,城市破碎化(Wu and Webber,2004)。

当前北京正从区域性世界城市走向全球性世界城市,并积极争当全球城市,大型工业项目转移,工业比重下降,第三产业成为城市经济核心,劳动力向第三产业转移,中等收入群体迅速扩大,外籍人才不断集聚,城市居住分异,城市空间重构,北京呈现明显的后工业社会特征。以金融、保险、房地产为代表的高端服务行业在城市中心区的高度集聚,使得这些行业的高收入白领雇员在中心区周边居住,导致了新的绅士化(Sassen,2001)。北京华侨城正是位于北京最重要的商务金融中心 CBD 周边,城市中心区全球经济功能直接给周边社区绅士化提供了驱动力。

### 6.3.1 城乡接合部的社会经济变迁

北京华侨城所在地原有厚俸村[①]、邱家庄[②]、六座屯[③]、南大山子[④]4 个自然村,位于目前南磨房地区(乡)、十八里店乡、垡头地区和王四营乡 4 个行政街道(或乡镇)的交汇处。1949 年以前,4 个村子都属于农村地带,以畜牧业和农业为主要的经济产业。1949 年以后,该地区作为北京市工业发展的重点区域,逐渐引进大型工业项目,形成了垡头工业区和大郊亭化工区,并由此带动了周边工人社区及相关配套设施的建设。厚俸村、邱家庄、六座屯和南大山子正好处在两个重要的工业区之间,受到工业发展的影响较大。

从 20 世纪 50 年代中期开始,垡头工业区和大郊亭化工区进一步发展。1959 年,作为中华人民共和国成立 10 周年献礼的北京焦化厂在垡头工业区建成,相关配套项目也逐渐完善,形成了完整的产业链,成为中国最大的商品燃气基地和焦炭基地。在焦化厂搬迁的前几年(20 世纪 90 年代末),北京焦化厂满足了全市 80%以上的燃气需求。此外,北京染料厂等大型工业项目相继进驻,大量的产业工人快速集聚,引发周边乡村社区的重构。到 70 年代,垡头工业区附近形成了规模庞大的工人住宅区,包括垡头东里、垡头西里、垡头北里、金蝉里、金蝉北。垡头也从乡政府改制为街道办,具有城市管理职能。而大郊亭化工区的大发展始于 1958 年北京化工二厂(后来发展成为北京化二股份有限公司)的建成,随后一

---

[①] 厚俸村得名于金蝉庵用优厚俸禄购置庙产,以供庵众耕作,后金蝉庵废弃,人口陆续迁入发展成为村庄。
[②] 原名屈家庄,以屈姓人家居多,后屈姓人家逐渐搬迁,1947 年因屈姓人口居多而改称邱家庄。
[③] 原为京郊坟场,有六座大坟,故原称六座坟,1979 年,六座坟改名为六座屯。
[④] 最早称作太子路村,后来以土山命名为大山子。1965 年地名普查,为与酒仙桥地区的大山子相区分,因位置靠南,而改称南大山子。

批化工企业陆续进驻,到80年代,这里也布局了北京有机化工厂等一系列完整的化工科研、生产、销售的产业链条,并配套劲松小区、潘家园小区、平乐园、双龙里和堡头西区等工人社区(图6-3)。

(a)主体搬迁后的北京焦化厂　　　　　　　(b)小武基村风貌现状

图6-3　工业发展影响下的乡村景观(笔者摄于2011年)

工业区和周边工人社区的建设改变了原有乡村社区的经济生产方式和生活方式。一方面,围绕工业区的建设,南磨房乡陆续组建了建筑、运输、轻工业、农副业、商业和社区服务业等集体企业,吸引了大批农村剩余劳动力。到1992年实行乡级专业化管理后,整个南磨房乡的集体经济总收入达到2.29亿元,到1995年则高达11.33亿元[①]。另一方面,工业发展也带来大量的外来务工者聚集,他们主要从事初级的工业生产和建筑业等重体力活动,居住在工业区附近的乡村,如厚俸村、邱家庄、小武基村等。

工业发展重组了乡村经济秩序,调整了社会结构,也改变了乡村景观,形成了具有城市性质的空间功能和结构,由此带来行政区划和管理的调整。1983年南磨房恢复乡的建制,下辖南磨房村、大郊亭、南楼梓庄3个行政村,其中,厚俸村、南大山子、邱家庄和六座屯4个自然村归属南楼梓庄村民委员会管理。1993年5月4日,为了解决城乡接合部街道办事处和乡政府管理界限不明、权属责任不清等问题,北京朝阳区政府将南磨房、高碑店等5个乡改建为地区办事处,保留乡政府的建制,同时具有城市管理职能和农村管理职能,并一直延续至今。随后,厚俸村、邱家庄和六座屯从原南楼梓庄分出来,新成立邱庄村民委员会,南大山子归属楼梓庄(由原南楼梓庄更名),其间各村发展情况如表6-9所示。

---

① 北京市朝阳区地方志编纂委员会. 北京市朝阳区志. 北京:北京出版社, 2006.

表 6-9　1992 年和 1999 年 4 个自然村的基本情况

| 年份 | 自然村 | 距日坛距离/千米 | 所属村民委员会 | 海拔高度/米 | 户数/户 | 人口/人 | 耕地面积（亩） |
|---|---|---|---|---|---|---|---|
| 1992 | 厚俸村 | 7.1 | 南楼梓庄 | 35 | 186 | 564 | 371.0 |
| | 南大山子 | 6.5 | 南楼梓庄 | 34 | 48 | 268 | 470.0 |
| | 邱家庄 | 7.2 | 南楼梓庄 | 34 | 111 | 330 | 353.0 |
| | 六座屯 | 8.2 | 南楼梓庄 | 33 | 86 | 345 | 290.0 |
| 总计 | | | | | 431 | 1 507 | 1 484.0 |
| 1999 | 厚俸村 | 7.1 | 邱庄 | 35 | 231 | 519 | 354.8 |
| | 南大山子 | 6.5 | 楼梓庄 | 34 | 152 | 358 | 90.0 |
| | 邱家庄 | 7.2 | 邱庄 | 34 | 174 | 355 | 423.7 |
| | 六座屯 | 8.2 | 邱庄 | 33 | 121 | 272 | 191.6 |
| 总计 | | | | | 678 | 1 504 | 1 060.1 |

资料来源：1992 年的数据来源于朝阳区地名志编辑委员会. 北京市朝阳区地名志. 北京：北京出版社，1993：528-529；1999 年的数据来源于朝阳区地名录编辑委员会. 北京市朝阳区地名录. 北京：北京市朝阳区人民政府，2000：125

随着工业经济的扩散和工人社区的蔓延，到工业发展的后期，4 个村子已经呈现出不同程度的工业社会特征：第一，家庭规模越来越小。从 1992 年至 1999 年，4 个村子的总人口基本稳定，但户数由 1992 年的 431 户上升到 1999 年的 678 户，单位家庭的人口数量减少；第二，耕地逐渐被工业发展吞噬，从 1992 年的 1 484.0 亩下降到 1999 年的 1 060.1 亩，其中南大山子的耕地减少最多，但人口增长最快（表 6-9）。北京华侨城开发以前，4 个自然村与周边工人社区是北京低收入群体聚集、人口稠密的城市空间（表 6-10）。

表 6-10　1999 年北京华侨城所在地块与周边社区情况一览表

| | 名称 | 所属乡镇 | 占地面积/公顷 | 聚落或建筑面积 | 户数/户 | 人数/人 | 建成时间 |
|---|---|---|---|---|---|---|---|
| 自然村 | 厚俸村 | 南磨房乡 | 29.00 | 4 公顷 | 231 | 519 | 历史形成 |
| | 邱家庄 | 南磨房乡 | 28.00 | 4 公顷 | 174 | 355 | 历史形成 |
| | 六座屯 | 南磨房乡 | 22.00 | 3 公顷 | 121 | 272 | 历史形成 |
| | 南大山子 | 南磨房乡 | 33.00 | 2 公顷 | 152 | 358 | 历史形成 |
| | 小武基 | 十八里店乡 | 134.00 | 76 公顷 | 388 | 1 072 | 历史形成 |
| | 大武基 | 十八里店乡 | 113.00 | 66 公顷 | 238 | 612 | 历史形成 |
| 工人社区 | 金蝉北里 | 垡头街道办 | 11.84 | 3.8 万平方米 | 204 | 427 | 1987 年 |
| | 垡头北里 | 垡头街道办 | 12.00 | 11.4 万平方米 | 2 113 | 8 452 | 1985 年 |
| | 金蝉里 | 垡头街道办 | 24.80 | 21.2 万平方米 | 1 372 | 4 263 | 1986 年 |
| | 垡头西里 | 垡头街道办 | 12.00 | 13.0 万平方米 | 3 059 | 10 125 | 20 世纪 70 年代初 |

注：工人社区以建筑面积计算，自然村以聚落面积计算。资料来源于朝阳区地名录编辑委员会. 北京市朝阳区地名录. 北京：北京市朝阳区人民政府，2000

据表 6-10，4 个自然村在人口构成和社会空间结构方面仍与工人社区存在明显区别。第一，工人社区的面积小，建筑密度高，人口规模大，以多层建筑为主，而 4 个自然村仍保持以一家一户的平房为主，人口规模较小；第二，自然村的形成具有清晰的历史脉络，工人社区是在 20 世纪 70 年代后才逐渐开发的，属于"工业飞地"的配套空间；第三，自然村仍保留村民委员会建制，而临近的工人社区是街道办建制，在城乡土地二元制下，农民具有对农村空间生产与再生产的一般权力。

北京华侨城所在地以农村社区和工人社区混合的城乡接合部状态持续了较长的时期。进入 21 世纪，北京为争当全球城市，进行重大的经济结构调整，许多大型工业项目（主要是耗能大、污染大的项目）逐步迁离北京，其中，北京首钢集团的搬迁最为著名[①]。北京大型工业项目向周边地区转移是必然结果，同时也带来了城市社会空间的剧烈变化。

就北京华侨城所在地而言，地区工业经济的转移早在 2000 年就进入准备阶段。2000 年，北京发布了《北京市三、四环路内工业企业搬迁实施方案》，而在 2002 年发布的《北京奥运行动规划》中更是明确提出到 2008 年以前实现京东南郊和四环路内 200 家工业企业的调整搬迁目标，其中就包括北京焦化厂。2006 年 7 月 15 日，北京焦化厂停产运营，整体搬迁到唐山。周边同时搬迁的大型企业还包括北京化工二厂、北京玻璃二厂、北京燃料厂等。到 2008 年，这些工厂的主体基本搬迁完毕。

地区工业经济主体的搬迁给周边地区带来的社会空间影响是迅速的、剧烈的，而且是链式反应的：第一，从社会秩序看，大型工厂的搬迁意味着大批产业工人也将迁走，社会秩序重组；第二，从经济秩序看，地区主体经济的搬迁，使得原来围绕主体经济的相关产业链条将不得不调整，大批工人下岗或转业，并主要向服务行业转型；第三，从空间秩序看，工业时代的景观将成为遗迹，在更新与推倒之间需要寻找平衡。

然而，就北京华侨城及周边地区而言，从原有大型工业区向后工业社会转型需要时间，更需要核心项目。第一，后工业社会是以第三产业为核心的，服务经济是主体，大型工业项目的搬迁留下了经济的暂时性"真空状态"，新的主导经济的形成需要一定的时间；第二，后工业社会使劳动力在产业部门间重新配置，新的劳动技能的培育也需要时间；第三，后工业社会将产生社会极化，各种社会人群获得新的社会身份以及社会群体在社会空间中的重新布局也需要更长的时间。调查发现，工业转移和经济秩序的重组并未完全割裂人们对工业时代的地方

---

① 2005 年，国务院批复了首钢集团的搬迁规划，其向唐山进行产业转移，成立首钢京唐钢铁联合有限责任公司。首钢的搬迁是整个北京工业转移的重大项目，拉开了产业转移的序幕。

记忆，居民的生活和生产方式仍保留工业社会的状态，但这种社会空间将受到快速旅游绅士化的巨大影响。

### 6.3.2 混合绅士化社区的形成

北京华侨城的北京欢乐谷和金蝉欢乐园基本是同时动工，同时投入使用的。主题公园与房地产项目在策划阶段就已经统筹考虑，且在空间布局方面又具有很强的互补性。主题公园加上主题社区，打造的是一个主题化的奇幻城市。

北京欢乐谷的建设既是迎合市场需求的举措，也是华侨城集团自身发展的战略需求。一方面，经过 20 年的发展，深圳华侨城已经没有成片的土地用于开发大型主题公园，企业需要新的发展空间，北京、上海等一线大城市是最佳的布局地点；另一方面，从国际主题公园企业集团的市场竞争而言，连锁化经营的主题公园具有较强的竞争力。英国的经验表明，连锁的主题公园和单一的主题公园在收益能力方面具有较大差异，连锁主题公园具有更强的持续受益能力（Liu，2008）。

2000 年，华侨城集团提出实施"中华锦绣工程"的战略构想。"中华锦绣工程"的第一个项目是曲阜孔子旅游项目，接着是长江三峡项目。两个项目发展文化旅游和观光旅游，脱离了华侨城集团的竞争优势，并未取得理想效果。2001 年 6 月 12 日，华侨城集团参加北京举办的文化旅游推介会，被北京朝阳区区长李士祥看中，双方一拍即合。事实上，自从北京市宣布逐渐关停并转移北京东南郊工业区大型项目后，政府部门都在积极寻求新的经济项目以支持地方经济的转型，其中第三产业是最优的选择，而主题公园项目在当时的情形下，可谓优中之优。更重要的是，与央企华侨城的合作更容易得到北京各级政府的支持，也能为地产经济转型升级提供好的开始。

2002 年 5 月 1 日，在深圳欢乐谷二期建成开放的同时，华侨城集团下属的华侨城控股公司、华侨城房地产公司与北京朝阳区南磨房乡集体企业北京世纪城房地产开发公司（华瀚集团前身）、北京南磨房旅游公司在深圳威尼斯酒店签订合作协议。正式搭建了具有特殊意义的政企合作关系——中央国有资产监督管理委员会下属央企与地方政府下属企业合作。同年 6 月 18 日，北京世纪华侨城实业有限公司在北京注册成立，注册资金为 1.11 亿元[①]。北京华侨城占地 1.5 平方千米，规划定位很高，概括为"一个投资主体、两大项目、三片功能区"，即由北京世纪华侨城实业有限公司统一开发，包括旅游项目和房地产（住宅地产+商业地产）项目，分为

---

① 据 2010 年华侨城 A 的审计报告，北京世纪华侨城实业有限公司由华侨城控股公司、北京世纪城房地产开发公司、北京南磨房旅游公司和华侨城房地产公司共同出资成立，投资比例分别为 32.5%、26.0%、11.5% 和 30.0%。2003 年新增加的北京四方公司为新股东，5 家公司的持股比例调整为 29.28%、23.42%、10.36%、27.03% 和 9.91%。截止到 2010 年，华侨城集团持有其 63.25% 的股权，而表决权比例为 66.22%。

北京欢乐谷主题生态乐园、北京维吉奥广场和北京华侨城主题居住区3个功能区。

北京华侨城汲取了深圳华侨城发展的经验，采取的是统一开发、统一规划、统一建设、分步实施的策略。在规划阶段就已经将主题公园与高尚社区的空间关系落实清楚，将高尚消费空间的配套也进行了详细的安排，使主题公园对周边房地产的增值效应发挥到最大，直接促进了北京华侨城的旅游绅士化。

2006年7月29日，北京欢乐谷正式开园。然而，2006年北京欢乐谷的入园情况并没有达到预期理想，直到2008年，北京欢乐谷的入园人数才超过200万人次。2009年，北京欢乐谷入园游客达到235万人次，还略低于刚刚开园不久的成都欢乐谷[①]（为240万人次）。直到2010年7月1日，北京欢乐谷二期建成开业，北京欢乐谷的发展才真正达到理想效果，进入快速发展阶段（与深圳欢乐谷的情况相似）。2010年，北京欢乐谷接待的游客量增长了17.8%，成为世界十大增长最快的主题公园之一，游客量达到273.4万人次。2011年国庆期间（10月1日~10月7日），北京欢乐谷接待游客23.2万人次，实现营业收入2751.43万元，其中门票收入2075.8万元，呈现快速增长趋势，见图6-4。

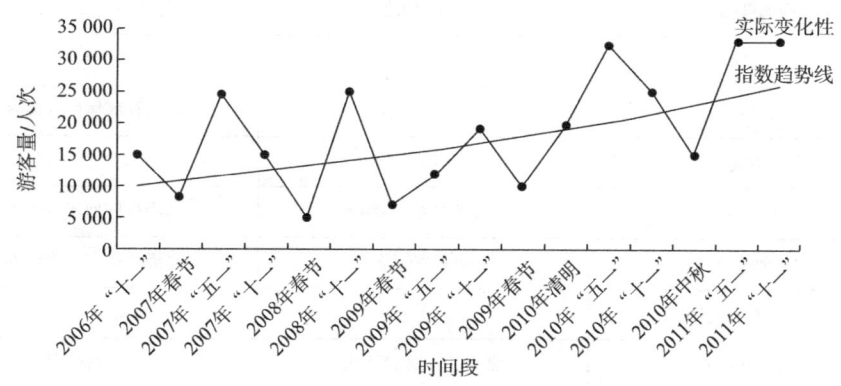

图6-4　北京欢乐谷节假日日均游客量增长趋势

注：资料来源于北京欢乐谷。2008年我国实行新的假日制度，取消了"五一"黄金周，增加了清明、中秋和端午等小长假（3天）。因此，从2006年至2011年，各个假期放假的时间长短不一，统计口径有的为3天，有的为7天，故本书采取日均值进行比较

近年来，北京欢乐谷游客量增长迅速，节假日效应明显，为北京华侨城带来了巨大的游客流，刺激了酒店和周边商业的发展。2008年1月18日，城市客栈北京欢乐谷店开业，随后，格林豪泰也相继进驻欢乐谷附近，改变了北京华侨城附近无品牌酒店的格局。

维吉奥广场是高档商业广场，主要面向游客和高尚社区居民。广场的总建筑

---

① 成都欢乐谷于2009年1月18日开业，实际经营的时间不到1年。

面积为 6.5 万平方米，呈现意大利佛罗伦萨文化风情和建筑风格，特别服务于周边高尚社区，是集连锁酒店、品牌超市、餐饮酒吧、休闲娱乐于一体的商业综合体。一些著名连锁品牌店陆续进驻，包括城市客栈、乐购超市等，形成了一个价格较高的消费空间，见表 6-11 和图 6-5。

表 6-11　维吉奥广场主要商业店铺基本情况

| 商业单位 | 特征 | 目标市场 |
| --- | --- | --- |
| 英派斯会所 | 康体健身 | 高尚社区居民 |
| 克丽缇娜美容 | 美容、按摩、保健 | 高尚社区居民 |
| 优尼洗衣 | 连锁洗衣品牌，价格较高 | 高尚社区居民 |
| 城市客栈北京欢乐谷店 | 华侨城品牌连锁酒店 | 游客 |
| 乐购超市 | 欧洲连锁零售业品牌 | 社区居民和游客 |
| 肯德基（KFC） | 连锁餐饮店 | 游客（占主要）和社区居民 |
| 呷哺呷哺 | 北京连锁火锅店 | 游客（占主要）和居民 |
| 吉野家 | 连锁日本面馆 | 游客（占主要）和高尚社区居民 |
| 百合川 | 精品餐厅 | 高尚社区居民和游客 |
| 审美美发店 | 高档美发店 | 高尚社区居民 |
| 味多美 | 西式点心、面包 | 高尚社区居民和游客 |
| 711 便利店 | 便利连锁店 | 高尚社区居民和游客 |
| 天使经典美发店 | 精品美发店 | 高尚社区居民 |
| 艺尚文化中心 | 私人儿童教育机构 | 高尚社区居民 |
| 必胜客 | 品牌连锁餐饮 | 社区居民和游客 |
| 麦当劳 | 品牌连锁餐饮 | 游客（占主要）和社区居民 |
| 金兰涵香 | 精品餐饮店 | 高尚社区居民和游客 |
| 韩伯料理 | 韩国料理店 | 高尚社区居民和游客 |
| 安雅婷美容纤体生活馆 | 美容、纤体品牌店 | 高尚社区居民 |
| 晟和口腔诊所 | 高档私人口腔诊所 | 高尚社区居民 |
| 哈喽贝比亲子俱乐部 | 高档儿童教育机构 | 高尚社区居民 |
| A·W 红酒艺术沙龙 | 红酒会所 | 高尚社区居民 |

注：本表据笔者实地考察和访谈结果节选，且统计的都是固定商铺。实际上，维吉奥广场二层晚上 6 点开始有露天的烧烤啤酒街

（a）维吉奥广场　　　　　　　　　　（b）翠城馨园一层商铺
图6-5　北京维吉奥广场和翠城馨园商铺现状对比图（笔者摄于2011年）

维吉奥广场的商业业态趋于高档化，主要面向高尚社区的居民和主题公园游客，形成高档消费空间。根据观察，周边金蝉南里、翠城馨园、垡头西里、金蝉北里等低收入社区的居民除了光顾乐购超市外，很少在维吉奥广场消费，而是更多地光顾垡头路两侧金蝉南里和翠城馨园一层裙楼的普通店铺。那里的店铺主要由周边社区居民和外来人口租住经营，价格便宜、实惠，但环境较为混乱。

主题公园及旅游相关产业的发展，提升了周边商业空间的价值。较高收入群体逐渐成为这些商业空间的主流消费者，而低收入者则转向周边物价更低的商业空间进行消费。中等收入群体从主题社区到消费空间均渐成主流，而整个社区的旅游绅士化过程在一种相对隐秘的状态下进行。

北京华侨城房地产的开发与城市娱乐和消费空间的发展基本是同步的。在旅游绅士化的过程中，原住社区居民的安置是前提。从2002年开始，由南磨房乡政府出面与厚俸村、邱家庄村民进行拆迁补偿谈判。根据北京市当年的拆迁补偿规定和政府与村民的协商结果，拆迁补偿的标准按照居住人口数量、房屋的面积和户籍关系统筹补偿。一般地，每个人可以分配到50平方米左右的住房。在拆迁安置方面，实行的是就地回迁，即在原有地块附近建设回迁住房。在北京华侨城的总体规划中，1.5平方千米地块包括北京欢乐谷（仍有未开发用地）、金蝉欢乐园（1号院和2号院）以及金蝉南里，即现在欢乐谷社区的管辖范围。其中，房地产定位为高尚主题社区，但却被明显地划分为A区和B区两个部分，A区为金蝉欢乐园，属于高尚主题社区，而B区是金蝉南里，属于普通住宅，用以安置厚俸村和邱家庄村民（据笔者调查，主要安置在1~4号楼及11~14号楼），而南部的翠城馨园也基本上是同一时期开发的经济适用房，见表6-12。

表 6-12 金蝉欢乐园、金蝉南里和翠城馨园开发情况一览表

| 小区 | 开发商 | 物业公司 | 容积率 | 绿化率 | 物业类型 | 动工时间 |
| --- | --- | --- | --- | --- | --- | --- |
| 金蝉欢乐园 | 北京世纪华侨城实业有限公司 | 北京华侨城物业管理有限公司 | 2.34 | 70% | 公寓［2.60元/（米²·月）］ | 2004年3月15日 |
| 金蝉南里 | 北京世纪华侨城实业有限公司 | 北京森和物业管理有限公司① | 2.1 | 30% | 普通住宅［1.35元/（米²·月）］ | 2003年12月11日 |
| 翠城馨园 | 北京住总集团房地产公司 | 北京天诺物业管理有限公司 | 2.6 | 35% | 普通住宅［1.20元/（米²·月），0.52元/（米²·月），不带电梯］ | 最早于2000年开工 |

① 属于华翰集团下属子公司

注：笔者据相关资料整理

根据调查，金蝉南里两侧的板楼（1~4号楼和11~14号楼）基本上是49~89平方米的中小户型住房。当年原住社区居民在购买时享受政府补贴，每平方米也就3 000多元，买一套"二居"也就大概20万元，因此当时几乎所有的村民都选择在金蝉南里购房居住。

然而，尽管同一时期开发、遵守同一规划，但是小区之间的差异较大，金蝉南里并不是所谓的高尚社区。小区之间是相互独立的，其中金蝉欢乐园是严格封闭的社区。金蝉欢乐园在物业管理上属于公寓式住宅，物业费用较高，且多为大户型（改善型住房），小区环境优越，管理严格，绿化率高达70%，是典型的高尚社区；金蝉南里虽然由北京世纪华侨城实业有限公司开发，但并非由北京华侨城物业管理有限公司管理，属于普通住宅，物业费用相对便宜，绿化率仅为30%，与翠城馨园这类经济适用房的小区环境基本一致，是典型的普通小区。

北京华侨城及其周边房地产项目，如金蝉欢乐园、世纪东方城和山水文园，都依赖于北京欢乐谷，各个楼盘的销售宣传中以临近北京欢乐谷为亮点，3个小区的销售价格都高于北京朝阳区的平均水平。显然，金蝉欢乐园的房价并不是一般收入家庭所能接受的，是典型的高尚社区。

与此同时，随着绅士化社区及周边消费空间的成熟，更多的高收入群体逐渐聚集到北京华侨城，引发周边社区（如堡头西里、金蝉南里、翠城馨园等）房地产价格的上涨，其中新建的金蝉南里和翠城馨园上涨的速度最快，部分原来的居民开始出售或出租房屋，较高收入的人口开始进入这些社区，绅士化开始由金蝉欢乐园等高尚社区向周边低收入邻里蔓延，整个社区的人口构成将出现较大的变化，见表6-13。

表 6-13 2010 年北京华侨城居住人口构成

| 小区 | 人口规模 | 人口来源 | 人口特征 |
|---|---|---|---|
| 金蝉欢乐园 | 常住人口约 3 000 人，极少有出租户，也很少有本社区户籍 | 外地购房者，大多数没有户籍在此，北京户籍人口仅占 20%左右 | 高收入者，部分居民很少居住，以内蒙古、山西、山东、广东（深圳）购买者居多，部分作为第二居所 |
| 金蝉南里 | 常住人口约 8 000 人，有较多出租户，本社区户籍人口规模大 | 原厚俸村、邱家庄居民，南磨房乡企业职工，周边拆迁企业职工 | 大多数为自己居住房屋，部分用于出租，人口较多、稠密，构成复杂 |
| 总计 | 总人数为 13 098 人，出租人口为 2 270 人，常住人口为 10 828 人，有本社区户籍的仅为 4 570 人 | | |

注：总计数据来源于北京欢乐谷社区第六次人口普查结果和笔者调研结果，其中常住人口=户口在本辖区人也在本辖区居住+户口在本辖区之外但在户口登记地居住半年以上的人+户口待定（无户口和口袋户口）+户口在本辖区但离开本辖区半年以下的人

主题公园和周边高档商业空间（维吉奥广场）的发展引发地方经济转型和社会变革，高尚社区金蝉欢乐园的开发直接或间接地导致绅士化。在整个过程中，由于主题公园、商业空间和高尚社区的统一规划、统一建设，以及购买者在购买过程中特别强调主题公园与主题社区之间的互补性，使得旅游绅士化在供给面和需求面上都具有合理性基础。因此，北京华侨城高尚社区的开发导致地方第一次快速绅士化进程。然而，随着主题公园和商业空间的逐渐成熟，高尚社区周边房地产价格也逐步上升，原有低收入邻里也开始出现小规模的绅士化现象。

## 6.4 旅游绅士化的成因与结果

20 世纪 80 年代之前，绅士化现象的研究是通过西方主要城市个案的分析以确定现象的性质、类型、过程和发生范围的。关于其形成机制的探讨分为两派，一派以 N. Smith 为代表，姑且称作资本学派，主张从生产的角度解释，研究资本流动与社会空间的关系，认为绅士化是城市空间发展不平衡的表现，提出了著名的地租差理论（rent gap）[①]。资本学派得到了经济学、地理学背景学者的广泛支持，影响很大（Clark，1995；Darling，2005；Smith，1985，1987）。地租差理论的追随者较多，一些学者修正地租差理论，提出了所谓"价值差"（value gap），指代租房与卖房的获利差额。一般地，地租差理论最适用于美国，而价值差对西欧国家的解释更具有说服力（Ley，1996）。然而，在欧美国家选择居住在中心城市绅士化街区的中等收入群体只是一部分，许多中等收入群体仍然喜

---

① 地租差是指大都市内城实际地租与潜在地租之间的差额。地租差理论认为，逆城市化和郊区化导致内城实际地租下降，当其与潜在地租之间的差额足够大时，开发商就可以从地产转手中获得满意的回报，资本就会流向内城，于是产生绅士化。

欢郊区或乡村的绅士化社区，这些地区显然不是地租差所能够解释的。

另一派是以 Ley 为代表，称作文化学派，侧重于从消费的角度考量，研究消费方式和价值理念的变化对绅士化的影响，认为内城丰富的文化资本和多元的社会性是吸引中等收入群体回归的主要因素，而迁入的中等收入群体也将绅士化视为一种取得身份认同的过程。文化学派主要来自城市文化研究、城市社会学和部分地理学研究者（Ley，1986；Ley and Dobson，2008）。在后工业社会，传统制造业衰退，现代服务业就业规模扩大，一部分适应现代服务经济的人成为新的中等收入群体，他们主要从事专业性、管理性较强的工作，经济收入和文化水平都较高，家庭结构或为单身或为无孩子的夫妇，类似于 Short（1989）所描绘的"雅皮士"（yuppies）。如果说"雅皮士"是经济转型期的成功人士，那么"雅废士"（yuffies）就是那些失败的年轻人，典型的低收入群体，也往往是这个过程中被置换出去的人。中等收入群体厌倦工业社会标准化生产的大众消费文化，强调消费的文化个性、符号价值和体验，更重要的是希望能够通过文化的表征取得身份认同。城市中心区文化的多元性和对资本的吸引力使得具有相同特质的中等收入群体聚集。

经济力量在推动绅士化的过程中总是伴随着文化因素的影响（Hackworth and Smith，2001）。资本与文化解释了绅士化成因的不同面向，二者结合才是理论发展的正确之道。著名学者 Zukin（1982）用文化资本（culture capital）构筑桥梁，认为文化与资本的结合为绅士化提供了条件，并以纽约苏荷区（SOHO）为案例说明了文化与资本是如何推进城市空间的重构。Gotham（2005）认为，将资本在旅游和房地产市场的流动性结合起来能够跳出传统中对高档邻里消费者需求和文化偏好的过分关注，可以更好地解释旅游绅士化。诚如前文所述，华侨城的旅游绅士化现象也呈现资本与文化的双重解释。

主题公园透过旅游绅士化对城市社会空间产生影响，旅游绅士化的形成机制便是这种影响的形成机制。显然，关于影响形成机制的解释应该统合资本与文化学派的思想。然而，资本与文化分别解释了何种机制？二者的关系是什么？Gotham（2005）认为，旅游绅士化的成因应该整合生产导向和消费导向的解释。在他看来，旅游绅士化反映了消费者需求、个体偏好和市场机制，同时也涉及旅游与房地产资本的流通等生产导向的因素。那么二者之间的作用关系如何呢？

### 6.4.1 生产导向的旅游绅士化解释

N. Smith 提出地租差解释是源于对"过滤模型"（filtering model）的批判，绅士化是高收入者置换低收入者住房，而过滤是低收入者置换高收入者住房。他首先界定了西方国家背景下地租差的四个预设。

第一,西方国家的产权私有化使得土地和房屋的所有者拥有修缮权,并对特定的、不可移动的空间具有垄断性的控制权。

第二,土地和房屋是固定在具体空间上的,但它们的价值却是变化的。

第三,土地是永久的,但土地上的房屋并非是永久的,其物理情况和价值一般会有一个较长的周期性的变化。

第四,资本流动是顺畅的,且是完全自私逐利的(Smith N,2005)。

基于上述预设,地租差是潜在租住金水平(potential capitalized ground rent level)①与实际租金水平(actual capitalized ground rent level)的差价。地租差的形成是城市局部地区(西方国家主要是内城)投资缩减和持续的城市开发与扩张的结果(国内学者往往忽略后者)。内城投资缩减使得内城的实际租金水平维持不变,甚至下降,而持续的城市开发和扩张(西方国家主要是以郊区化为主)使得内城潜在租金水平上升。由于资本在城市空间投入的不平衡,随着时间的推移,地租差将逐渐扩大,最终使得内城更具投资价值,于是资本重新回到内城,引发绅士化(Smith N,2005),见图6-6。

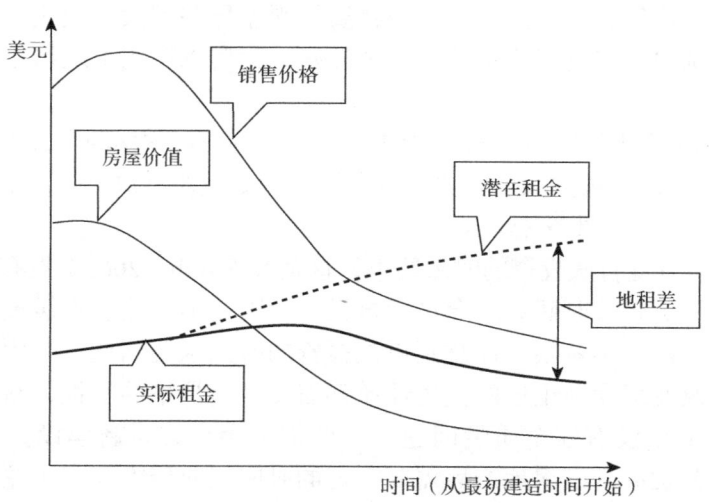

图6-6 房屋贬值周期与地租差形成示意图

资料来源:N. Smith(2005)

地租差在西方国家[主要针对欧洲国家,美国采用地租差的修正解释"价值差"(value gap)更合理]尽管需要做一定的修正,但基本都能解释。然而,地租差理论在中国并不适合直接使用,国情差异很大。

---

① 注意,N. Smith用的是ground而不是land,land仅代表土地本身,而ground还代表土地及土地周边的空间配套和关系问题。

首先，地租差的四个基本预设在中国情景下并不完全成立。由于中国特殊的土地和住房制度，"单位制"与"社区制"并存，土地增值的收益权很难私有化。地租差的预设是否需要做出调整？与此同时，西方国家看重的产权私有化问题和收益权问题似乎也没有阻碍中国绅士化的发展，这又做何解释呢？

其次，中国绅士化发展之前并没有像西方国家那样出现大规模的郊区化，资本高度集聚在城市，地租差如何形成？如果说改革开放前，城市公共投资单一且总量不足，造成内城基础设施和生活环境质量下降，低收入邻里聚集。改革开放后，内城区位改善，经济价值提升，由此形成巨大的地租差，客观上造成了中国改革开放后大规模以 20 世纪 90 年代开始的旧城改造运动为特征的中国第一波绅士化浪潮的产生（吴启焰和罗艳，2007）。那么经过近 30 年密集投资的内城，地租差又为何产生？

最后，如果说上海、南京内城地租差的形成是由于改革开放前城市建设的"欠账"导致基础设施老化，最终引发绅士化。那么像深圳这样的新兴城市，经过短短 40 年发展，由一个小渔村发展成区域性国际大城市。整个城市的基础设施和建筑都比较新，关内与关外的物质景观差异并不大，现代化程度很高，而深圳华侨城内一些老旧建筑并不比关外好，为何也形成了地租差，它的原因何在？

土地和住房制度的改革，使得地租差解释的预设以中国的方式得以成立。那么地租差又是如何形成的呢？在此，我们需要考虑改革开放以来，中国城市发展所呈现的两个特殊背景条件。

第一个背景是再次投资的时限约束，这是 N. Smith（2005）没有考虑的。在西方，旧城经历较长时间后才会进行再投资，因此绅士化进程缓慢，持续的时间也比较长，西方学者很少注意到再次投资的时间限制问题。在中国，新建和修缮房屋、改变房屋和土地的使用性质都需要经过严格的审批，新建房屋在一定年限内，如果没有安全质量问题，一般都不会允许重新建设。更为重要的是，同一个开发商开发房地产后需要一定的时间回收资本并产生盈利，这个周期或长或短，而开发商从决策、规划、审批到再次投资等一系列流程也需要时间。因此，资本对同一空间的再次投资是有时间限制的，当然这种限制并不是那么严格。

第二个背景是中国的快速城市化，这也是西方学者想象不到而中国学者时常忽略的中国情况。1980 年，中国的城市化率仅为 19.39%，到 2010 年，中国的城市化水平超过了 47%。根据联合国发布的《世界城市化展望 2009 年修正版》，1980 年，中国仅有 51 个 50 万人口以上的城市，而到 2010 年，中国有 236 个 50 万人口以上的城市，约占全球（全球为 961 个）的四分之一。中国是世界上城市化速度最快的国家。然而，城市由于功能、区位等因素的不同，城市化的方式、路径和阶段并不一样。深圳城市化水平从1980年的23.81%迅速增长到2005年的100%，年均增长高达7.5%，深圳在短短40年内完成西方城市几十年甚至上百年的城市化进程，是全球快速城市化的典范。北京的城市化主要表现为中心城区的扩展和郊区的城镇化，建成区的面积迅速扩大。快速城市化导致城市迅速开发和扩张，城市潜在租金水平在短时期内迅速攀升。

这两个背景条件事实上是中国绅士化的两个基本预设。由于再次投资的时限约束，在一定时期内，城市某一地区的投资会相对滞后，实际租金水平保持相对稳定，如果在这一时期内城市迅速发展和扩张（快速城市化），那么这一地区的潜在租金水平将迅速上涨，导致地租差迅速扩大，达到资本获取满意回报的水平，于是该地区就可能发生绅士化，见图6-7。

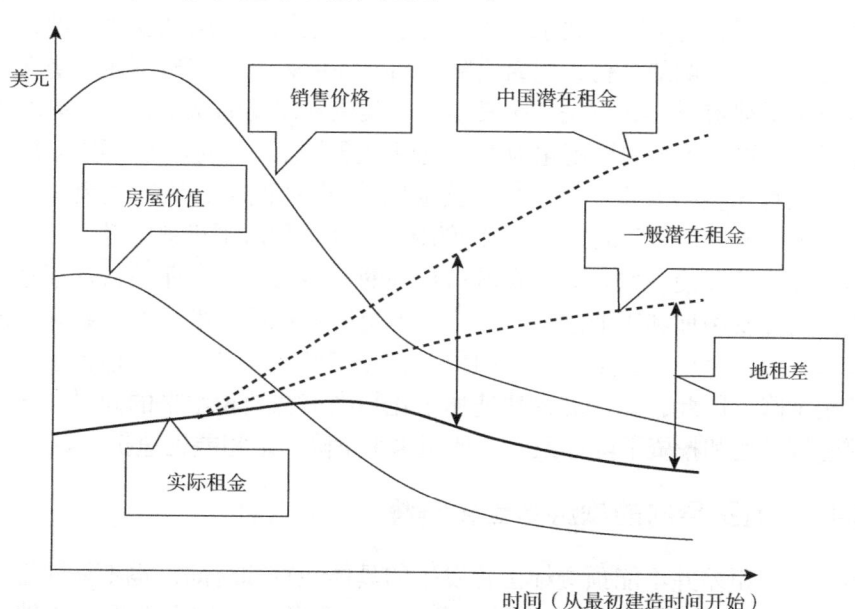

图6-7　中国快速城市化背景下地租差形成示意图

如图6-7所示，由于中国的快速城市化，城市潜在租金水平迅速上涨，而受到再次投资时限约束的影响，实际租金水平增长缓慢，导致中国地租差迅速扩张，远比西方国家更快地达到资本回流城市中心区的回报要求。简单而言就是城市发展太快，城市内部任何地区投资的短暂停滞将导致地租差扩大，引发绅士化。

改革开放初期，深圳发展以蛇口和罗湖为中心，华侨城介于两者之间，属于城乡接合部，交通极为不便，土地经济价值较低，潜在租金水平和实际租金水平都很低。在这样的背景下，华侨城通过发展"三来一补"的加工业，建设了大量的工业厂房和工人住宅区，形成工人社区。随着深圳快速城市化的推进，深圳华侨城周边地块逐渐发展成为城市中心区，以蛇口和罗湖为中心的城市格局变为多中心、多组团格局，华侨城成为深圳重要的商业服务中心，加上华侨城长期以来坚持对环境绿化、美化的努力，不仅华侨城的城市微区位得到改善，土地的经济价值也迅速提升，潜在租金水平迅速上升。很快，早期投资建设的大量厂房和许多工人社区在功能、形态和结构上已经无法体现土地经济价值。然而，由于这些建筑并没有达到拆迁时限，即没有达到再次投资的时间限制，因而实际租金维持在相对低的水平。因此，在快速城市化的刺激下，深圳华侨城的地租差迅速扩大。当地租差扩大到能够获取可观利润时，绅士化就发生了。诚如前文分析，华侨城集团选择旅游绅士化是出于对企业自身优势的考虑，其通过发展旅游业实现产业转型升级，既符合企业的战略，又满足旅游绅士化的资本积累需求。

北京与深圳有所不同。北京华侨城位于北京近郊，原属城乡接合部，周边多为普通工人社区、城郊乡村，建筑简陋、商业环境较差、交通不便，潜在地租和实际地租水平都很低。北京是一个资本高度集聚和流动的城市，北京的城市化以中心城区的扩张和郊区的城镇化为主，呈现"摊大饼式"的发展。进入21世纪，快速城市化首先使得北京华侨城周边交通区位[①]迅速改善，该地块很快便纳入城市中心区辐射范围，紧邻北京的CBD商圈，潜在地租水平迅速上升。然而，实际地租水平却增长缓慢。原来聚集在城市近郊的大型污染型工业项目逐渐外迁，留下大规模的开发用地和工业遗址。北京"申奥"成功后，推行的一系列"退二进三"战略，使得该地区缺乏经济"引擎"，经济发展缓慢，实际地租水平增长停滞，甚至下降。因此，在全北京快速城市化抬高潜在地租水平的同时，北京华侨城却因经济转型和投资下降导致实际地租水平下降，地租差迅速扩大。

### 6.4.2 消费导向的旅游绅士化解释

然而，地租差并不能预测绅士化发生的具体地点和时间，也不能回答绅士化的持续性问题。一个城市有许多绅士化社区，为什么人们会选择旅游绅士化社区？为什么一些绅士化社区走向消亡，一些走向超级绅士化，而另一些则长期保持稳定？尽管这其中存在一系列偶然性因素，但大规模的"社会选择"必然存在合理的内在逻辑，社会文化解释通常就被认为是这一内在逻辑。

文化学派普遍认为，绅士化是社会文化影响下个人选择的结果。正如N. Smith（2005）所说，绅士化对城市空间的重构是由于资本的需求，并伴随文化的重

---

① 北京华侨城紧邻两条主干道，一条是京哈高速公路（原京沈高速公路），1996年动工，2000年9月15日全线贯通；另一条是北京东四环路，1999年国庆节建成通车，2000年北四环、西四环陆续通车，到2001年6月整个四环路全线贯通。值得注意的是，2001年6月，北京朝阳区开始与华侨城接触，商讨北京华侨城开发事宜。显然，政府和企业都看到了北京华侨城所处地块城市微区位改善将带来的土地经济价值提升。

构。在绅士化的第二阶段，资本的力量被系统地减弱，而社会、经济和文化需求被放在首位，并进一步影响城市空间的重构（Smith N，2005）。尽管 N. Smith（2005）没有明确指出，但他似乎接受了文化学派的观点，认为文化作为绅士化的第二原因在绅士化的第二阶段发挥重要的作用。在这里，绅士化第二阶段并不是绅士化的发展期，而是资本完成绅士化之后出现的阶段。在这个阶段，由于资本刚刚完成投资，再次投资需要一定时限，社会文化作为一种新的"投资"将进一步提升实际租金水平，缩小地租差，维持绅士化。N. Smith（2005）将社会文化理解为保持绅士化社区持续性的文化资本，是绅士化的第二动力。

然而，文化学派对社会文化的理解与 N. Smith 的有差异。Ley（1986）认为内城丰富的文化资本和多元的社会性是吸引相对富裕人口回归的主要因素，而绅士化也是较富裕群体取得身份认同的过程。Ley（1986）的理解，暗含社会文化的两个方面：一方面社会文化具有吸引力；另一方面社会文化能够构建身份认同。Rofe（2003）认为绅士化既是富裕群体社会资本积累的策略，也是通过社会空间重构实现身份认同的策略。还有一些学者从都市惯习和品位等角度探讨社会文化在绅士化中的作用（Atkinson and Bridge，2005）。总结起来，文化学派认为社会文化具有如下五个作用。

第一，它能够形成文化吸引力来影响中等收入群体的迁居决策。

第二，它能够通过社会空间的文化表征构建中等收入群体的身份认同。

第三，它能够营造一种关系和氛围促进社会资本的积累。

第四，它能够促进中等收入群体都市惯习的形成，构建全球精英社区。

第五，它是一种强势的文化，能够影响其他社区。

社会文化显然是一种绅士化动力，但往往不是首要的动力，而是一种"隐藏"动力，它不需要持续的资金、资本投入，但却能够发挥持续作用，甚至具有积累扩大效应。

在旅游绅士化的过程中，开发商通过将民族文化、西方时尚文化、怀旧文化等文化表征在绅士化社区中，吸引相对富裕人口迁居。开发商这种将符合中等收入群体意识形成和身份需求的社会文化融入城市社会空间的营造行为是一种空间想象化工程。开发商通过迪士尼化来实现空间想象化工程，从主题公园一直延伸到主题高尚社区的开发。迪士尼化往往包含四个方面：空间的主题化、混合消费、推销和表演化的劳动。其中，空间的主题化和消费化是最重要的特征。空间的主题化方式很多，最常用的是通过社会文化的叙事创造地方感，这需要一个人们熟知的文化产品（如迪士尼的米老鼠）或事件（奥运会）。另一种主题化的方式是通过对地方文化的挖掘与传扬，以形成地方感，然而这样的地方感是否得到青睐还取决于该地方文化是否能够满足中等收入群体的口味。事实上，真正满足（不断变化的）中等收入群体需求的地方文化往往是可遇而不可求的。因此，社会文化叙事的方式通常被广泛应用。

主题公园的文化叙事通常以动漫故事、影视节目和神话传说为主题展开空间营造。在旅游绅士化中，高尚社区通常与主题公园的文化叙事保持相对一致性。例如，深圳华侨城在早期的主题公园和高尚社区中都以传统中国文化的元素作为主题，符合那个时代社会精英的文化需求。而后期开发的主题公园和高尚社区的主题化多以西方时尚文化为元素，满足新兴中等收入群体对现代生活空间的想象。主题化从主题公园延伸到绅士化社区，并影响周边社区的文化表征。

通过空间的想象化工程，开发商运用不同的文化表征生产不同的绅士化社区，针对不同文化喜好的社会群体。社会文化很好地解释了中等收入群体选择城乡接合部的社区还是内城的社区取决于他们对绅士化社区表征文化的喜好程度。

社会文化作为一种资本是可以生产和积累的。社会文化在绅士化社区的表征包括两个方面。

一方面，开发商针对不同的细分市场，通过空间想象化工程生产了不同文化表征的绅士化社区。在资本的驱动下，开发商加快了绅士化社区的开发，在主要城市迅速扩张，占领全国市场。开发商的急功近利将导致空间生产过程中文化原创性的缺乏，更多地采用模仿、复制的方式。华侨城模式下的旅游绅士化存在明显的同质化，同时由于对地方文化表征的需要，又呈现一定的异质性。从全国旅游房地产发展的情况看，开发商通过文化叙事的方式进行主题化，通常首先要构筑一个母版，然后进行复制，并根据具体环境对空间进行"微调"。于是，全国各地呈现大规模、同质化的绅士化社区。华侨城模式的扩张首先是在深圳华侨城完成母版的建构，是具有原创性的空间生产活动。从早期的锦绣中华设计和建设来看，开发商集合当时全国众多大家，包括园林、文化、建筑、旅游等领域的专家、学者，经过长期的论证，最终将锦绣中华兴建出来。此外，绅士化社区从规划、设计到建造大都出自名师之手，独一无二。可以说，正是因为华侨城集团早期的原创性的空间生产活动，才奠定了今天空间复制的辉煌，也塑造了华侨城的文化品牌。

在我国，居住需求规模庞大，且不断增长，即使较小的细分市场，也具有相当大的规模，简单复制仍具有市场。然而，绅士化本质上是后工业社会的需求，而华侨城绅士化社区的供给显然具有工业社会福特主义标准化生产的影子。可以预见，由于社会需求的多样化，他们喜好更多原创性的空间，标准化的空间生产方式最终将走向衰亡。如果开发商所表征的文化具有广泛市场且极具生命力和可塑性，那么这种文化将可能成为旅游绅士化的持续推动力。

另一方面，中等收入群体会进行空间文化再生产活动，由此产生绅士化的文化积累。空间的文化再生产活动源于中等收入群体的原创性活动。尽管中等收入群体内部存在异质性，但他们总会具有相似的观念、价值观、规范、信仰以及思考方式。人们生活在绅士化社区中，其日常生活总是受到文化情境的影响，与此同时，他们也在日常生活中形成一定的观念、价值观、规范及思考方式，表现为一定的群体共性，这种共性可称为文化。一般地，人们在一起生活的时间越长，这种共性就越丰富，对居民的约束力就越强，由此形成文化积累。然而，文化积累可能使社会空间更具吸引力，从而导致空间价值的提升，绅士化得以持续；文化积累也可能使社会空间僵化、缺乏活力，逐渐失去吸引力，从而导致空间价值难以提升，绅士化面临停滞，甚至衰退。无论何种情况，空间再生产过程中的文化积累将使得空间越来越专属于特定的居民，他们比其他任何人都更适应这样的文化，从而产生空间的文化排异现象。这种文化排异恰恰为居民身份认同的构建提供可能。事实上大多数西方学者都赞同这样的观点，即如果绅士化社区能够巩固和发展居民身份认同，那么社区的绅士化将能够持续。

### 6.4.3 旅游绅士化的社会空间结果

深圳华侨城和北京华侨城的案例研究表明，旅游绅士化并不必然是超级绅士化，它也可能是新建绅士化，即在一个原本没有任何社区人口的城市棕地上开发新的绅士化社区。Gotham（2005）对美国法国角（Vieux Carre）旅游绅士化的研究表明，绅士化将最终产生一个由大型旅游和娱乐项目主导的，带动其周边邻里地区发展的相对高收入群体聚居的社区。当然，这个社区也包含了大约11%的低收入人口。因此，法国角旅游绅士化的结果是一个混合社区，而非一个完全排斥低收入群体的高收入群体社区。深圳华侨城和北京华侨城的案例研究也表明，旅游绅士化最终形成的是一个具有一定比例低收入群体居住的混合社区。低收入群体主要是供职于旅游企业和从事家政服务的劳动者。他们由于职业要求，加之较低的工资水平、季节性劳动等特征（Choi et al.，2000；梁增贤和保继刚，2014），必须居住在周边社区，从而形成低收入邻里。从这个意义上说，旅游绅士化社区倾向于吸引一部分低收入群体的入住，以便提供更好的服务。在深圳华侨城，这样的低收入邻里主要布局在光华街、光侨街、东组团以及白石洲等城中村区域。根据统计，深圳华侨城3个主题公园提供大约2 500个低层次的就业岗位，以及超过5 000个旅游相关的低层次就业岗位。这些从业者他们居住在旅游企业提供的集体宿舍或租住在周边的城中村中，每天往来在绅士化社区中，共享相同的公共空间和设施服务。

当前，中国旅游业蓬勃发展，已经从城市蔓延到农村，农村普遍出现的精品民宿本质上也反映了绅士化的特征。这种在乡村地域出现的绅士化，其实是乡村绅士化的一种。从某种意义上说，旅游绅士化也具有乡村绅士化的特征。

# 第 7 章　主题公园与城市空间生产

改革开放以来，中国城市迎来了多股文化浪潮。这其中，既有西方文化的冲击，也有传统文化的坚守，更有地方文化的自我救赎，还有艰苦时代的集体记忆。这些文化潮变并非平行展开，而是在某个时期形成以某种文化为时尚主流，其他类型文化同时并存的局面。时代就是在这一波一波文化潮流中不断前行的。对于主题公园而言，受到文化潮流的影响，不同历史时期人们的主题文化偏好是不同的，由此产生了对不同类型主题公园的选择。主题公园如此，房地产开发亦如此。地方政府和开发商借助空间想象化，通过建筑名称、形式、结构、景观、生活方式和社会网络等符号和关系的文化生产，并配合空间物质性建设，赋予地方新的文化意义，构筑符合主流社会群体和时代精英想象的社区。空间文化生产与再生产方式具有多样性，在某一时期某种文化生产方式占主导，其他方式共同发挥作用，导致地方意义呈现形式的多样性。同一时期地方意义所呈现的复合性和多种形式可能满足了不同时代精英多元的文化认同（梁增贤和保继刚，2015）。

## 7.1　文化潮变与地方意义建构

地方是检视当代社会经济转型和重构背景下文化态势的重要领域（Oakes，1997）。改革开放以来，中国城市化推动着中国从乡村社会向城市社会的转变，这一系列剧烈的社会经济变革可以理解为"文化转型"（周大鸣，2013）。当前，沿海一线城市无一不是通过实施城市更新、历史街区改造、工业遗产保护与利用等方式，不断变换城市文化的表达。传统工业时代的码头、仓库和工厂被现代时尚的写字楼、创意中心、主题公园、影视城、主题餐馆、时尚酒吧、购物中心、高尚社区所取代；历史街区也焕然一新，赋予了新的消费符号，成为旅游、休闲、购物的好去处。在文化转型背景下,地方与地方的意义被重新定义,而文化发挥着重要作用。然而,在地方与地方意义流变中复杂的文化影响并未得到足够重视。

自 20 世纪 70 年代开始,在批判与反思地理学"计量革命"的背景下,对于"地方"与"地方意义"的研究成为热潮(Tuan,1975)。然而,这种研究热潮很快受到新马克思主义思潮的影响,讨论的重点转向了地方建构中的资本逻辑(江泓和张四维,2009)、权力逻辑(吴廷烨等,2013)和社会运动(刘云刚和王丰龙,2011)。Harvey(1990)是其中最重要的推动者,他否定了关于地方意义建构的文化探讨,认为这种文化上的"多愁善感"并不利于理解全球化背景下的地方,地方意义的建构应该体现地方政治经济对全球资本的响应,地方差异的产生是资本积累过程中的不均衡发展所致(Harvey,1993)。根据 Harvey(1993)的观点,地方意义的流变应该从资本的角度,从其内在的社会关系和权力逻辑中思考,而非文化力量。

然而,有学者指出,地方的意义并不仅限于资本范畴的社会建构,它还包括更多维度的社会关系,以及栖居在地方的个人与社会群体的文化想象(钱俊希等,2011)。还有一些案例表明,在地方文化的生产过程中,政府和开发商试图介入城市的社会文化转型过程,复制西方时尚文化,挪用地方元素,取悦新兴社会群体,从而加速其资本积累。在这一过程中,资本和权力是被社会文化转型所引导的(吴幸玲,2008)。显然,文化的力量无时无刻不在影响地方意义的流变。因此,本章通过对深圳华侨城改革开放以来地方意义的建构及其流变过程和特征的分析,讨论文化转型对地方意义流变的影响。

## 7.2 相关研究综述

### 7.2.1 地方意义流变中的文化力量

Tuan(1977)认为,人类活动赋予空间特殊的意义,地方在提供人类生活场景的同时,又赋予人类特定的安全感和身份认同。地方构成个人或群体身份的一部分,而人类又不断通过实践将文化意义记录在地方中(Soja,1989)。经年累积的文化使得地方成为"有意义的区位"(a meaningful location)(Cresswell,2004)。这种意义包括象征意义、思想感受、态度和价值等(Relph,1976)。地方不仅仅是"感知的价值中心",还是社会与文化意义的载体(Eyles,1989;Wright,1947;Young,2001),是构建社会关系与权力关系的媒介(朱竑等,

2010），更是谋求身份认同的区位，形成地方感的所在（张中华等，2009）。那么地方的意义何来？Harvey（1996）认为，地方是社会建构的产物，经由多重社会过程而来。社会建构了地方的意义和物质性（Cresswell，2004）。物质性是显而易见的，而意义是隐晦、深奥的，它与广泛的文化转型紧密相关。遗憾的是，Harvey（1990，1993）摒弃了关于地方意义的文化讨论，转而将地方意义的流变归结为资本积累和权力逻辑的结果，而地方差异则源于不同地方对全球资本的响应方式和程度的不同。显然，Harvey 具有煽动性的新马克思主义思想影响着我们对地方意义的思考方式，认为所有对地方的文化想象都是落后与反动的（Harvey，1993；钱俊希等，2011）。

实际上，文化作为一种隐秘的力量，一直影响着地方意义的建构。Massey（1994）指出，地方是动态、开放且具有内部多样性的，一个地方可能存在多种认同。人们应该积极地承认地方意义的多样性和动态性（Massey，1992，1994），必须将"过程"的观念纳入对地方的理解中，地方从未完成，而总是处于"流变"（becoming）之中（Pred，1984）。正是地方的开放与流变使得地方意义的社会建构必然受到外部环境变化的影响。资本积累和权力关系固然是重要的外部环境，但不能忽略文化力量。事实上，对文化身份的想象，就是对地方的想象（Hall，1995）。政府强权刻意打造的城市空间并不一定适应需求，社会群体自发形成的地方反而具有生命力（张纯等，2008），其中包含了人们对文化身份的想象。以往研究也表明，宗族文化（李凡等，2009）、饮食文化（蔡晓梅等，2012）等对地方感和地方意义的形成起到关键作用。在全球化背景下，融入具体地方的文化也可以被重新诠释（曾国军等，2013）。全球化不完全是一个同质化、去地方化的过程，而是地方意义在一个新的环境中被重新诠释，并生产出新的意义（Cook et al.，2010）。因此，文化影响着地方意义的建构和流变，并且因为多元文化在同一地方的存在及文化间的交往所不断衍生出的新文化使得地方呈现文化多元化。在一个被全球化深刻影响的混合群体居住的地方，文化是多元的，地方的意义也可能是多样的。

## 7.2.2 地方意义流变中的文化逻辑

当代中国的文化转型是地方意义建构和流变最重要的外部环境。中国的文化转型是一个长期而隐蔽的过程（周大鸣，2013），是当代人类的共同问题（费孝通，2004）。它首先是世界观念从接受影响转变为影响他人，其次是价值观念随着一些新物质性以及生活方式的变革而发生重大的转变，最后是主体意识强调个人价值及其权利表达（赵旭东，2013）。正是由于价值观念转变、物质性改造、生活方式变迁和主体意识表达的非同步性和偶然性，文化转型产生多股相互交叉的"文化时尚"。从改革开放初期社会主义工人文化时尚到 1989 年社会政治思潮影响下的传统民族文化时尚，再到全球化浪潮下的西方时尚文化，以及近年来逐渐兴起的地方怀旧主义（nostalgia）。其中，某一种文化时尚代表了当时社会主流群体的时代偏好，反映在地方中就表现为主流社会群体对城市空间的文化生产与再生产。在西方，中等收入群体对城市社会空间的文化重构被称为"绅士化"（Hamnett，1991；Smith，2002）。而绅士化后的地方所呈现的社会文化多样性又成为吸引中等收入群体回归、构建中等收入群体文化身份认同的重要因素（Ley，1986）。

由此可见，地方意义的建构和流变是通过城市空间的生产与再生产实现的，其背后不仅仅是资本逻辑和权力逻辑，更潜藏一条反映文化转型对地方意义流变影响的文化逻辑，即"文化时尚—空间的文化生产与再生产—地方意义的流变—文化身份认同"。那么，这条文化逻辑具体是如何运作的？文化时尚变迁如何反映在空间的文化生产中？空间文化生产又通过何种机制表达符合主流社会群体文化身份认同的地方意义？更为重要的是，同一地方又是如何协调和承载多元的文化和多样的意义？这是本书需要研究的问题。

## 7.3 研究设计与案例说明

深圳是中国快速城市化的典型（尹晓颖等，2009）。快速的社会经济变革引发剧烈的文化转型，文化时尚在较短的时期内快速变迁，加之地方意义流变的相对迟滞，使得地方意义复合交错。此外，相较于以工业化推动城市化的"蛇口模式"，深圳华侨城所创造的"旅游+地产"的城市化模式更具文化意义。深圳华侨城占地 5.664 8 平方千米。从早期"以轻型工业为主，兼有商业旅游、文化、居住功能的外向型城市组团"[①]，转变为"代表 21 世纪中国人居环境特色和水平的人文生态示范区"和"具有国际水准的旅游城"[②]。居住和旅游是其两项核心功能，具有明显的消费化特征，更能够反映文化转型。

本章以地方命名和广告文本为对象展开分析。命名是赋予空间意义，使空间转变为地方的途径之一（Cresswell，2004；Herman，1999），也是空间文化生产方式之一。通过命名赋予地方意义，宣示权力，获取认同，彰显身份地位（Herman，1999）。广告文本中呈现了开发商对地方的主题化叙事，展现地方的建筑布局、形式、结构和景观细节，也反映了地方的意义。本书所采用的命名以深圳华侨城各个楼盘、旅游项目的实际命名为基准，而广告文本主要来自《华侨

---

[①] 深圳华侨城经济发展总公司，《深圳华侨城区总体规划》（1986）。
[②] 深圳华侨城集团公司，《华侨城区总体规划（2005-2015）》。

城报道》[①]报纸与《华侨城》[②]期刊两个企业官方的宣传平台。

## 7.4 深圳华侨城的案例研究

深圳华侨城的发展具有阶段性（董观志和张颖，2008a；魏小安等，2010）。1989 年以前，地方的构建主要以物质性建设为主，开发商并未对地方进行过多有"意义"的构建。这一时期社区大多没有特定的命名，其环境更无文化意义，如光华街、光侨街[③]。1989 年，"锦绣中华"开业。旅游业的发展开始对地方的构建产生深远影响。从 1990 年开始，深圳华侨城相继开发了东方花园、海景花园、湖滨花园、中旅广场、汇文·荔海楼、锦绣花园和波托菲诺等一系列楼盘（表 7-1）。这一时期的地方构建除了物质性外具有更多的文化意义。从命名到建筑环境，从居住楼盘到旅游项目，空间文化生产广泛应用，地方意义开始出现流变。

表 7-1 深圳华侨城楼盘开发情况一览表

| 社区 | 最早使用时间 | 当前售价 | 房屋类型 | 说明 |
| --- | --- | --- | --- | --- |
| 光华街、光侨街 | 1979 年 | 光华街为 27 778~31 482 元/米²；光侨街为 27 778~29 630 元/米² | 多层公寓/集体宿舍 | 约 45 栋，每栋楼有编号无命名 |
| 西组团 | 1981 年 | 佛山街为 25 950~28 125 元/米²；芳华苑为 25 204~26 761 元/米²；中新街约 26 731 元/米²；荔枝苑为 24 097~31 461 元/米² | 多层公寓/集体宿舍 | 约 52 栋，包括佛山街、芳华苑、中新街、荔枝苑等几个楼盘，部分有命名 |
| 东方花园 | 1987 年 | 79 167~162 500 元/米²，视具体位置而定，高层价格略低 | 别墅、多层、高层公寓 | 约 125 栋，有编号，部分有命名。一些旧别墅和公寓经更新后从原来的中式别墅转变为现代别墅 |
| 东组团 | 1988 年 | 老东组团为 29 190~31 112 元/米²；松山村约为 28 985 元/米²；香山村、华山村为企业集体宿舍，无销售 | 多层公寓/集体宿舍 | 早期东组团仅有 27 栋，有编号无命名，现逐渐增建了松山村、香山村和华山村，均有编号无命名，统称东组团 |
| 海景花园 | 1990 年 | 均价约 33 974 元/米² | 高层公寓 | 4 栋，有编号有命名 |
| 湖滨花园 | 1993 年 | 25 828~36 258 元/米² | 高层公寓 | 3 栋，有编号有命名 |
| 中旅广场 | 1995 年 | 27 660~35 124 元/米² | 多层、高层公寓 | 6 栋，有编号有命名 |
| 汇文·荔海楼 | 1997 年 | 均价约 31 147 元/米² | 高层公寓 | 2 栋，有编号有命名 |

---

① 《华侨城报道》是企业报纸，于 1989 年创立，目前为周报，2013 年 9 月 28 日出版第 1160 期。
② 《华侨城》是企业期刊，于 2007 年 5 月创刊，目前为月刊，2013 年 9 月 13 日出版第 70 期。
③ 深圳华侨城所在地原属于光明畜牧场沙河分场，光华街和光侨街意为光明农场的华侨街区。

续表

| 社区 | 最早使用时间 | 当前售价 | 房屋类型 | 说明 |
|---|---|---|---|---|
| 锦绣花园 | 1998年 | 一期均价 33 239 元/米²；二期 38 967 元/米²；三期 56 994 元/米² | 多层、高层公寓 | 12栋，目前已经建设三期，有编号，一期有命名，二三期无命名 |
| 波托菲诺 | 2001年 | 天鹅堡一期均价 48 715 元/米²，二期均价 56 814 元/米²，三期 96 343 元/米²；香山里 32 544~49 019 元/米²；纯水岸多层和高层 61 818~110 552 元/米²，别墅公寓价格超过 12 万元/米² | 别墅、多层和高层公寓 | 仍在建设，其中纯水岸已建十五期，天鹅堡已建三期，香山里目前已建二期，具有编号，少数有命名 |

资料来源：笔者据深圳华侨城房地产有限公司相关资料整理，售价来自深圳安居客（http://shenzhen.anjuke.com），为2013年10月价格，其中波托菲诺·纯水岸别墅价格因户型（可能为绝版）、装修情况等因素，价格可能高达几十万元每平方米

### 7.4.1 传统中国文化与民族的地方构建

20世纪80年代末期，一系列的政治经济和对外政策引发了社会文化心理的变迁。中国传统文化成为时尚，受到当时主流社会群体和时代精英的青睐。从"锦绣中华""中国民俗文化村"等中国传统文化主题公园的成功开发开始，席卷中国的"西游记宫""大观园""三国城""民族园"等"中国风"微缩景观遍地开花。地方政府和房地产开发商不遗余力地展现其传统文化的原真性和正统性，广泛使用中国文化中对美好居住想象的词汇，如花园、阁、苑、台、楼等给新建社区命名（表7-2）。社区环境的塑造也体现了中国传统园林风格，如海景花园在高层建筑围合下构造了一个具有山、水、树木、花卉、亭台等景观小品的中国式园林。对于政府而言，在城市空间开发中弘扬传统文化是对中央政治外交布局的响应，也是吸引时代精英、提升城市竞争力的方式。借助整个中国传统文化时尚氛围，通过集中的、大规模的空间物质性营造，将文化元素融入地方意义的建构中，形成一个多层次、多维度的民族的地方，从而获得主流社会群体广泛的认同。

表7-2　深圳华侨城部分居住社区的传统文化意义

| 社区 | 年份 | 楼盘名称 | 传统文化意义 |
|---|---|---|---|
| 东方花园 | 1987 | 金辉阁、丹霞阁、玉蕊阁 | 传统中国风，表现东方文化中对花园的想象。金辉、丹霞、玉蕊乃是中国传统文化中极致美妙之物 |
| 海景花园 | 1990 | 海韵阁、海虹阁、海涛阁、海天阁 | 以海为背景，韵、虹、涛、天是海景四象，也是传统文化中对海之美的高度概括，令住户充分享受海文化 |
| 湖滨花园 | 1993 | 涵晖阁、漾芳阁、滟翠阁 | 涵晖乃晚涵落日余晖之意，滟滟即为水光耀貌，芳翠指岸边绿意芬芳，3栋楼的名字描绘的是一派充满诗情画意的落日湖滨景象，幽静、舒适、惬意 |

续表

| 社区 | 年份 | 楼盘名称 | 传统文化意义 |
| --- | --- | --- | --- |
| 中旅广场 | 1995 | 倚荔楼、荔香楼、枕荔楼、碧云阁、飞云阁、齐云阁 | 中旅广场紧靠荔枝山，倚荔、荔香、枕荔从视觉、嗅觉和触觉描绘出具有山水画意境的景象；碧云、飞云和齐云体现的是传统文化中对天的敬仰与向往 |
| 汇文·荔海楼 | 1997 | 汇文楼、荔海楼 | 取名源于苏轼"日啖荔枝三百颗，不辞长做岭南人"，汇文取意汇聚文化英才之意，荔海讲的是沉浸在荔枝林中的景象。"汇文""荔海"乃文人墨客留恋之所在 |

注：笔者整理

### 7.4.2 西方时尚文化与全球化地方构建

全球化将西方时尚文化应用到中国城市空间的重构中，逐渐受到主流社会的追捧。深圳是中西文化交汇最为频繁的城市之一。城市积极参与全球化竞争，促进城市的国际化，接轨西方时尚文化。开发商通过模仿西方城市空间，将西方文化的空间想象应用到空间生产中，满足部分社会群体对西方时尚文化的追逐。从20世纪90年代中期开始，华侨城主题公园的开发开始借鉴欧美主题公园在文化表达上的成功模式，建设了深圳欢乐谷。随之而来的一系列空间的生产活动逐渐改变地方的命名、建筑、环境等文化表达，地方的意义发生流变。深圳欢乐谷以西班牙广场、魔幻城堡、冒险山、金矿镇、玛雅水公园等命名其活动项目，各种欢乐大游行、魔术专场晚会、夜光彩车大巡游、时尚音乐秀、极限运动表演等主题活动也主要表现西方时尚文化。高尚社区波托菲诺以意大利建筑风格设计，沿湖畔展开别墅和公寓，标榜纯正的意大利血统，沿袭优雅风格，吸引具有成功特质的时代精英（图7-1）。

图7-1 波托菲诺·纯水岸宣传广告

资料来源：华侨城集团公司. 华侨城, 2011 (45): 78

开发商将"奢享""纯正欧式""传承经典""意大利风情""国际时尚""欧式现代"等词汇融入空间文化生产和售卖中,构建的是全球化地方。开发商能在西方时尚文化的空间生产中获得利益,而所构建的地方意义获得部分社会群体的认同。共赢的城市空间文化生产模式被推广到全国,产生许多意义相似的"地方"。于是有学者惊呼城市特色危机(江泓和张四维,2009)。与中国传统文化时尚的内生性和自觉性不同,西方时尚文化则更多地表现为外生性。西方时尚文化一开始就裹挟在强大的经济全球化资本中。与此同时,这股文化时尚所产生的空间文化生产是剧烈的,许多古城或被拆除,或被改造成具有西方时尚文化的空间。不仅传统城市的肌理、结构和功能被赋予新的西方时尚与现代特征,城市原有社会空间也被重构,传统社会关系被肢解。地方的意义就是在这种主题化、消费化的过程中逐渐同质化、西方化,趋于世界大同。

### 7.4.3 地方怀旧主义与自己的地方构建

然而,这种全球化背景下的"世界大同"并未消解地方意义。相反,原有的对于"地方性"的想象反而在认同形成的过程中被不断强化(钱俊希等,2011)。其中,怀旧主义就是这种"反抗力量"的典型。2002年11月,一篇名为《深圳,你被谁抛弃》的网文激发了深圳人的怀旧主义。时代精英开始有意识地寻找自己奋斗过的足迹,找回属于自己的地方意义。1985年开业的深圳湾大酒店曾经是罗湖与蛇口之间唯一的四星级饭店,号称"深圳酒店业的黄埔军校",是那个时期深圳人的集体记忆。2004年,华侨城集团内部宣布将其拆除重建,引起轩然大波。2004年2月27日,深圳政协委员魏达志和李津逵教授撰写了《深圳建筑,慎言一个"拆"字》,并提交深圳政协,引起广泛关注[①]。此后,酒店并不是"拆除重建"而是"改造"。"改造"后的酒店沿用了深圳湾大酒店的主楼正墙(图7-2),内部"改造"为西班牙风格。一面是地方的怀旧主义,一面是西方的时尚文化。

(a)

(b)

---

[①] 潘陶. 深圳两会提案建议:上海宾馆要不要拆. 深圳晚报,2004-02-29.

(c)

图 7-2　深圳华侨城洲际大酒店的前世今生（二）

资料来源：（a）来源于深圳华侨城官方网站；（b）来源于 http://www.haodifang.com.cn/cgi-bin/bbs/topic_show.cgi?id=4539&bpg=2&age=0；（c）为笔者摄于 2011 年

与前面两股浪潮不同，地方怀旧主义的盛行是对全球化地方的一种反思。开发商需要在西方时尚文化与地方怀旧主义之间找到微妙的平衡，以一种恰当的空间文化生产方式将地方怀旧植根于地方意义的建构中。政府在这股浪潮中由最初的被动参与者逐渐转变为积极的推动者，掀起一股城市历史街区保护运动、工厂改造和创意经济的发展浪潮，见图 7-3。事实上，更重要的推动力则源于时代精英本身。地方记忆和怀旧文化成为一种可供消费的文化时尚，而地方的独特性则源于时代精英对空间的再生产。他们通过空间的再生产赋予地方更多非标准化、非同质化的独特意义。因此，地方怀旧主义更容易得到认同。

(a)

(b)

图 7-3　深圳华侨城创意产业园的厂房改造

资料来源：http://dp.pconline.com.cn/photo/3358466.html

## 7.5　文化转型对深圳华侨城地方意义流变影响的文化逻辑

　　街道、建筑物及店铺等均具有特定的意义，其意义的广泛流传就形成了符号体系（王鸿楷和陈坤宏，2000）。社会群体通过一套符号体系建构地方意义，从而取得身份认同（林耿，2009）。政府和开发商将符合特定时期主流社会群体和时代精英偏好的文化时尚，通过空间想象化（spatial imagineering）（Paul，2004）打造出一个类似奇幻城市（Hannigan，1998）的主题化空间。在深圳华侨城，相继上演中国传统文化、西方时尚文化和地方怀旧文化三股文化时尚。这些文化时尚元素应用在空间文化生产的主要方面，借助现代空间生产方式，通过建筑名称、形式、结构、景观等符号一直延伸到生活方式和社会网络，赋予地方新的文化意义，从而构建了民族的地方、全球化地方和自己的地方（图 7-4）。这就是文化转型对地方意义流变影响的文化逻辑。它广泛见于全球主要城市的更新中（Miles and Paddison，2005；吴幸玲，2008）。

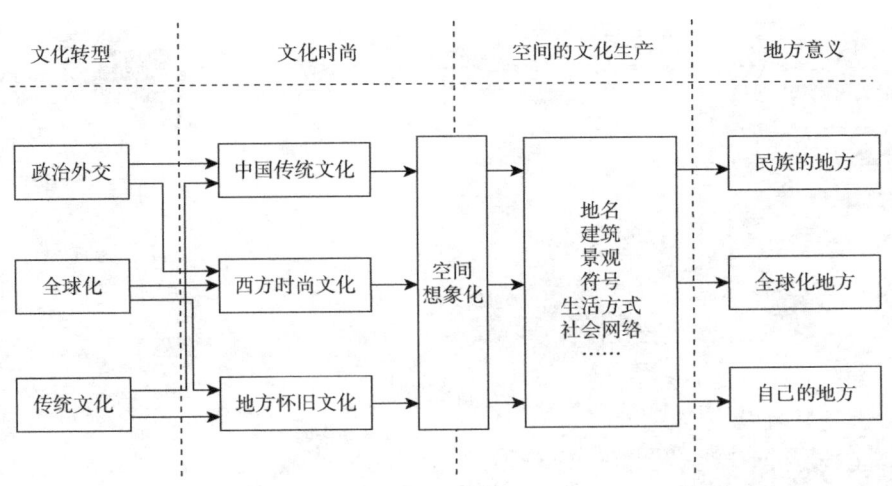

图7-4 深圳华侨城空间文化生产与地方意义流变的作用机制

深圳华侨城的案例还表明，不同时代的空间生产方式和地方意义反映的是特定时代精英及其所代表的主流社会群体的文化认同。在快速城市化背景下，急剧变换的空间文化生产将引发地方意义的不同建构，加之地方意义流变的相对迟滞，华侨城同时呈现多重地方意义。地方的多元文化和多样意义的存在方式主要表现为以下几种。

第一，地方意义的流变并不表现为地方意义和物质性彻底的历史割裂，而是在某一时期以某种文化时尚为主流，其他文化共同参与。当新的文化时尚到来时，原有文化失去主导地位，但依然发挥作用。时至今日，20世纪80年代兴起的中国传统文化时尚仍展现强大魅力，不再限于命名、建筑和环境的文化生产，还包括文化演艺、服务体验、商业活动、营销宣传、生活方式、社会网络等诸多方面的整体构建。此外，华侨城的中国传统文化演艺"秀"一直受到各个时代社会群体的喜爱。西方时尚文化蕴含全球化浪潮下的世界大同思想，始终有其追随者。根据笔者观察，人们可以同时认同多种地方意义，对于他们而言，意义背后所反映的是何种文化时尚并不重要，重要的是地方要有他们认同的意义。

第二，空间文化生产与再生产方式具有多样性，在某一时期某种生产方式占主导，其他方式共同发挥作用，导致地方意义呈现多种形式。不同的文化时尚要在同一地方构建意义，需要在文化生产方式上做微妙的处理。西式洋楼里装饰着中式经典（如波托菲诺），历史的外墙包裹着西班牙风情（如深圳华侨城洲际大酒店），衰落的工业厂房内是创意的灵感（如华侨城创意产业园）（诸武毅和刘云刚，2013）。

第三，不同时期空间的文化生产所构建的地方意义主要迎合当时社会精英的偏好，而同一时期地方意义所呈现的复合性和多种形式满足了不同时代精英共同的多元文化需求。因此，当一个社区积累丰富多样且被主流社会群体认同的地方意义时，这个社区就可以被多种社会群体认同，具有强大吸引力，能够有效促进混合社区的形成。

## 7.6　结论与讨论

本书通过对深圳华侨城改革开放以来地方意义的建构及其流变过程和特征的分析，讨论文化转型对地方意义流变影响的文化逻辑。在当代中国的文化转型期，深圳华侨城先后出现了中国传统文化、西方时尚文化和地方怀旧主义三股文化时尚。地方政府和开发商借助空间想象化，通过建筑名称、形式、结构、景观、生活方式和社会网络等符号和关系的文化生产，并配合空间物质性建设，赋予地方新的文化意义，构筑符合主流社会群体和时代精英的想象的社区（imaged communities）。空间文化生产与再生产方式具有多样性，在某一时期某种文化生产方式占主导，其他方式共同发挥作用，导致地方意义呈现形式的多样性。同一时期地方意义所呈现的复合性和多种形式可能满足了不同时代精英多元的文化认同。华侨城的地方意义的多样性使之具有丰富的吸引力。

深圳华侨城的空间文化生产与地方意义的流变并非特例，反映的是当代中国文化转型背景下普遍的现象。诚然一些地方意义的构建可能融入新的文化时尚，也可能空间生产方式有所创新，但依然遵循着"文化时尚—空间的文化生产与再生产—地方意义的流变—文化身份认同"这一文化逻辑。

然而，本书也存在一些不足：一方面，关于空间的文化生产主要基于开发商提供的命名和广告文本，尽管这在本案例中是最主要的，但仍会有其他群体的文化表达；第二，本书缺乏对地方意义流变与文化身份认同的详细考察，尽管这是学界普遍默认存在的一种关系，近年来也有许多相关研究（朱竑等，2010，2012），但具体到文化转型背景下关系有可能不同。

# 第 8 章　主题公园的邻近效益

## 8.1　房地产开发的邻近效益

邻近效益与邻避效益相对。邻避效益指居民或当地单位因担心建设项目（如垃圾场、核电厂、殡仪馆等邻避设施）对身体健康、环境质量和资产价值等带来诸多负面影响，从而产生嫌恶情结，滋生"不要建在我家后院"的心理，即采取强烈和坚决的、有时高度情绪化的集体反对甚至抗争行为。邻近效益（proximate principle）则不同，它指人们特别希望居住在某些公共空间（公园、绿地、湖泊、滨海、体育设施甚至地铁）的附近。房地产开发临近空间则可能产生可观的增值。随着我国城市居民生活质量的提高，人们对居住房屋的要求越发重视。人们购买房屋，除了考虑与工作地的距离外（柴彦威等，2011；李小广等，2013），更加重视房屋特征，尤其是房屋周边环境的特征，这直接反映在房屋的购买价格上。一般地，人们愿意为拥有良好周边环境和配套的房屋支付更高的价格（Crompton，2004）。已有研究表明，公园（Crompton，2005，2001b；Hammer et al.，1974；Nicholls and Crompton，2005a；Schroeder，1982）、绿地（Crompton and Nicholls，2006；Irwin，2002；Mahan et al.，2000；Nicholls and Crompton，2005b；Tyrväinen and Miettinen，2000；石忆邵和张蕊，2010）、江（湖、海）滨（Hui et al.，2007；Leggett and Bockstael，2000；Loomis and Feldman，2003；温海珍等，2012；吴冬梅等，2008）、高尔夫球场（Boswell and Crompton，2007；Crompton，2000）、购物中心（Sirpal，1994）、重点学校（Mok et al.，1995；毛丰付等，2014）、体育设施（Ahlfeldt and Maennig，2007；Charles，2005；Dehring et al.，2007）、地铁（Bae et al.，2003；Dewees，1976；Knaap et al.，2001；聂冲等，2010）等公共空间、设施或景观对房屋价格产生显著影响。已有研究既讨论了对居住用房和商业用房的影响，也分析了对房屋实际售价和租金的影响。上述许多研究在控制其他住宅特征变量后，仅讨论某个空间或设施因素对房屋的影响，如仅仅讨论公园（Crompton，2001b）或高尔夫球场（Crompton，2000）对房屋价格的增值作用。然而，在现实中，房屋周边的空间和配套设施并不单一，可能同时存在公园和其他设施。

公园绿地对周边房屋具有增值效应最初被发现于19世纪初的英国。政府和开发商发现，人们愿意为临近公园绿地的房屋支付更高的购买价格和居住税，而公园与房地产的关联开发模式则备受追捧（Crompton，2004），如伯肯黑德公园[①]。学术界通常将这种由公园绿地创造、对周边房屋产生增值的外部经济效益，称为邻近效益（Crompton，2001b）。早期关于邻近效益的研究主要采用对比法和感知法，对比法通过对比公园建设前后，或寻找一块与案例区域相似且不受公园影响的控制区域进行对比。感知法是通过访问公园绿地周边房屋的购买者，调查他们所认为的公园对房屋价格的影响程度。尽管上述方法操作简单，但过于简单、粗糙，难以控制其他变量，易受个人感知影响。计量革命时代，特征价格法（hedonic price method）的提出（Lancaster，1966；Rosen，1974），改进了邻近效益的研究方法，引发了研究热潮。大量的实证研究表明，公园附近的土地价值和房屋销量明显高于其他街区（Hammer et al.，1974），由此导致较高的房屋价格。公园绿地对周边房地产的邻近效益具有时间上的差异性，随距离增加呈下降趋势（石忆邵和张蕊，2010）。Nicholls和Crompton（2005b）对公园周边3个住宅区的研究指出，3个住宅区平均每远离公园绿地1英尺（1英尺≈0.30米），房屋价格分别下降13.51美元、3.97美元和10.61美元。当然，到公园绿地的距离不同，增值幅度也不同（Wolf，2007）。Lyon（1972）的研究认为，邻近效益集中在600~800英尺。Hammer等（1974）认为，距离40英尺的土地价格中有33%属于邻近效益，而距离1 000英尺的有9%，距离2 500英尺的只有4.2%。Bolitzer和Netusil（2000）根据193个公园的研究指出，房屋在公园100英尺内，增值5.3%~7.6%，在1 301~1 500英尺，增值1.5%~3.8%。Crompton（2001a）总结以往研究指出，公园会使周边房屋产生20%的增值，且这种增值作用集中在600英尺的范围内，超过2 000英尺其影响就非常微弱。600英尺大约就是步行3分钟的路程，见表8-1。

表8-1 部分公园和其他开放空间对房地产价值的影响研究

| 研究者/时间 | 案例地特征 | 数据 | 研究结论 |
|---|---|---|---|
| David，1968 | Wisconsin，由公园形成的区域 | 房屋售价 | 公园对房地产有正的影响 |
| Barron和Jansma，1970 | Pennsylvania，由公园形成的区域 | 房产税 | 将原来住宅地用于建设公园对房产税没有负的影响 |

[①] 当时政府投资1 340万美元购买225英亩土地，其中125英亩用于建设伯肯黑德公园，剩余100英亩用于开发房地产。最终房地产销售获利2 190万美元，不仅抵消了购地和公园建设费用，还能够有盈余。

续表

| 研究者/时间 | 案例地特征 | 数据 | 研究结论 |
|---|---|---|---|
| Epp, 1971 | Pennsylvania，由15个州立公园形成的区域 | 房产税 | 由于建设公园征用的土地所减少的土地税收得到了因公园而增值的周边房地产税收更多的补偿 |
| Lyon, 1972 | Philadelphia，由3个公园和3所学校形成的区域 | 1725个房屋售价 | 公园对房地产有正的影响，集中在距公园600~800英尺的范围 |
| Hammer等, 1974 | Philadelphia，包括1个1294英亩的公园区域 | 土地价格 | 距离40英尺的土地其价格中有33%归功于公园，距离1000英尺有9%，距离2500英尺只有4.2% |
| Correll等, 1978 | Boulder、Colorado，包括1个1382英亩绿化带的区域 | 10年的房屋销售价格 | 平均每远离绿化带1英尺，价格下降4.2美元，3200英尺内的平均价格比3200英尺外高32% |
| Vrooman, 1978 | New York，由一个州立公园形成的区域 | | 公园对周边房地产有积极的正效应 |
| Gamble 和 Downing, 1982 | New England，由州立公园形成的区域 | 房屋价格 | 远离公园的区域房地产价值逐渐下降 |
| Brown 和 Connelly, 1983 | New York，分别调查了6个州立公园周边区域 | 房屋价格 | 在2个案例中，远离公园的区域房地产价值逐渐下降，其余4个案例没有发现相关性 |
| More等, 1982, 1988 | Worcester、Massachusetts，包含4个公园的区域 | 来源于MLS的房屋销售价格 | 距离公园20英尺的房屋价格比距离公园2000英尺的房屋价格高2675美元，公园对周边房地产的增值效应中80%集中在距公园500英尺的范围内 |
| Kimmel, 1985 | Dayton和Columbus、Ohio，分别包含一个170英亩和152英亩的公园区域 | 房屋销售价格 | 两个区域平均每远离公园1英尺，价格分别下降3.83美元和4.87美元，公园分别为两地房地产价格贡献了5.1%和7.3%的价值 |
| Nelson, 1986 | Salem、Oregon，拥有开放空间的城市区域 | 土地价格 | 临近农田的土地价格平均每英亩比远离农田1000英尺的土地价格高1200美元 |
| Gartner等, 1996 | Michigan，由公园形成的区域 | 房屋价格 | 公园对周边房地产具有负效应 |
| Sielski, 2002 | Washington County，包含2个公园的区域 | 房屋价格 | 200英尺内房屋价格中有19.2%归功于公园 |
| Cape等, 2003 | Leon County、Florida，公园区域 | 2年的房屋销售价格 | 距离公园200英尺范围内房屋增值6015美元，位于200~1320英尺的增值1773美元 |
| Miller, 2001 | Dallas-Fort Worth，包含14个相邻公园（面积在2.5~7.3英亩）的城郊区域 | 3200个房屋交易价格 | 公园对周边房地产的增值75%集中在600英尺的范围内，85%集中在800英尺的范围内，总体影响范围在1300英尺范围内 |
| Bolitzer 和 Netusi, 2000 | 多案例地分析了193个公园区域 | 房屋价格 | 1500英尺内，房屋增值1.2%~3.5%；100英尺内，增值5.3%~7.6%；1301~1500英尺，增值1.5%~3.8%[①] |
| Lutzenhiser 和 Netusil, 2001 | 多案例的分析，将公园区域划分为城市公园、自然公园和特殊公园 | 房屋销售价格 | 1500英尺内三种公园对周边房屋价格的贡献分别为16.1%（自然公园）、1.8%（城市公园）和8.5%（特殊公园） |
| Nicholls 和 Crompton, 2005b | Austin、Texas，包括一个直线形171英亩的自然景观的区域 | 房屋价格 | 3个住宅区平均每远离绿化带1英尺，房屋价格分别下降13.51美元、3.97美元和10.61美元 |
| Irwin, 2002 | Maryland，1350平方英里的城市近郊和远郊区域 | 5年内，55799个房屋价格 | 私人开放空间给400米内的周边房屋价格贡献2.6%，而政府开放空间只有1.2%的贡献率 |

续表

| 研究者 | 案例地特征 | 数据 | 研究结论 |
|---|---|---|---|
| Ready 和 Abdalla，2003 | Berks County、Pennsylvania，城市近郊和远郊区域 | 4 年内 8 090 个房屋售价 | 邻近效益不明显 |
| Ernst 和 Young，2003 | New York，5 个城市公园区域 | 房屋价格 | 2 个更新后的公园对周边房地产产生明显的增值作用，另外 3 个对周边房地产增值作用适中 |

① 作者分别采用两种统计模型计算，因而出现两个结果
注：据 Crompton（2005）、Nicholls 和 Crompton（2005b）的研究分析整理

然而，也有研究认为公园与周边房屋价格的增值没有关系（Walls et al., 2013），甚至产生负面的影响。Gartner 等（1996）的研究指出，公园绿地对周边房屋价格产生负面效益。Walls 等（2013）对密苏里州圣路易斯县的研究发现，森林公园景观对房屋价格产生负面的影响，而农田景观产生积极的影响（Rosen，1974）。当然，公园绿地的增值作用还与公园绿地本身的特征有关。Lutzenhiser 和 Netusil（2001）指出，在 1 500 英尺以内，自然公园、城市公园和特殊公园分别使房屋价格增值 16.1%、1.8% 和 8.5%。私人公园和保护区的增值作用大于公共绿地（Irwin，2002）。以非参与性（passive）活动为主的公园比以参与性（active）为主的公园增值作用大（Crompton，2005；More et al.，1982）。关于滨海景观对房屋增值作用的研究结果与公园绿地的研究类似。人类的居住选择具有亲水性，他们喜欢选择居住在滨江（湖、海）区域附近。Yu 等（2007）对新加坡东海岸的研究发现，滨海景观对房屋价格的平均溢价为 15%。许多实证研究指出，到湖景的距离与住宅价格呈负相关关系（Loomis and Feldman，2003；Sander and Polasky，2009）。上述研究大都假设居民购买邻近公园绿地的房屋是因为要实际使用这些公共空间，多采用到达上述公共空间的步行距离或直线距离来测量。

基于邻近效益的增值作用一直是主题公园房地产开发的关键。然而，增值作用的性质（正向还是负向）、范围和程度并非一个常量，而是根据具体情况具体表现的。在美国，国家公园和州立公园远离城市，且面积很大，它们的经济来源主要依靠游客的消费而非周边房地产邻近价值的提升。在城市公园中，市政公园（公益性）也具有很好的外部经济效益。不同的是，中国城市公园的兴起与欧美城市化和工业化的原因不同，近代中国城市公园强调的是娱乐、卫生的生活方式以及教育教化的功效，体现精英公园理想，是一个促进人"城市化""现代化"的场所。1949 年后，政府对所有园林景点和私人花园进行了翻新、改造、扩建形成人民公园，向公众开放。显然，最初政府在建设城市公园时并不像欧美那样考虑成本收益问题，更不考虑所谓邻近效益，政府的财政资金负担了大部分建设和管理费用。随着城市化进程的加快，公众对城市公园数

量和质量都有了更高的要求，政府难以支付巨额的建设和管理费用。于是，私人建设的公园，尤其是高投入的游乐园（可以理解为主题公园的早期形式）在20世纪80年代出现了。1983年，中国大陆第一个大型器械游乐园"长江乐园"在广东中山开业，随后五年内全国各地陆陆续续建设了1 000多家这种形式的游乐园。与传统的城市公园不同，主题公园的开发是一种完完全全的市场行为，开发不当，其经济损失很大。因而，开发商特别注重主题公园开发的经济效益。由于主题公园的开发投入多、风险高、运营难度大，而房地产与主题公园联合开发可以部分平衡这些劣势，因而主题公园开发商非常重视对周边房地产价值影响的理解和运用。

## 8.2 中国主题公园房地产开发

主题公园房地产被认为是旅游房地产的一种，然而旅游房地产却没有严谨的学术定义。在我国，大型旅游项目的开发已经成为地方政府刺激经济发展，促进产业转型升级，推动城市化进程的重要举措。大型旅游项目对地方建立以消费为导向的经济发展方式，推动基础设施建设，改善生活环境和条件，解决社区居民居住和就业等问题所起到的积极作用受到广泛认可。特殊之处是当前大型旅游项目往往伴随着周边房地产的开发，冠以"旅游房地产"之名，作为一个综合项目（如文化旅游综合体等）大肆圈占城市（特别是旅游城市）和旅游地的宝贵土地。其投资额之大、配套之复杂往往超出了旅游项目的实际需要。然而，许多地方政府却积极推动该类项目落户，并提供大量的投资优惠，甚至是免费的土地和其他旅游资源（如温泉资源）供开发商使用。在某些地方政府的鼓励和企业的所谓"创意"之下，旅游房地产被"炒热"，并逐渐演化出多种类型，甚至一些项目脱离了"旅游"，成为纯粹的房地产项目。

从南到北，从沿海到内地，从最发达的沿海大城市到最偏远的山区县城，旅游房地产被广泛认可，其类型多样、功能各异、鱼龙混杂。此等现象的内在机制尚不明晰，影响亦缺乏详查，然学界却不乏摇旗呐喊、擂鼓助威者。根据笔者在广东、海南、云南、江西等省的调查发现，旅游房地产乱象背后潜藏着诸如虚假城市化的社会经济危机，对旅游业和地方发展将可能带来深远的负面影响。

旅游房地产概念的内核不清，边界模糊，并呈现泛化趋势，是人们在"生活世界"中所使用的自然语言，由政府、企业及相关群体在社会需要中建构出来，然而这却不是海德格尔所说"科学微世界"中所建构的科学概念。因此，贸然将"原初性思考"（originative thinking）所创造的自然语言用作"技术性思考"

(technical thinking)的严谨定义加以研究是有失偏颇的。然而，要认知具有一定"事实基础"的旅游房地产乱象，我们仍然要给予一个相对清晰的界定，便于学术探讨。

旅游房地产是一个中国本土产物，普遍采用的英文翻译是"tourism real estate"（吴必虎和徐小波，2010；吴悦芳和徐红罡，2010）和"tourist real estate"（周霄和黄猛，2007），然而这一概念并未得到国外学术界的认可，鲜见于旅游相关的英文主流刊物中。而与旅游房地产紧密相关的 second home（第二居所）（Jaakson，1986；Norris and Winston，2010；徐文雄和保继刚，2006）和 second house（第二住宅/第二居所）（冯健和周一星，2004）被国外学术界广泛接受，其中第二居所是旅游和休闲研究的重要领域，且主要为旅游地理学者研究，案例地多集中在欧洲一些高福利国家，以北欧国家为主，如丹麦（Hjalager et al.，2011）、挪威（Overvåg and Berg，2011）、爱尔兰（Norris and Winston，2010）、芬兰（Pitkanen，2008）和瑞典（Marjavaara，2007）等。第二居所于20世纪60年代开始在欧洲盛行，被认为是现代旅游业的重要组成部分。欧美第二居所主要布局在城市郊区、乡村地区和度假地，满足人们改善住宅条件、享受退休生活、房地产投资等方面的需求，是市场条件和国家福利制度下个人自主选择的行为。中国从20世纪80年代开始，也出现了第二住宅，然而这一时期的第二住宅与当前的旅游房地产和国外的第二居所不同。冯健和周一星（2004）认为第二住宅的产生是因单位分房、工作需要和对第一住宅不满所致，主要用于商业出租、亲朋好友居住及其他用途，由于第二住宅多位于郊区，对城市产生季节性郊区化特点，但尚未达到规模集聚的程度。显然，这一时期中国出现的所谓第二住宅并不以旅游休闲为主要目的，是一种具有"被动性"的非自主选择行为，其对应的"购买者"（很多是受分配者）也并未见得是改革开放后首先富裕起来的群体。

中国旅游房地产"概念"的形成源于深圳华侨城树立的所谓旅游房地产模式（又称华侨城模式）。在早期深圳华侨城的发展中，旅游与房地产是独立开发的，旅游主要布局在深南大道以南，而房地产布局在深南大道以北。1995年，保继刚在其博士论文研究中指出，主题公园对周边房地产具有增值作用。华侨城才开始意识到旅游与房地产之间的相互关系。1996年，陈卫东（1996）以深圳华侨城为模板，提出了旅游房地产概念。1998年和2000年，华侨城相继成功开发了深圳欢乐谷和波托菲诺高尚社区，波托菲诺因为优异的主题设计和主题公园所营造的良好氛围创造了巨额效益，欢乐谷与波托菲诺两个空间上紧邻的项目开发成为中国旅游房地产的模板，即华侨城模式。华侨城模式是蛇口模式之外以消费为导向的城市开发的成功模式。各个地方政府、企业和华侨城集团都争相模仿、复制，配套更为复杂多样，功能更为多元化。旅游房地产概念便以华侨城模式为基础，不断演化出新的类型，甚至脱离"旅游"，成为纯粹的房地产项目，旅游房地产趋于泛化。

由于概念泛化，理解差异和侧重点不同，产生了许多与旅游房地产相近的概念，如旅游地产、旅游+地产、旅游+房地产、旅游城市房地产、景观地产等。通常，房地产有三种存在形式：土地、建筑物、房地合一。房地产是房产与地产的合称，地产只是其中一种，专指土地，然而在日常生活中，人们往往将房地产等同于地产。"旅游+地产"和"旅游+房地产"保持了旅游和房地产之间相对独立的概念，并不认可旅游房地产（或旅游地产）这样的概念，但却涵盖了旅游房地产的全部内容，它们之间存在如图 8-1 的关系。旅游城市房地产特指在旅游城市开发的房地产项目，并不一定涉及旅游开发，而景观地产是依附景观（不一定是旅游景观）周边开发的房地产项目。

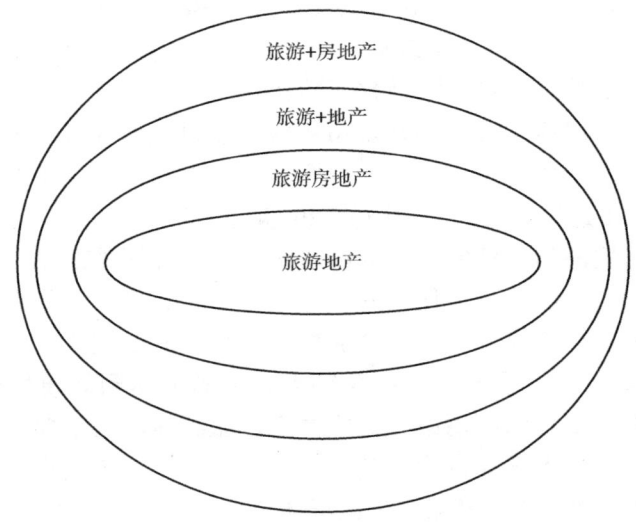

图 8-1　旅游房地产相关概念关系图

按照图 8-1 的关系，泛化的旅游房地产实际是"旅游+（房）地产"，是指或用于旅游业的，或在旅游城市，或临近旅游景区开发的房地产项目，其中可能不涉及旅游项目投资，而仅仅是借助旅游景观或旅游城市的环境，而（房）地产可以是住宅（房）地产、商业（房）地产，甚至是严格意义的旅游（房）地产。

泛化的旅游房地产概念并不利于行业的健康发展，也给房地产投机行为创造了合法性资源。中国学术界需要反思，重新厘定旅游房地产的概念。旅游房地产应该包含旅游地产，与商业房地产、住宅房地产一样，根据房地产的使用用途和对象界定，并与西方第二居所、第二住宅的概念紧密联系，是房地产的一种特殊类型。严格意义的旅游房地产应该是指在旅游城市或旅游区（地），面向旅游业需求或以旅游景区为依托的，以第二居所、酒店等旅游接待设施及主题住宅地产为基本形态的综合性房地产项目。主题公园房地产就是其中之一。

我国主题公园房地产主要以市场为开发主体，政府通常以下属企业的名义参与，并提供优惠政策、基础设施建设和旅游推介等支持。参与开发的企业主要有两大类。一类是专业的大型旅游集团，如中国旅游集团、华侨城集团、长隆集团、华强集团、宋城集团、锦江国际集团和海昌集团等。这些大型旅游企业集团基本都涉足房地产开发业务，见表8-2。

表 8-2　七大旅游企业集团业务构成一览表

| 集团名称 | 旅游景区 | 旅行社 | 酒店 | 电子商务 | 住宅地产 | 商业地产 | 客运物流 | 物流贸易 | 电子 | 金融 | 实业投资 |
| --- | --- | --- | --- | --- | --- | --- | --- | --- | --- | --- | --- |
| 中国旅游集团 | √ | √ | √ | √ | √ |  |  | √ |  |  | √ |
| 华侨城集团 | √ | √ | √ |  | √ |  |  |  |  | √ | √ |
| 长隆集团 | √ | √ | √ |  | √ |  |  |  |  |  |  |
| 华强集团 | √ |  | √ |  | √ |  |  |  | √ |  | √ |
| 宋城集团 | √ |  | √ |  | √ |  |  |  |  |  |  |
| 锦江国际集团 | √ | √ | √ |  |  | √ |  |  |  | √ | √ |
| 海昌集团 | √ |  | √ |  | √ |  |  | √ |  |  | √ |

注：根据相关资料整理

另一类参与主题公园房地产开发的企业是大型专业房地产开发商，如万达集团、恒大集团、志高集团、富力集团等。这类房地产开发商并没有开发主题公园的成功经验，也不具备管理和运营主题公园的技术能力。因此，大型专业房地产开发商通常都寻求主题公园相关企业进行合作。在规划设计阶段，房地产开发商通常聘请国内外知名主题公园规划设计公司参与；在施工阶段，目前国内缺乏专业的主题公园建筑团队，而国际团队的成本过高，一般房地产开发商要么全部外包给规划设计单位全权建设，要么利用传统建筑团队建设（主题化的效果并不理想）；在管理运营阶段，开发商要么通过从成功的主题公园企业猎取管理人才，组建管理团队，要么聘请旅游景区管理公司（大多数没有主题公园管理经验）进行管理。

相较于中国旅游集团、华侨城集团、长隆集团，甚至华强集团，万达和恒大在主题公园房地产方面是后来者，但规模和速度都胜于之前任何企业。旅游是万达集团第四次转型重点发展的产业，西双版纳国际度假区的万达欢乐主题乐园是万达集团建设并开业的第一个主题乐园，随后其不断在国内多地斥资建设主题乐园，并引入好莱坞美工、制作、道具、编剧、舞美等，以期达到高科技的效果。

万达发展主题公园房地产的做法是独特的。万达借助房地产开发的优势，短时期内在全国同时布局多个万达乐园，涵盖冰雪、儿童、舞台秀、乘骑器械、水公园。各地开发的万达乐园主题不一、规模不等、结构不同且投资超大。例如，南昌万达乐园是投资30亿元的世界级主题乐园，占地面积80余公顷。园区分为六大主题区域，建有中国最高、最快、最长的三大过山车，以及60余项世界顶级游乐设施。合肥万达主题乐园占地超40万平方米，总投资逾20亿元，共分六大主题区域，包含世界最高最快立环过山车、中国首台断轨过山车等33台世界级游乐设备，是大型徽文化主题乐园。南京万达乐园占地4万平方米，定位为全球唯一的全天候金陵文化主题公园，总投资达6亿元，于2018年6月1日正式对外营业。短期内快速布局多个主题公园缺乏足够的主题孵化和体验设计，公园的主题体验缺失；加之各地公园独立设计开发，主题不同，结构不一，难以形成连锁的规模效应。主题公园建成后其运营必然面临诸多困难。

## 8.3　主题公园房地产的内在机制

在全球化背景下，资本积累的方式发生明显变化。主题公园作为一种后现代消费空间的典型被全球资本赋予更多含义，机会主义伴生。与此同时，地方资本盲目跟风去追逐全球资本的脚步，在企业型地方政府的鼓动下，往往甘冒风险。然而，主题公园的开发是一个完全的商业行为，以实现经济利益最大化为目标。主题公园项目的初始投资规模大、风险高、后期持续更新投入也很大。然而，为何众多企业近年来仍大举进军主题公园房地产领域，其背后有着怎样的合理性机制呢？

### 8.3.1　主题公园与房地产开发在区位选择上的契合

从宏观区位和微观区位看，主题公园与房地产项目都存在较大的一致性。从宏观上看，主题公园一般选择城市人口规模大、流动人口数量多、经济发展水平高的大城市或城市群中心区域。保继刚（1994）曾引介美国城市土地研究所关于主题公园宏观区位选择的量化标准。按照这一标准，目前我国沿海一线城市，甚至许多二三线城市都具备发展大型主题公园的条件。随着我国经济的快速发展和城市化进程的深入，将有更多的城市满足开发主题公园的条件。从微观区位看，大型主题公园一般选址在大城市边缘区，多位于环城游憩带上，属于城市化的拓展地带，用地条件限制小，地价相对便宜，拆迁成本低，不仅适合发展主题公园，更适合开发房地产。目前，我国主题公园房地产开发的项目主要集中在这一区域。主题公园与房地产在空间选择上的契合为二者关联开发提供了客观基础。

### 8.3.2 主题公园长线投资与房地产短线投资的互补

从投资的角度分析,公园与房地产的关联开发是一种能够创造巨额利润的模式(Olmsted and Kimball, 1970)。早在 19 世纪初,英国伦敦的摄政公园(Regent's Park)及周围的高端住宅就被认为是当时伦敦最美的住宅区,同时也是高利润的房地产投资项目(Chadwick, 1966; Conway, 1991)。房地产开发利润较高、投资大、收效快,是典型的短线投资。然而,主题公园和高尔夫球场一样是长线投资(需要大量持续的更新投入),运营管理的技术难度也很大。在美国,开发商往往将建好的高尔夫球场或公园交给当地公园和游憩设施管理机构或者非营利性住户(non-profit homeowners)管理,而更为普遍的策略是将这些设施捐献给政府(Crompton, 2000),但主要是公共公园而非主题公园。公园与周边房地产之间存在投资互补的可能。事实上,早在19世纪由公共资金建设,并面向公众开放的伯肯黑德公园就采用了邻近效益,周边建设的房地产项目利润不仅支付了公园的建设费用和土地成本,还能从房产税中产生持续的利润用以支付公园未来的发展(Tate, 2001)。然而,以获取经济利益为核心目标的主题公园并不同于普通的市政公园,主题公园很难转嫁给政府管理。主题公园经营管理的技术门槛高,维持高游客量需要持续投入和精细管理,而周边房地产短期的收益并不能为主题公园后期的持续更新投入提供资金支持。主题公园长线投资与房地产短线投资的互补只是一种暂时性的互补,无法提供持续的资金、技术、管理等方面的支持。这也就是中国许多主题公园后期经营面临困境的原因之一。

### 8.3.3 主题公园对周边房地产的增值效益

对大多数中国人而言,主题公园代表了一种高品质的城市生活,是现代城市文明的象征。人们更愿意为临近公园的房子支付比其他地方类似房子更高的费用(Crompton, 2004)。主题公园对周边房地产的影响主要体现在所产生的经济、社会和环境价值上。公园的开发能够招徕人流,为社区吸引商业投资和富裕人口提供相对优势(Haigood and Crompton, 1998)。主题公园周边的社区人文环境要比普通社区更为"城市化"。公园和其他开放空间的社会效益是多元化的,它涉及人们日常生活的方方面面。主题公园对周边房地产的影响,尤其是对房地产价值的提升表现为购买者对房地产价值的感知和认可。保继刚(1995)以深圳华侨城主题公园的开发为例,证明了主题公园对房地产的增值效益。深圳华侨城创造了一个优良的城区环境。1995年,深圳华侨城的绿化率高达46.94%,达到世界一流社区的水平。优美的环境，使华侨城的住宅商品房始终走俏，升值很快。1988~1992年，深圳华侨城房地产开发公司，开发各类房屋238栋，建筑面积95万平方米，其中商品房近20万平方米。无论是高层楼宇，还是花园别墅，其卖价均比邻近的沙河地区高30%左右（保继刚，1995）。主题公园创造的良好环境和带来的大量客源促进了房地产的开发和增值，美国华盛顿城市土地研究所的有关研究表明，主题公园可带动地价上涨3~4倍。主题公园对周边房地产的增值效益成为一些房地产追逐的目标，临近主题公园是新开发楼盘营销宣传上的亮点。

## 8.4 中国主题公园房地产发展反思

区位选择上的契合和主题公园对房地产的增值效益为两者关联开发提供了空间上和经济上的可行性，而地方政府对房地产开发的政策要求使这种开发模式成为一种必然选择。在长线投资与短线投资的互补思路下，受到深圳华侨城成功的启发，主题公园与房地产关联开发成为旅游房地产开发的主流模式，客观上推动了我国主题公园的发展浪潮。在这样的发展动因下，隐藏了深刻的弊端。主题公园经营的高难度和高风险，加上公园对房地产增值的不确定性，导致开发商畏惧不前，甚至背离初衷，篡改蓝图，在建设实施的过程中弱化了主题公园内容。加之政府规划管理不力、可持续发展缺乏有效保障机制，主题公园与房地产关联开发又往往演变成开发商的短视行为和投机行为。

2018年4月，国家发展和改革委员会、国土资源部、环境保护部、住房和城乡建设部和国家旅游局联合印发了《意见》。《意见》对促进主题公园行业健康有序发展的总体要求、科学规划、严格规范、提升质量和组织实施五个方面提出了指导性意见，为全面推进中国主题公园产业的规范、健康和可持续发展提供了政策依据。

近年来，我国主题公园迎来了新一轮投资热潮，全国主要省、区、市都有多个主题公园项目已经建成或者正在建设。一些主题公园项目的总体投资超过百亿元，甚至号称千亿元，占地几千亩，有的过万亩。然而，许多主题公园正如《意见》中指出的那样，概念不清、盲目建设、模仿抄袭、低水平重复，缺乏竞争力，浪费了城市宝贵的资金和土地资源，一些地方政府也因此背负沉重的债务，得不偿失。更为重要的是，许多主题公园项目捆绑房地产项目，以打造主题公园地产或城市娱乐综合体的概念大肆圈地，最终房地产项目销售一空，而主题公园项目要么成"烂尾工程"；要么低于承诺标准建设，缺乏文化主题，成了房地产配套，产生"假公园真地产"项目。因此，《意见》也明确指出，要严肃组织查处违反土地用途和建设方案要求，利用主题公园土地开发房地产的行为，防止主题公园房地产化。

依托庞大且快速增长的潜在消费市场，中国主题公园产业正以前所未有的速度增长。国外主题公园争相进入中国，包括迪士尼乐园、环球影城等国际知名主题公园都已经在中国开业。投资的量级高达数百亿元，远超中国品牌企业的投资规模。为了面对激烈的全球品牌竞争，中国本土企业也尝试大规模投资，迅速推进乐园的全国布局，扩大关联项目投资。许多房地产企业跃跃欲试，尝试涉足主题公园的开发和经营。与此同时，某些地方政府将主题公园作为城市现代化的标准配套，过度夸大主题公园对城市形象和社会经济的带动作用，盲目跟风，积极鼓励企业投资开发。

科学规划、理性开发和提升品质是中国主题公园产业良性发展的关键。近年来，在一些国际品牌进入中国，以及房地产企业的积极鼓吹下，中国主题公园的投资量级被拉高，投资不断加码，配套过多，圈占的用地超过合理范围。一些项目最初号称投资很高，但实际投资很少；圈占的用地很多，但实际用于建设主题公园的很少。科学规划必须跟进主题公园发展的一般规律，明确目标市场，设定合理投资规模和开发范围，降低主题公园对关联项目的依赖性，提高主题公园自身的营利能力。各地政府要根据本地区经济社会发展情况、区域人口规模、城市化程度和旅游市场条件等因素，严格科学论证，统筹协调，避免恶性竞争和低水平重复，尤其是防范地方债务、社会、金融等风险。

中国是全球主题公园市场增长最快的国家，也是未来全球最大的主题公园市场。房地产业在短时间能够推动主题公园产业的快速发展，但却很难孵化出真正的品牌和主题体验，从而提升主题公园的开发品质。当前，中国主题公园低水平重复、粗制滥造的问题依然存在，一些具有良好主题体验的公园也主要是引进国外 IP（intellectual property，知识产权），对中国传统文化的利用和转化不足。事实上，中国的传统文化资源丰富，许多文化 IP 的故事市场认知度高于引进的西方 IP，但由于我国企业将文化资源转化为主题体验的能力较弱，使得一直以来利用中国传统文化 IP 转化的主题公园吸引力都较差。文化资源的利用和转化是一项需要长期实践的系统工程，需要有一批企业、一批人才和大批资金的参与，更需要时间来孵化。从这个意义上说，急功近利的开发模式很难真正做出中国文化的主题公园。

# 第 9 章　主题公园与新城开发

中国主题公园的开发往往是位于城市新区或城乡接合部的开发区。这个区域要么面临城市产业转型升级的需要，亟须新的经济增长引擎；要么新城建设，需要一个吸引点，带动区域的整体开发。事实上，这种案例不胜枚举。武汉欢乐谷的综合开发，带动了整个武汉东湖片区的发展。上海迪士尼乐园的开发目前是整个上海川沙地区的经济引擎。从全球范围看，将主题公园开发作为经济转型或地方经济发展重要引擎的做法并不鲜见，而且常常作为首选。这是因为一方面，主题公园及其相关业态的开发属于面向终端消费的第三产业，能够带来巨大的商业客流，刺激区域经济转型和增长；另一方面，主题公园与房地产等其他产业有着高度的关联性，易于配套其他产业发展，整合性强，常常作为综合开发的要素。那么，新城区域的主题公园开发需要什么条件？会面临什么困难？又能够给新城社会经济带来何种影响？本章将以巴黎迪士尼度假区开发为例，试图给上述问题的回答提供启示。

## 9.1　巴黎马恩河谷的新城开发

马恩河谷（Marne la Vallée）是巴黎地区 5 个新城之一，始建于 20 世纪 60 年代，是法国人口最多的一个新城，位于法国首都巴黎市区以东，马恩河南岸。市区呈东西走向，长度超过 20 千米，跨越了法兰西岛大区的 93、94 和 77 三个省，总面积 152 平方千米，人口约 30 万人。河谷分为四个部分：巴黎门（Porte de Paris）、莫布韦谷（Val Maubuée）、布希谷（Val de Bussy）和欧洲谷（Val d'Europe），人口密度由西向东依次递减。

马恩河谷新城的建设是根据当时的巴黎萨德伯（Sudaurp）规划所建立的围绕巴黎的 5 个新城之一，由于新城的建设主要沿着巴黎附近的马恩河的南岸展开，所以被称为马恩河谷新城。巴黎新城开发计划在20世纪60年代末期成型，当时计划在巴黎周边开发五个新城，即埃夫里、塞尔齐蓬多瓦茨、圣康丁昂伊夫利纳、梅伦塞纳尔、马恩河谷。1972年8月17日，马恩河谷城市管理局（l'établissement public d'aménagement de Marne-la-Vallée）正式成立，负责整个马恩河谷的总体开发。

马恩河谷新城不像传统城市那样在漫长的历史长河中缓慢成长起来，而是在地区城市化加速发展的前提下，在短期内迅速建设而成，这使得其在规划层面上有许多与其他一般城市不同的规划理念与规划方式。正是这些标新立异的规划理念和规划方式使得马恩河谷新城能够脱颖而出，在城市的经济、产业、景观等方面的建设取得较大的成就。马恩河谷新城以城市优先发展轴、葡萄串状不连续建成空间、等级化交通体系和分层布局式的城市组团结构为特征的空间布局模式被认为是城市规划设计领域的一次大胆尝试，而马恩河谷新城在短短30年的快速健康发展充分证明了这种布局模式的合理性。

马恩河谷新城是5个巴黎新城中距离巴黎最近的一个，地处半城市化郊区向传统农业地区的过渡地带，因此，同时服务于新增城市人口还有巴黎郊区的优势，加强了马恩拉瓦莱新城成为地区中心城市的地位。马恩河谷新城以北是马恩河，以南是大片森林，二者都是必须严格保护的重要自然景观要素，特定的自然条件决定了新的城市建设只能在二者之间呈线性展开。为了给新城开发留有足够的空间，并出于保护自然空间的考虑，城市优先发展轴上的建设用地被分解成若干相对独立的城市组团，它们通过快速轨道交通线路和高速公路相互联系，又被南北向的绿色空间相互分隔，形成葡萄串状不连续的布局形态。葡萄串状不连续的空间布局形态与传统城市建成空间连绵发展的城市形态形成鲜明对比，这是马恩河谷新城空间发展规划的独创性所在。新城开发过程是渐进的，即从第一区域（巴黎门）到第四区域（欧洲谷）逐渐推进。在第三区，城市化直到20世纪80年代才开始。巴黎迪士尼所处的第四区1987年以前一直处于储备状态。1987年，城市化开始了，马恩河谷政府与迪士尼集团达成了开发协议。除了北美公司的娱乐综合体之外，规划部分包括欧洲谷城市中心、一个国际商业公园、新住宅区和欧洲食品区项目。根据当时的纲要计划，第四区马恩河谷"新城镇"的目标是在其成立之初就达到能够容纳40 000名居民、14 000处新居、700 000平方米办公空间及450 000平方米活动区的规模，这意味着就业总人数大约为65 000人。它通过A4高速公路（从1976年开始运行）、巴黎快速网交通系统A号线（从1977年开始运行）和高速列车（从1994年开始运行）与巴黎相连接。

在马恩河谷新城的各城市组团内部，不同功能空间围绕快速轨道交通车站呈现圈层状布局，建设密度和人口密度由中心向外缘逐步降低；自然的林地、水系被经过精心设计的林荫步道联系在一起形成绿脉，与密集的建成空间相互交织穿插。车站作为空间组织的核心，周围集中布置各种公共服务设施、商务办公机构和少量住宅，形成相对密集的组团中心；在组团中心以外，是以高密度集合住宅为主的居住区，间以部分占地少、干扰小的生产企业，并结合居住区服务设施配套形成小区中心；在居住区外围，沿公路或铁路分布着大部分生产企业；在城市组团边缘，是低密度的郊区住宅和大片的自然空间。

与同时期的大多数新城建设相类似，马恩河谷新城的建设是分期实施的，4个城市组团分别建于不同的历史时期，目前的发展进程也有明显差异。第一个分区巴黎门建设于20世纪70年代初，为新城中心所在地，也是距离巴黎最近的一个分区。第二个分区莫布韦谷建设于20世纪70年代中期；第三个分区布希谷建设于1985年；第四个分区欧洲谷，也就是迪士尼乐园所在地则建设于1987年，是现在四个新区中发展最为迅速的一个。

第一分区始建于20世纪70年代初。它毗邻巴黎，区内公路、铁路汇集，原有城市建设已达到一定的密集程度，因此被确定为新城城市中心，同时承担地区城市中心的职能，至今已形成相当规模，成为除巴黎和拉德芳斯以外的第三个三产就业中心，在调整巴黎东郊空间结构重组、促进巴黎东郊协调发展等方面的作用十分突出。目前，这里有居民近10万人，建成住宅超过4万套，可提供就业岗位3.3万多个。这里第三产业发达，既有巴黎地区商业交易活动最为活跃的购物中心之一，又有以IBM为代表的世界著名企业的办公机构。

第二分区在20世纪70年代中期开始动工建设，以容纳由于新城城市中心的吸引而产生的人口增长。莫布韦谷的规划充分发挥了当地特有的自然环境优势，创造出优美、舒适的住区环境，吸引了大批居民来此落户，人口规模从1975年的不足1.6万人迅速增加到2000年的8.8万人，新建住宅的增长速度在4个城市分区中也是最快的。同时为了适应巴黎地区经济社会发展的变化，产业园区、研发中心等新型城市功能空间不断出现，使第二分区的经济功能得到加强。目前，这里拥有巴黎地区最大的产业园之一，建成办公面积50万平方米，接待各类企业机构2 500家，提供就业岗位3.7万多个。其中的迪斯卡特科学城，填补了巴黎东部地区没有从事高等教育培训和基础应用研究的专业机构的空白。该区域已吸引了十多所欧洲著名高校和科研机构以及近200家企业的研发部门在此安家落户，它们主要从事建造艺术、电子技术和信息技术等方面的科学研究，大大提升了巴黎东部地区的发展质量。

第三分区是马恩河谷新城中最大的一个城市分区，它的建设在1985年正式拉开帷幕。布希谷的主要职能是接纳以知识经济生产为特征的新型企业，以适应20世纪80年代以来巴黎地区经济社会发展向后工业化过渡的新趋势。目前已形成住宅、商务办公和产业开发等几大功能分区。布希谷的建设依托原有市镇，由住宅商务办公和产业开发等几大功能区组成。新区的规划设计严格遵循前期规划制定的空间布局原则，同时又表现出与早期城市组团不同的设计风格。一是城市外部空间设计有回归古典主义的倾向，不仅采用了几何形的路网结构，而且大量使用了古典的设计语汇；二是将更多的绿化空间引入城市建成空间，形成自然风格的城市环境；三是在住宅设计中更加突出人性化并形成自然风格的城市环境。

第四分区欧洲谷是最晚开发，也是离巴黎市区最远的组团。在前面三个区已经布满第三产业的情况下，法国政府一直思考如何提高欧洲谷的吸引力，以吸引巴黎人口流向最远的欧洲谷。这就需要一个重大的吸引物——迪士尼乐园。对于法国政府来说，巴黎迪士尼乐园是能够吸引大范围人口迁移的核心吸引物。欧洲谷的建设包括迪士尼乐园综合体，也包含了住宅、多功能国际商业公园、办公区域和大型购物中心。1987 年，马恩河谷新城计划仅仅实施到了第一分区和第二分区，第三分区刚刚起步。这一年，马恩河谷政府与迪士尼集团公司达成合作协议，在 3 000 多公顷的城市面积内投资建设占地 2 000 公顷的迪士尼乐园。

由于迪士尼乐园的到来，私人企业和公共部门能够在推动地方经济发展和土地均衡发展方面迅速达成一致意见。对于政府而言，它必须保证迪士尼乐园运营的环境和外部条件。迪士尼乐园的建设也为第四分区乃至整个马恩河谷新城开发构筑了新引擎。因此，一系列涉及迪士尼乐园及周边土地开发的规划都在欧洲迪士尼公司和法国环境保护署的掌控下执行。实际上，法国环境保护署是一个国土开发的市政机构，它的使命就是推进其能力范围内的规划并执行所有必要的操作。政府和企业联手构建新型政企合作开发模式，强力推动迪士尼乐园的落地，并有能力去管理土地、协调其他当地及当地之外的行政机构。从这个意义上说，巴黎迪士尼乐园的开发模式从一开始就得到了法国政府的强力支持和推动，给予了最大程度的便利。

欧洲迪士尼公司拥有并经营着巴黎迪士尼主题公园和度假村。于 1992 年开业的巴黎迪士尼乐园拥有 43 个游乐设施及景点、餐厅、商店和现场娱乐表演。它是欧洲顶级的旅游胜地，每年吸引超过一千万人的游客。十年之后，欧洲迪士尼公司启动了第二个主题公园——华特迪士尼影城公园的开发，它每年吸引超过两百万人的游客。该公司还经营着七家酒店、两个会议中心及连接公园和周边酒店的迪士尼乡村娱乐中心。欧洲迪士尼公司也开发了自己的城镇——瓦尔德欧洲，它包括一个购物中心和一个商业公园。欧洲迪士尼公司向拥有 39.9%股份的迪士尼集团支付特许权使用费和管理费。沙特王子瓦利德拥有 10%的股份，其他几个组织拥有其余的股份。

尽管巴黎迪士尼乐园开业初期并不算成功，但作为马恩河谷新城最年轻的一员，第四分区的发展势头十分强劲。从 1990 年到 2000 年，其居民数量从 5 200 人增加到 12 000 人，就业岗位从 840 个增加到近 12 000 个，其中第三产业就业岗位的比重高达 99.5%。住宅总量从 1 630 套增加到 4 200 多套，同期完成土地市政配套 7 平方千米，开发产业园区 208 公顷，建成用于办公、教育和培训的建筑面积达 76 万平方米，商业建筑面积 19 万平方米，形成了 18 400 间旅馆客房的接待能力，每年迎接来自世界各地的旅游人口近 1 200 万人。自 1992 年开园以来，这里已成为人们旅游度假休闲的首选目的地，在经济、社会、旅游、税收等方面均产生了巨大收益。

## 9.2　巴黎迪士尼乐园的发展

由于美国主题公园产业是一个成熟市场，增长缓慢。迪士尼集团在美国本土发展前景受限，不得不放眼海外市场。在日本东京迪士尼乐园取得成功后，它迅速希望布局欧洲。迪士尼集团在欧洲广泛物色选址，很快在葡萄牙、西班牙、法国、意大利、希腊等多个候选地点中，将范围缩小到西班牙和法国。西班牙长年温和、阳光明媚，特别适合开发主题公园，且西班牙已经被证明是欧洲重要的主题公园胜地。然而，西班牙交通条件最好的巴塞罗那周围没有足够大的用地来发展。

法国政府慷慨大方的优惠措施，加上给人深刻印象的地区人口数据，促使迪士尼集团选址巴黎。法国政府急于得到这一项目，以推动马恩河谷新城的开发，借此提高自己作为欧洲旅游中心的地位。因此，法国政府提供了慷慨、灵活多样的优惠措施，包括高达 48 亿法郎的低于市场利率的固定利率贷款；取消建设施工费方面的税款；由法国政府免费建造连接巴黎到乐园的公路、铁路——英国英吉利海峡海底隧道公路即将开通，巴黎—里昂高速火车预计从1994年投入运营开往乐园；以 1971 年农用土地的价格将 4 800 英亩土地卖给迪士尼乐园。乐园以外的度假和房地产开发预计到 1992 年到 1995 年完成，收入将达计划总收入的四成左右。

据当时的测算，欧洲有 3.1 亿人居住在离巴黎迪士尼乐园选址只有 2 小时飞行距离的范围内，其中 1 700 万人可以在 2 小时内开车抵达乐园，这比其他任何乐园的选址都具有人口优势。与此同时，巴黎本来就是全世界各民族游客心目中最受欢迎的欧洲城市，每年拥有庞大数量的国际游客到访。然而，巴黎的气候是个问题，法国北部凄凉的冬季气候令主题公园室外项目难以正常运营，见表 9-1。

表 9-1 巴黎气候情况（1971~2000 年）

| 月份 | 1月 | 2月 | 3月 | 4月 | 5月 | 6月 | 7月 | 8月 | 9月 | 10月 | 11月 | 12月 | 全年 |
|---|---|---|---|---|---|---|---|---|---|---|---|---|---|
| 平均高温/℃ | 6.9 | 8.2 | 11.8 | 14.7 | 19.0 | 21.8 | 24.4 | 24.6 | 20.8 | 15.8 | 10.4 | 7.8 | 15.5 |
| 平均低温/℃ | 2.5 | 2.8 | 5.1 | 6.8 | 10.5 | 13.3 | 15.5 | 15.4 | 12.5 | 9.2 | 5.3 | 3.6 | 8.6 |
| 平均降水量/毫米 | 54 | 44 | 49 | 53 | 65 | 55 | 63 | 43 | 55 | 60 | 52 | 59 | 54 |
| 每月平均日照时数 | 62 | 80 | 122 | 147 | 203 | 189 | 211 | 229 | 159 | 114 | 69 | 46 | 136 |

资料来源：Météo France

气温和雨日数是影响主题公园正常运营的主要气候因素。根据表 9-1 可知，受到北大西洋洋流的影响，巴黎属于温带海洋性气候，终年盛行西风。冬天的巴黎，难得见到太阳，雨水比较充沛，雾气较多。夏天平均温度介于 15~25℃，但是最高温有时也会超过 30℃。巴黎整年都会降雨，但是巴黎并不是非常多雨的城市，偶发性的大雨反而比较常见。巴黎每年降雨量为 652 毫米，每个月份都十分平均。显然，这样的气候条件建设大型主题公园并不是特别理想，远逊于西班牙的巴塞罗那。

然而，这并不能阻碍迪士尼集团成功开发巴黎迪士尼乐园的信心。日本东京迪士尼乐园的成功激发了迪士尼集团开发巴黎迪士尼乐园的雄心壮志。巴黎迪士尼乐园的最初设计也超过之前所有的迪士尼乐园。巴黎迪士尼乐园的开发协议于 1987 年签署，计划占地 2 000 公顷，分为三期推进。第一期建设一个魔幻王国主题公园、6个酒店（总计 5 200 个客房）以及配套商业和住宅区。预计开业第一年带来 1 100 万人次游客，随后迅速达到每年 1 500 万人次，酒店的入住率能够达到 85%。第二期建设一个类似佛罗里达奥兰多迪士尼世界一样的迪士尼影城乐园，预计投资 3.38 亿美元，每年产生 800 万人次游客，原定于 1995 年开业。第三期建设未来世界（EPCOT），计划在 2000 年开业，包括主题大道、水公园以及 13 000 个床位的酒店群（Richards G and Richards B，1998）。

1992 年 4 月，巴黎迪士尼乐园向欧洲游客敞开了大门。这座坐落在巴黎城东 20 英里外马恩河畔的乐园，按照设计将成为迄今为止迪士尼公司最大的、主题最丰富的乐园。它比加利福尼亚州安纳海姆的迪士尼乐园，佛罗里达州奥兰多的迪士尼世界，还有日本东京迪士尼乐园都要大。然而，情况似乎比决策者们预计得更为复杂。

在投资上，迪士尼集团采取了较为激进的策略。在加利福尼亚州迪士尼乐园项目中，由于迪士尼集团事先没有控制乐园周边土地，其他投资者抢购了安纳海姆迪士尼乐园附近未开发的土地，客观上限制了今天加利福尼亚州迪士尼乐园的扩张。迪士尼集团也因此损失了开发周边房地产项目获取巨额利润的机会。在奥兰多的迪士尼度假区的开发中，迪士尼集团扩大用地范围，但却低估了消费者对于酒店的需求，也损失了许多酒店业收益。在东京迪士尼项目中，迪士尼集团又过于保守，未能取得乐园的所有权，只是收取品牌形象的许可费，损失了大部分经营收益。有鉴于此，迪士尼集团占有巴黎迪士尼乐园 49%的股份，迪士尼集团希望从乐园管理费和商品销售提成两方面获利。根据法国政府在 1987 年 3 月签订的总协议，巴黎迪士尼乐园 51%的股份将出售给欧洲投资者，其中一半左右售给了法国人。当时工程造价为 120 亿法郎（约合 18 亿美元）。一开始，迪士尼集团以 8.5 亿法郎的价格（约 1.275 亿美元）买下了原始股份。在公开发行以后，迪士尼的股份因它那神奇的名字"迪士尼"陡然涨到了 10 亿美元。

在经营上，迪士尼集团也过于乐观。公司管理者最初预期仅在第一年就有 1 110 万欧洲人游览巴黎迪士尼乐园。理由有二：一方面，参照美国迪士尼乐园的经验数据，自美国迪士尼公园开业以来，每年吸引 4 100 万名游客。如果巴黎迪士尼乐园以同样的比例吸引游客，在西欧的 3.7 亿人口中，将有 6 000 万人参观游玩。另一方面，欧洲人比美国人拥有更多的假期，如在法国和德国，职员拥有 5 周的假期，而美国职员只有 2~3 周。基于这一乐观估计，巴黎迪士尼乐园认为欧洲顾客对于价格并不敏感，将票价定为成人 51 美元，儿童 34 美元，而当时美国奥兰多的票价分别为 40 美元和 26 美元。迪士尼集团还签署了一个拥有 5 200 套房间的酒店建造合同，比度假胜地戛纳城全城的旅馆房间还多，房间的价格定为每晚 97 美元到 395 美元不等。据当时预计，这个酒店的总体入住率会达到 85%的水平。为了克服法国冬天寒冷的气候，保证全年游客流的稳定，迪士尼乐园的大部分将被建在室内，客观上增加了建设成本。然而，其结果是按照巴黎迪士尼乐园的投资，以及当年的门票价格，每年至少需要 1 400 万名游客才能达到盈亏平衡，而它实际的设计容量仅为 1 200 万名游客，更为严重的是初期每年仅有 900 万名游客到访（Bourguignon，2005），见表 9-2。

表 9-2 欧洲迪士尼公司 1992~2004 年的经营绩效

| 年份 | 1992 | 1993 | 1994 | 1995 | 1996 | 1997 | 1998 | 1999 | 2000 | 2001 | 2002 | 2003 | 2004 |
|---|---|---|---|---|---|---|---|---|---|---|---|---|---|
| 迪士尼乐园/万人次 | 7.0 | 9.8 | 8.8 | 10.7 | 11.7 | 12.6 | 12.5 | 12.5 | 12.0 | 12.2 | 10.3 | 10.2 | 10.2 |
| 迪士尼影城乐园/万人次 | 0.0 | 0.0 | 0.0 | 0.0 | 0.0 | 0.0 | 0.0 | 0.0 | 0.0 | 0.0 | 2.8 | 2.2 | 2.2 |
| 总游客量/万人次 | 7.0 | 9.8 | 8.8 | 10.7 | 11.7 | 12.6 | 12.5 | 12.5 | 12.0 | 12.2 | 13.1 | 12.4 | 12.4 |
| 人均消费/欧元 | 56.3 | 40.4 | 39.7 | 35.2 | 37.8 | 38.3 | 39.7 | 40.7 | 42.2 | 43.1 | 42.7 | 40.7 | 40.1 |

续表

| 年份 | 1992 | 1993 | 1994 | 1995 | 1996 | 1997 | 1998 | 1999 | 2000 | 2001 | 2002 | 2003 | 2004 |
|---|---|---|---|---|---|---|---|---|---|---|---|---|---|
| 收入/百万欧元 | 396 | 395 | 349 | 376 | 409 | 452 | 464 | 460 | 459 | 476 | 526 | 508 | 531 |
| 酒店入住率 | 74.0% | 55.0% | 60.0% | 68.5% | 72.2% | 78.0% | 80.9% | 82.6% | 82.9% | 86.0% | 88.0% | 85.0% | 80.0% |
| 酒店收入/百万欧元 | 190 | 262 | 234 | 270 | 296 | 330 | 365 | 352 | 370 | 387 | 412 | 417 | 405 |
| 物业收入/百万欧元 | 0 | 0 | 0 | 0 | 0 | 0 | 0 | 0 | 15 | 37 | 27 | 24 | 12 |
| 其他收入/百万欧元 | 0 | 85 | 49 | 51 | 50 | 53 | 69 | 108 | 115 | 105 | 106 | 99 | 100 |
| 总收入/百万欧元 | 586 | 742 | 632 | 697 | 755 | 835 | 898 | 920 | 959 | 1 005 | 1 071 | 1 048 | 1 048 |
| 经营成本/百万欧元 | 370 | 516 | 430 | 418 | 432 | 480 | 501 | 503 | 531 | 549 | 609 | 639 | 664 |
| 管理费用/百万欧元 | 129 | 170 | 152 | 169 | 173 | 175 | 173 | 171 | 171 | 186 | 187 | 202 | 203 |
| 折旧与摊销/百万欧元 | 48 | 35 | 44 | 40 | 43 | 45 | 47 | 49 | 50 | 54 | 64 | 66 | 147 |
| 特许权使用费/百万欧元 | 30 | 62 | 0 | 0 | 0 | 0 | 0 | 31 | 31 | 32 | 35 | 8 | 58 |
| 总成本/百万欧元 | 577 | 783 | 626 | 627 | 648 | 700 | 721 | 754 | 783 | 821 | 895 | 915 | 1 072 |
| 经营利润/百万欧元 | 9 | −41 | 6 | 70 | 107 | 135 | 177 | 166 | 176 | 184 | 176 | 133 | −24 |

资料来源：企业年报、休闲商业杂志和贝尔斯登（Bear Sterns）数据

根据表9-2可知，由于巴黎迪士尼乐园开业前两年低迷的市场反应和糟糕的财务状况，1994年3月，迪士尼集团曾考虑了其倒闭的可能性。为了解决这个问题，迪士尼集团与一个由60家银行组成的财团达成协议，宣布对拥有巴黎迪士尼乐园休闲娱乐中心的欧洲迪士尼公司所亏欠的100 000万美元进行债务重组。同时，沙特王子阿尔瓦利德-本-塔拉勒-本-阿卜杜拉齐兹-埃尔-萨德以24 700万美元购买了该公司将近四分之一的股份。20世纪90年代，在巴黎郊区新建一个奥兰多的计划被放缓，第二个公园也比预想的更迟建成，直到2002年才开业。2002年，巴黎迪士尼乐园营业收入仅为10亿欧元左右，与2001年相比下降了2.1%。亏损额高达5 600万欧元（约合6 600万美元），远大于分析师先前预测的亏损5 330万欧元的预期，与2001年相比增加了70%。面对亏损扩大的势态，迪士尼决定在2004年3月将门票价格下调，以吸引更多的游客，然而这也并未换来游客量的增长。

为了克服开业以来面临的诸多困难，以及远低于预期的绩效表现。迪士尼集团主要采取两项措施进行调整。一方面，通过公园内部运营管理的提升，降低运营成本，增加宣传力度，扩大游客入园量。度假区的员工第一年的冬天就削减到

了12 000人，到1993年的冬天则削减到了10 000人。酒店的价格大幅降低，到1993年平均下降为原来的70%。该方案确实在一定程度上起到作用。酒店的入住率迅速上升，从1994年的60%多上升到1995~1996年的80%左右（Richards G and Richards B，1998）。从1992年到1998年，巴黎迪士尼乐园的游客量从700万人次上升到1 250万人次，总收入从5.86亿欧元上升到8.98亿欧元。效果是明显的，但仍低于预期。另一方面，迪士尼集团认为从20世纪80年代开始的欧洲房地产市场繁荣将会持续，迪士尼集团外部的房地产开发的利润将反哺主题公园开发的亏损，帮助偿还34亿美元的债务，并有可能进一步获得足够资金建设第二个主题公园。然而，不幸的是巴黎迪士尼乐园开业的时期遇到整个欧洲严重的经济衰退期，游客的消费水平远远没有达到预期。房地产市场也没有那么景气，乐园周边房地产开发计划被迫终止。显然，对于如此长周期的旅游投资而言，外部环境的稳定性影响非常大。

以今天的视角看，作为新城开发的一部分，巴黎迪士尼乐园的建设被赋予了过高的期待，乐观情绪误导了投资理性，低估了文化差异和市场偏好的影响，最终造成了亏损。原因显然是多方面的。

第一，过高的初始投资让企业背负了沉重的固定资产折旧。重资产运营让经营团队举步维艰。加之恰逢欧洲经济衰退，资本市场艰难，无形中进一步增加了债务危机。迪士尼集团在投资上占有49%的股份，却在管理上100%掌控。迪士尼集团事实上以每股10法郎（约合2美元）的价格购买股票，而其他股东则以每股70法郎（约合13美元）的价格购买。换句话说，迪士尼集团仅仅以11%的资金就获得了49%的股权。更为重要的是，巴黎迪士尼乐园还需要支付迪士尼集团管理费用和品牌使用费。这意味着，即使巴黎迪士尼乐园经营亏损，迪士尼集团的总体损失也会很少，确保了母公司总体收入的稳定性。这客观上招致了欧洲本土投资者的反感，也降低了迪士尼集团运营好巴黎迪士尼乐园的积极性和责任感。

第二，选址在宏观和微观上均存在问题。宏观上，巴黎的气候条件确实影响整体旅游环境，导致巴黎迪士尼乐园冬天极低的游客流。超过70%的游客选择夏季到访巴黎迪士尼乐园（Taylor and Stevens，1996）。微观上，该位置尽管是马恩河谷新城最远的分区，但距离巴黎市区不到35千米。新城便捷的公共交通让游客来去自如，大部分游客选择一日游，从而减少了酒店的收入。

第三，文化差异和文化冲突影响很大。欧洲传统文化的优越感对代表美国文化的迪士尼乐园产生了排斥心理，其宣传推广也受到了抵制。法国人认为巴黎迪士尼乐园是美国帝国主义的象征。法国人对美国式童话故事中的卡通人物，没有幻想，反而蔑视。在法国文化中受人爱戴的卡通主角，如法国畅销漫画的主角阿斯特利斯（Asterix），是一个戴着头盔，身高略微矮小的武士，而阿斯特利斯的主题公园就在巴黎迪士尼乐园附近（Richards G and Richards B，1998）。

第四，管理上迪士尼集团秉持了美国中心主义，最初管理团队中的人员90%来自美国（Go and Pine，1995）。许多经营管理的策略照搬照套美国模式，对巴黎迪士尼乐园在游客量、旅游收入、入住率和园内二次消费比例等的预测在事后被证明是错的（McGrath and MacMillan，1995）。如果管理团队更加法国本土化，或许就不会低估文化差异和冲突的影响，或许在对市场的预期和判断以及营销策略的选择上更加理性有效。

上述原因导致巴黎迪士尼乐园在开业后的前几年几乎年年亏损。然而，从20世纪90年代后期开始，巴黎迪士尼乐园的运营状况明显改善。2017年，巴黎迪士尼乐园的游客量为966万人次，而巴黎迪士尼影城乐园接待游客520万人次，两个园区总计1 486万人次[①]。巴黎迪士尼乐园事实上已经成为欧洲主要的主题公园目的地。

## 9.3　迪士尼乐园与新城开发

巴黎迪士尼乐园到底在马恩河谷新城的开发中扮演了怎样的角色？给新城开发带来了哪些社会经济效益？毕竟，迪士尼乐园的引入是基于整个新城开发的战略考量做出的，评价它的效益自然不能仅仅从公园本身的盈亏平衡出发，而应该从更为宏观的区域发展角度，评估其社会经济乃至环境效益。

巴黎迪士尼乐园作为全欧洲最大的主题公园目的地，每年吸引1 500万人次的游客到访。这些游客当中，55%的游客自驾车来到乐园，15%的游客选择搭乘飞机，14%的游客选择乘坐火车，11%的游客乘坐客车，其余5%的游客是通过服务于巴黎周边地区的铁路系统到达乐园。2016年，巴黎迪士尼乐园总体收入为12.78亿欧元，其中两个主题公园收入为7.22亿欧元，占比56.49%；酒店部门收入为5.05亿欧元，占比39.51%，其余收入包括房地产开发收入，占比很小，仅为7.06%。巴黎迪士尼乐园主题公园游客人均花费为54欧元；几个酒店的平均入住率为77%，酒店人均花费为235欧元[②]。整个乐园大约雇用了12 000~14 000名员工，具体数量随淡旺季变动。

低于预期的经营表现与之前法国政府开出的一揽子投资优惠形成鲜明反差，自然会招到法国各界诟病。抛开其结果和战略本质不看，巴黎迪士尼乐园的设立已经饱受诟病，尤其是在初始阶段。一些学者甚至认为，这是"一个没有公共利

---

① TEA，AECOM. The Global Attractions Attendance Report for 2017. Themed Entertainment Association，2018.
② 资料来源：Euro Disney S.C.A. 2016年年报。

益的项目",认为法国政府和相关管理机构的承诺与投资优惠支持都是不正当的。一些学者甚至将巴黎迪士尼乐园与法国未来影视城进行比较,认为巴黎迪士尼乐园是"一个著名却伴随不确定性、经济效益存在争议的国家重要经营项目"。甚至在一段时期,许多法国学者判断巴黎迪士尼乐园是难以为继的项目。法国知识分子和文化学者的批判更为尖锐,认为这是一次"文化切尔诺贝利"现象,是"一个民族臣服于米奇的故事"。

批判是肯定的,但客观而言,马恩河谷新城的发展却因为迪士尼的建设得到了迅速推动。整个欧洲谷以迪士尼乐园为核心,由不同的单元构成。

两个主题公园。迪士尼公园建于 1992 年,再次开创了迪士尼卡通人物的世界。它拥有世界著名的主题园区——美国小镇大街、灰熊山谷、探险世界、幻想世界和探索世界。迪士尼制片厂于2002年成立,分为电影、动画和电视内景地、动画庭院、生产庭院和外景地四个不同的分区。

七个属于迪士尼的主题酒店(纽约和新港湾俱乐部酒店拥有占地面积为 10 500 平方米的会议区)覆盖了二星级到四星级的范围,拥有 5 165 间客房和 535 个小木屋,见表9-3。

表9-3 巴黎迪士尼乐园酒店一览表

| 名称 | 主题 | 客房量/间 | 开业时间 |
| --- | --- | --- | --- |
| 迪士尼乐园酒店 | 美国维多利亚时代 | 496 | 1992.04.12 |
| 迪士尼纽约酒店 | 纽约城 | 565 | 1992.04.12 |
| 迪士尼新港湾俱乐部 | 新英格兰 | 1 098 | 1992.04.12 |
| 迪士尼红杉旅馆 | 美国国家公园特色 | 1 011 | 1992.04.12 |
| 迪士尼夏延酒店 | 美国老西部风情 | 1 000 | 1992.04.12 |
| 迪士尼圣达菲酒店 | 美国西南风情 | 1 000 | 1992.04.12 |
| 迪士尼戴维·克罗克特牧场 | 荒野风格 | 595 | 1992.04.12 |

一个迪士尼小镇(Disney Village)。街道上的商店、酒吧、俱乐部、餐厅以及十五个电影荧幕占地 18 000 平方米,它们将游客彻底带入了美国的休闲娱乐氛围。该街道像一条横轴,连接着乐园和酒店,旨在成为连接着地铁、高铁及长途客运站的大巴黎区夜生活中心。

欧洲谷城市中心区。整个欧洲谷的城市基础建设都集中在此处,它包括以下几个部分。

(1)国际商业中心。面积高达 98 000 平方米,由钢筋和玻璃建造的商业中心,由一个超市、十个中型商业区和一百三十间商铺组成。它包括了二十间餐厅、一个大型水族馆、一家由默林娱乐公司经营的海洋生活（Sea Life）以及一个健身中心。

（2）法美兰购物村。这是一个占地 15 000 平方米的露天购物中心，作为城市人行要道而建设，拥有 70 家降价出售前几季国际著名时尚品牌商品的商铺。

（3）工业、工艺以及办公活动区域。该区域位于国际商业公园周围，在 180 公顷的土地上，660 000 平方米的有效区域中 55%用于办公，20%用于高科技研发的研究中心，20%用于混合研究中心以及 5%用于服务。该区域的建设旨在提供 20 000 个以上高质量的就业机会。

（4）车站区域。包括了用于商业、服务、住宅和多媒体图书馆的城市设施，城市舞蹈、音乐区域，以及第二个快速铁路站和长途汽车客运中心。

（5）用于运动和露天娱乐活动的绿色空间。该地块包含 450 000 棵树木和灌木，以及 25 千米交错纵横的通信电力网络。一个 11 公顷的公园则连接着城市中心与国际商业公园。迪士尼 27 洞的高尔夫球场是该区域主要的构造设施，划分为了三个 9 洞高尔夫球场。

一个教育性区域，一组能在 2010 年容纳 5 000 名学生的学校机构和马恩河谷大学的校园，使其成为欧洲谷区域继笛卡儿学校后的第二所学校，主要关注艺术、展出、新技术、医疗和国际关系。

根据马恩河谷新城的发展战略，巴黎迪士尼乐园周边要构建的不仅仅是一个旅游目的地，而是一个系统的住宅区，以达到建设一个全新城市的目标。在这个长远的发展规划中，迪士尼的作用不可小视。迪士尼集团通过土地开发和城市规划干预乐园周边区域的发展，使之配合乐园的发展需求。同时，欧洲谷作为欧洲城市和区域发展特别行政区域的地位被巩固。在土地管理系统，公共和私营部门之间的协作方面有着不同程度的弹性。法国历史上第一次将城市 40 000 人口的发展计划交给私人企业完成。房地产开发几乎与巴黎迪士尼乐园的建设同步。这些房地产项目最初是为了迪士尼项目和其主要连接的 Magny-le-Hongre 自治区中心而计划的。自治区所在的区域的四个部分会对周边的五个自治区的环境造成影响。

在实际发展中，迪士尼集团积极参与新城开发，并成为城市土地开发和城市规划的参与者，甚至在某些时候是主导者。迪士尼集团积极参与欧洲谷的城市规划。在酒店、商场、写字楼、住宅（包括在车站周围建设的 600 间住所，东部园区的 776 间住所，南部园区的 234 间住所）以及补贴性住房建设中都有迪士尼的参与。

今天，巴黎迪士尼乐园不仅是吸引大量游客的旅游目的地，而且通过一系列嵌入该项目的发展策略，已经建成了能够创造滚滚客源和财源的城市新区，引发了一大批城市新移民浪潮。大量巴黎新富人口以及欧洲各国追求现代新型都市生活的人口迁移到欧洲谷。1999 年，虽然，欧洲谷的五个自治区的常住居民人口增长率只占马恩河谷新城全部居民的 5%，但是，它是指数性增长的。1968 年，欧洲谷仅有 1 829 位居民，1990 年有 5 239 位居民，2006 年其总人口超过 21 000 人。值得注意的是，大约有 2 500 名迪士尼乐园的长期员工在园区附近居住，还有大约 2 000 名的临时员工也同样居住在附近。1982 年，欧洲谷的就业岗位数量仅占整个马恩河谷新城就业岗位总数的 1%，几乎可以忽略不计。然而，在迪士尼乐园落成之后，2001 年，欧洲谷提供的就业岗位就占到了整个马恩河谷新城的 34%，其中绝大部分来源于迪士尼乐园。迪士尼乐园成为整个马恩河谷创造就业的中坚力量。

  迪士尼乐园的建设，构筑起一个完整、多功能的交通系统和一个适合该项目规模的城市基础设施配套。迪士尼乐园就像一个巨大的磁铁，吸引着周边的客流和资本，改变了新城的发展，当之无愧是巴黎东部发展的核心推动力。迪士尼是外来企业、外来文化，作为新城开发的主导力量可能带来地方文化认同的风险。政府和企业都必须处理好迪士尼与当地居民的关系，充分利用当地文化进行空间生产。巴黎人需要的是一个拥有迪士尼乐园的城市，而不是一个迪士尼乐园的城市，或者确切地说是迪士尼化的城市。

# 第 10 章　主题公园与迪士尼化

今天，中国的城市规划和发展越来越具有消费倾向。对于一线大都市而言，消费从某种意义上来说已经主导了城市化过程。城市不断生产或再生产出消费空间，城市已经进入消费社会。人们走在城市的主干道上，主要的空间都被消费占满。城市里的年轻人，在虚拟网络中的消费时间可能多于在现实卖场中。人们青睐于各种外卖、网购、微店。对于城市的消费者而言，消费的功能性诉求下降，而符号性诉求增加。他们到餐厅消费，考量的不再是饭菜的分量大小，谈论得最多的是这里的环境氛围、服务设计、装修装饰以及菜品概念所营造出来的主题体验。显然，今天中国的大都市已经进入了一个新的消费时代，你会发现迪士尼乐园这种注重主题体验而非具体项目活动的消费理念已经被人们广泛接受。从城市发展的角度看，以迪士尼乐园为代表的主题公园的发展不仅带来了休闲娱乐体验，而且使整个城市社会模式发生了变革。

## 10.1　中国消费社会的来临

### 10.1.1　消费社会的变迁及特征

消费社会的变迁与城市发展紧密相关，其背后反映的是人类工业发展、技术进步、劳动解放与消费满足的逻辑演进。日本学者三浦展出版了一本畅销书《第四消费时代》，探讨了从 20 世纪初以来，日本消费社会经历的四次历史变迁及其特征（三浦展，2014）。

第一次发生在 1912 年到 1941 年，这一时期日本基本完成工业化，经济一片繁荣，大都市人口快速增长，具备相当的消费规模。1940 年东京人口达到 736 万人，占全国总人口的 10%，与今天的比例相当。这一时期的消费主要满足于基本的日常生活，消费品强调经济、实用、耐用。

第二次是第二次世界大战后到 1974 年石油危机之前，日本于 1968 年成为 GDP 仅次于美国的世界第二大经济强国。日本的洗衣机、电冰箱、电视机在这一时期普及，私家车走入家庭。城市消费的主力是核心家庭（夫妻和 1~2 个孩子构成的家庭），大量涌进都市的人纷纷购买住宅，消费呈现美式风格，向往大的、贵的。这与我国过去十年私家车消费的取向一致，青睐于高、大、上，以至于宝马等诸多厂商针对中国市场推出了加长款。随着战后日本经济的腾飞，人们对城市娱乐体验的需求增加，日本开始兴建一批主题公园。其中，长岛温泉乐园（Nagashima Spa Land）就是典型。长岛温泉乐园建于 1966 年，以乘骑器械为主要吸引物，内设有日本最大的温泉设施。该公园一直经营良好，2017 年接待游客 593 万人次，位列全球 19 位[①]。

第三次是 1974 年到 1990 年，此时日本经济陷入停滞甚至负增长。进入 20 世纪 90 年代后受到泡沫经济破裂影响，日本经济长期低迷。日本城市整体进入后工业化社会，消费转型升级，呈现主题化、个性化、分异化和多样化特征。特别指出的是，由于日本生育率下降，单身个体多，个人化的消费逐渐增强，这个趋势其实影响到了衣食住行的各个消费领域。为适应一个人吃饭的场景而产生了个食食品，便利店逐渐替代大型超市。日本产业结构开始出现轻薄短小的特点，但仍然崇拜品牌和欧美式的现代化生活，呈现小资情调。日本于 1983 年引进了具有鲜明主题体验的迪士尼乐园，大获成功。主题酒店、主题餐厅、主题书店在日本流行起来。

第四次是从 1998 年至今，日本社会消费力开始下降，日本 15 岁至 64 岁的"生产年龄人口"开始减少，2007 年日本总人口也开始减少。工作赚钱的人少了，就意味着具有购买力的群体规模下降，社会总体消费额降低。日本社会消费走向了朴素、休闲、无品牌的倾向，强调经济性下的个体需求，重视消费美学和精神价值，简约风格受到青睐。人们在消费中除了关注体验之外，开始重视消费的意义及对社会和个人的价值。因此，无印良品流行了，共享经济也流行了。绿色、低碳、环保、和谐、可持续等消费符号备受推崇。

中国地域广阔，人口众多，社会经济发展地区不平衡。参照日本消费社会变迁的路径，中国似乎在每个阶段都能找到对应的城市。对于消费力较强的一线城市，事实上已经进入了第三阶段，甚至出现了第四阶段的某些特征。当然，其背后的社会经济状况可能跟日本不同，但呈现的消费特征可能是相似的。总体上，中国城市已经整体进入消费社会。

王宁（2001）认为，消费模式是在社会化过程中形成的，是文化适应的结

---

① TEA, AECOM. The Global Attractions Attendance Report for 2017. Themed Entertainment Association, 2018.

果，是文明积淀的产物。消费反映了人的文明化和社会化成果，体现了文化和社会环境对人的教化和塑造作用，具有社会和文化属性。随着我国经济的快速发展，进入21世纪后，中国各个城市已经有了相当的工业积累，许多城市进入后工业化阶段。各种类型的工业产品充斥着市场，凭借"世界工厂"强大的生产能力，中国商品不仅迅速占领中国市场，也遍布海外，中国成为全球最大的出口国，出口产品几乎涵盖所有领域。这时候，中国城市社会面临的不再是物质短缺的问题，而是时间饥荒（王宁，2005）。一方面，各式各样的商品提供了丰富的消费选择，消费者产生了选择困难综合征，徒耗时间；另一方面，各种产品不断强化消费吸引，通过延长消费时间增加消费支出。例如，许多主题公园想尽办法拓展产品纵深，延长开园时间，尤其是增加夜场活动。游客不得不在主题公园花费更多的时间才能体验完整。因此，王宁（2009）在其出版的《从苦行者社会到消费者社会》一书中认为，中国社会正在从苦行者社会进入消费者社会，消费制度和消费观念从国家到个人都发生了根本性转变，消费不再被认为是资本主义的，是可耻的、被抑制的，而成为一种自然的存在。郑也夫（2007）更是明确指出，温饱解决后，物质不再是满足炫耀与刺激的有力手段，游戏才是人类的归宿，我们进入了后物欲时代。鲍德里亚就曾说过，19世纪驯化出工人，20世纪驯化出消费者（鲍德里亚，2001）。今天中国的城市，遍布的是消费者，已进入了消费社会。

### 10.1.2 消费社会的休闲娱乐

西方发达国家在第二次世界大战后逐渐进入后工业化社会，工业生产基本可以满足人们日常所需，并解放了大多数人的劳动时间。发达国家居民的消费观念也发生了根本变化，人们不再仅仅关注工作，而是开始将注意力转向了休闲娱乐（Rifkin，2000）。随之而来的是，休闲娱乐逐渐成为日常生活的一部分，游玩主题公园从过去的奢侈品变成了普通消费品。主题公园消费不再有种族、群体的区分。每个人只要消费得起，就都有机会游玩。休闲娱乐需求的大规模形成导致了休闲娱乐供给的短缺，商业化的休闲娱乐开发成为主流，主题公园开发因此受到追捧（Miller et al.，1999）。当然，主题公园仅仅是消费社会休闲娱乐商业化大潮中的一种选择，与之同期受到追捧的还有很多。那些传统上仅供高收入群体享用的休闲娱乐方式通过商业化开发逐步平民化了，如高尔夫、网球、唱歌（卡拉OK）等。

社会精英往往是时尚的发起人，他们发明时尚的目的既在于显示他们内部的一致，也在于体现与其他群体的不同。但是，社会精英的时尚很快会被其他社会群体所模仿，而模仿的结果则是消除了其他社会群体与社会精英之间的差异。社会精英为了继续保持自己同其他社会群体的区别，就会抛弃这种已经被模仿了的时尚，发明另外的时尚。而其他社会群体则会进一步模仿这种新时尚，进而再次消除与社会精英的差别。如此你追我赶，循环不已。这种模仿与反模仿、追赶与反追赶，使时尚呈现出变动不居、短暂易逝的特征（王宁，2005）。

休闲娱乐的发展导致了高雅文化和大众文化之间界限的消失，使得文化进入一个休闲的"王国"。在这个"王国"里，有着无差别的文化、娱乐、旅游、艺术、教育、媒体、建筑、购物和运动。有组织的劳动生产曾经被认为是当代社会得以建立的重要因素，而消费社会时代，休闲转移了人们的注意力，甚至是"无休闲，不人类"。即人之所以成为人，是因为相较于动物，人懂得有意识的休闲。

休闲娱乐已经成为一种日常消费品，也成为生产与商业化的对象，被融入资本主义最传统的商业运作体系中。从事娱乐、旅游和文化开发的公司努力创造娱乐产品和设施，而这种娱乐供给是由两个存在明显矛盾的选择形成的：第一个是为了创造基于地方和原真性差异的产品。第二个是将人造和模仿作为娱乐体验的实现手段。一个强调原真性和地方特色，一个脱离现实场景强调虚构和想象。两种矛盾的力量将休闲娱乐分别推向了不同的产品结果：一个是追求原真性的娱乐体验，另一个是追求虚构想象的主题体验，如主题公园。最终，城市居民在两个方面虽然都有选择，但是只有主题公园最后发展成为庞大而独特的产业，原因可能是以下几个方面。

第一，休闲所呈现的新价值观已经成为当代社会的核心取向。

第二，消费性已经成为发达社会休闲的基本构成。

第三，少数几个大型娱乐企业凭借其财力、技术和远程信息处理在全球范围内占据领导地位。

第四，娱乐内容的多样化。

第五，将休闲的相关议题融入生活的方方面面。

第六，消费者对娱乐产品消费中所呈现的戏剧性真实的接受。

第七，对休闲产品和设施的高舒适度、安全性和环境美学的需求。

主题公园在绝大多数方面迎合了上述时代消费特征，并发展成为一种全球现象。今天，主题公园已经在全球任何角落布局，东京迪士尼乐园开启了亚洲主题公园的建设浪潮，巴黎迪士尼乐园迫使欧洲本土游乐园转型升级。在拉丁美洲、非洲，各种较小规模投资的主题公园在一些相对发达的城市也已经建成。主题公园在全球获得了普适性，并随着经济的发展，进一步扩大。

主题公园不同于一般的休闲娱乐产品，除了具有鲜明的经济性外，它还反映了深刻的文化性。主题公园核心是主题体验，而主题体验则来源于文化。本质上，主题公园消费的不是一个个冰冷的乘骑器械，而是由主题文化包装和营造的主题氛围以及用主题化乘骑器械所实现的主题体验。最显而易见的是，许多主题文化就来源于影视、动漫、广告和电视作品，与流行媒体紧密相关。近年来，随着网络消费的发展，网络游戏和虚拟互动内容也成为主题文化的重要来源。由于构建这样深刻而广受市场欢迎的流行文化需要庞大和长时间的研发，以及精准的市场培育，通常都需要较大的投资，主要由一些超级娱乐公司才能实现。这限制了许多小企业进军主题公园产业的可能性。主题文化的不断积累实际上使得这些超级娱乐公司获得了特殊的竞争优势。不可避免地，这种虚构的、想象出来的主题文化正在改变着休闲娱乐方式，也改变了我们的生活，包括地理形象的认知、某些语言的大众化、审美趋势、艺术运动、服装、消费习惯，甚至生活景观也可能模仿主题文化场景。

通过文化生产和虚拟建构，今天的消费者最喜欢思考的是"什么是我想体验而没有体验到的"。现在休闲娱乐发展可以为消费者实现绝大多数想体验的场景。今天的科学技术已经允许生产大规模的定制化休闲娱乐产品，可以针对个体需求进行个性化调适。在主题公园的某些项目中，每一个游客可能获得不同的体验。

### 10.1.3 主题公园与娱乐商业化

娱乐使商业化在全球范围内蓬勃发展，许多娱乐活动越来越平民化，新的娱乐选择不断涌现。即使是主题公园，近年来也不断涌现出新的形式、新的内容和新的体验。VR（virtual reality，虚拟现实）技术正在改变现代主题公园的体验方式，其进一步商业化则将是推动 VR 技术的推广应用。生活在世界各地的消费者现在可以很容易地体验各种主题公园。娱乐的商业化在给大家带来休闲娱乐便利的同时，也饱受诟病。一些学者认为，娱乐商业化是以纯粹的娱乐和消遣占据人们的自由时间（free time），诱导人们消费，创造无尽的无法满足的欲望来让人不安和永远得不到满足。娱乐的商业化正在把人变成娱乐的被动接收器，最终人们很有可能对娱乐没有任何反应，因为太普遍、太易于获得了（Roberts，1999）。

娱乐的商业化使得消费成为现代休闲娱乐的主导。娱乐的商业化也使得消费观念发生了根本性改变。消费不再认为是一种具有低道德和智力水平的活动，也不再是与徒劳的支出和非理性的冲动相关的。付费的休闲娱乐消费逐渐被人们认可，并视作理所当然。随着消费能力的提升，主题公园的票价也在不断提高，美国加利福尼亚州迪士尼乐园的票价从 1981 年的 10.75 美元上升到 2017 年的 117 美元，见图 10-1。休闲娱乐的消费化、付费化为产业的发展壮大提供了经济基础，使得休闲娱乐具有更多的社会、文化和心理特征。休闲娱乐消费不再是无意义的支出或非理性的冲动，可以理解为劳动力的再生产。西方社会因此发展起一系列休闲娱乐，如主题公园、购物中心、跨国旅游、时尚消费、美食、体育运动、游戏、影视、演艺、音乐、网络游戏等。在空间上，各种不同的休闲娱乐可以整合在一起，形成休闲娱乐综合体。从某种意义上说，主题公园就是这样的休闲娱乐综合体，上述提到的各种休闲娱乐活动在主题公园中都可以实现。

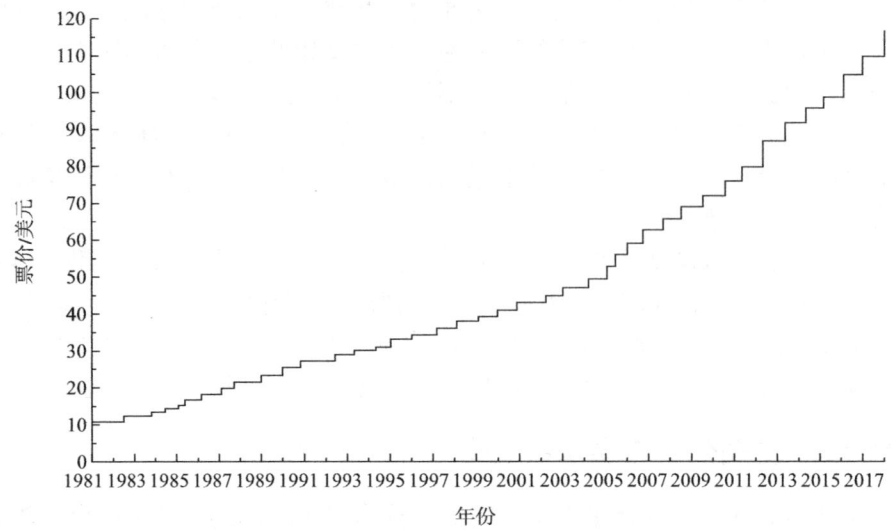

图 10-1　美国加利福尼亚州迪士尼乐园标准成人一日游票价变化趋势图（1981~2017 年）

资料来源：美国迪士尼乐园

根据图 10-1 可知，迪士尼乐园的消费价格并不算低。具有购买主题公园产品的消费人群大多来自中等收入家庭。主题公园通过策划、规划、设计、建设和运营等一整套流程进行市场针对化。他们通过主题文化、影视动漫、高科技娱乐体验以及环境氛围、价值营销上的会员制等，区别不同的消费群体，构建主题商品的稀缺性以达到高价的目的。

娱乐的商业化通过一整套符号系统来表征差异，无论你在哪旅行，无论你消费什么，你常用的设施都能体现关于使用者和消费者的意义。"体验"如今已经被所有生产环节所重视。通过能体现生活方式和符号价值的品牌的创造，大企业在其产品中融入的不仅是人力和科技资本，更包括符号资本。简单来说，娱乐业解释了市场的关系不仅仅是局限于销售商品和服务，同时也包括符号化的体验。休闲产品和设施的生产（包括旅游、文化、游戏和媒体）催生了这一动力，并且使之整合到体验经济的商业模式中。

个人和群体是通过能反映他们消费选择和价值的符号系统来建立他们的身份识别的。社会组织空闲时间的改变，关于服务、信息、体验等行业的新兴经济的出现，集体的时间观的改变以及休闲业科技技术的革新等都意味着个体不仅可以通过大众化消费，还可以通过个性化消费来满足他们的需要。事实上，正如

Ritzer（1999）提到的，在 20 世纪中期以前，商业化的休闲中没有什么东西是新颖的，至少在旧的商业模式当中是这样的。真正更新的是休闲消费空间使用的一般化。一个地方的休闲产业组织是当地居民休闲方式的产物。20 世纪 50 年代以来，美国主题公园的成功发展都是有规划的。所有的规划都基于对当地居民休闲娱乐方式的研究。例如，在美国，各个城市的规划差异很大，城市之间的距离也很远，大多数城市之间的联系并不像中国那么紧密，对于休闲娱乐活动的空间布局而言，解决交通的便利性和通达性至关重要。在欧洲，城市拥有悠久历史，城市肌理严密，结构性强，城市之间的距离也很近，互动频繁，人们休闲娱乐的选择较为丰富，个体规律性较弱，主题公园的开发容易受到其他替代娱乐产品的竞争。娱乐商业化开发需要基于丰富的地方性知识才能恰当地满足当地需求。巴黎迪士尼乐园的开发和运营在某种程度上可以作为反例。

今天，休闲娱乐的潮流变化很快，消费者需求变得越来越难以预测。后工业社会，人们倾向于寻求快速变化的娱乐体验，类似 Urry（2002）所说的 3 分钟文化，媒体总是诱导公众追求新异体验。休闲娱乐的潮流几乎每两三年就一变，每一个潮流持续的时间越来越短。虽然每次潮流所能利用的时间是有限的，但是部分消费者对于每次潮流的消费力是非常高的。这种新型休闲娱乐体验者的特点是逃避现实，需要持续的刺激、乐趣与娱乐，他们喜欢有代表性的东西而不是现实。他们喜欢从清洁的、舒适的和具有魅力的体验中来寻找自己想要的某种情感。曾有人预测人们闲暇的时间会更多地发生在家里，然而 Smith（2006）提出新兴休闲消费者更愿意去户外休闲。今天来看，在娱乐商业化的推动下，科技的进步和休闲娱乐选择的多样化吸引人走向户外，即使是在 VR 技术盛行的情况下，人们还是愿意去主题公园消费。

## 10.2　从麦当劳化走向迪士尼化

### 10.2.1　麦当劳化与主题公园管理

Ritzer 的《社会的麦当劳化——对变化中的当代社会生活特征的研究》在学术界引起强烈反响。麦当劳化（McDonaldization）是以麦当劳快餐店现象为典型，看待社会经济运营机制和普遍的社会意义的理论。Ritzer（1996）认为，麦当劳快餐的经营方式体现了现代社会的合理化过程。麦当劳的生产原则不仅主导了社会经济的运行，也主导了城市规划和主题公园设计。管理学将麦当劳化聚焦为从传统思维转向理性思维和科学管理的过程。Ritzer（1996）提出了麦当劳化四个最主要的构成。

（1）效率：用最理想的方式来完成某项作业。

（2）可计算性：客观的项目（如销售量）必须能够被量化，而非主观的项目（如味道）。

（3）可断定性：标准化和均一化的服务。

（4）控制：标准化和均一化的员工。

后来，Ritzer（1996）又补充了非理性的合理化（irrationality of rationality），即这种提高效率的做法可能违背了基本的人道。

麦当劳化社会的形成和发展有着深刻的社会经济基础。整个20世纪，随着西方发达国家资本主义经济趋于成熟，产品和服务生产过程中的标准化、效率化、合理化以及程序化的策略都得到了广泛应用。这些策略一开始是被称为福特主义（Fordism）的，即指以市场为导向，以分工和专业化为基础，以较低产品价格作为竞争手段的刚性生产模式。福特主义的休闲娱乐供给方式具有五大特点。

第一，能够批量生产大规模同质化休闲娱乐产品，如早期的游乐园。

第二，刚性的娱乐生产机制，难以根据市场变化灵活调整。

第三，流程化的劳动生产过程，缺乏情感投入。

第四，大规模地集中生产以提高生产效率。

第五，标准化的产品和服务导致同质化竞争。

然而，到了第二次世界大战之后，美国一些城市开始反思福特主义的娱乐生产方式。人们休闲娱乐不再追求大规模标准化的体验，而是希望有一定的个性。千篇一律的游乐园不再受市场青睐，陆续倒闭。科尼岛通过福特主义生产方式建立起来的游乐园目的地失去了往日的辉煌。后福特主义（Post-Fordism）作为对福特主义的反思开始盛行，并呈现出一些鲜明的特征，即以满足个性化需求为目的，以信息和通信技术为基础，生产过程和劳动关系都具有灵活性（弹性）的生产模式，其在娱乐的提供上也具有以下五个特征。

第一，个性化需求大规模定制。即对系列批量生产类的产品的爱好有所下降，更加偏好于专业化的产品，尤其是高质量的、有名的产品。

第二，水平专业型生产模式。越来越多的专业化的产品需要一个更短的生产线，因此后福特主义为小规模、较低产量的生产系统提供机会。

第三，弹性的生产组织。即娱乐的生产组织相当灵活，企业总是用自己的优势部分与其他企业的强项相结合，组成灵活的单元或团体。

第四，强调员工的创造力和责任感。后福特主义的生产机制需要更多比以前有创造力、奉献精神以及责任感的员工。

第五，竞合型的市场结构。市场上没有绝对的敌人，也没有绝对的朋友。分工和专业协作的程度越来越高。一个企业无论有多雄厚的实力都离不开与其他企业的有效合作。于是，不同层面、不同领域、不同等级的娱乐企业自由组合。

今天，中国越来越多的城市居民选择自助游或半包价旅游产品，这意味着福特主义的休闲娱乐时代逐渐走向终结。由于人们有各自的可支配收入，他们对企业的满意来自更具体的、打破生活常规的满足。作为消费者，人们希望在基本功能性需求满足的基础上，能够同时体验到新奇与熟悉、刺激与安慰等个性化的情感体验。实际上，主题公园秉持的就是后福特主义的生产模式。主题公园往往建立高度理性化的管理系统旨在有效组织和接待大规模游客。主题公园的整体构想通常是以单一的主题设计和世界大同理念（广泛的普适性）为基础的，通过对主题体验的生产和消费过程进行严格而精密的控制，以确保主题公园体验的质量。

尽管从表面上看，主题公园提供的是具有鲜明主题特色的个性化体验，主题公园与其他大型商业化游憩空间一样，游客在其中可以自由选择具体的项目和活动。但事实上，每一项活动在主题公园中都有相当规模的需求量，每一项活动的供给都像流水线生产系统一样被组织起来。过山车入口服务员每天重复上百次同样的术语和解说词，提醒游客穿戴。游船的解说员一直保持着微笑服务，整个流程和每一个细节都是被规定好的。主题公园在其所营造的虚幻场景中，既提供了娱乐、文化、科技等体验，同时也是一个超级市场，售卖着各式各样的商品。控制主题公园传递的画面以确保用户感知的产品符号价值是一致的、准确的。因此娱乐区域或主题节点需要有特定的布景、角色以及产品销售作为支持。它的运行就像由精确的计算机控制着，每一台过山车的运转，每一场表演秀的时间，甚至每一个演员的动作和步伐都被规定得清清楚楚，在恰当的时刻满足游客的期待。

针对后福特主义限定下的生产语境与高度程序化的娱乐空间之间的潜在矛盾，Ritzer（1996）提出了麦当劳化的解释。在公园里有严格的控制系统，不仅针对游客，同样针对公园的员工（包括严格的行为准则、快乐的履行职责、工作岗位划分与分层）以及物理空间。在公园里，每件事情都需要计划。如果麦当劳是社会整体合理化的典型范例，那么主题公园则是旅游与休闲产业的模型。以奥兰多的迪士尼乐园和未来世界为例，庞大的高速公路与道路系统每天向乐园周边各个停车场准确安排和输送数以千计的汽车。游客一旦进入公园，就会发现自己事实上正站在一条巨大的传送带上（尽管不是亲自驱动的），将他们从一个景点输送到另一个景点。人们在各个景点之间的移动速率增强了自身的体验感，并减少了人们质疑自己所看到的"真实"的可能性。尽管进入园区的人觉得自己可以自由选择、自由活动，但一切都是被安排好的，乐园里的动线设计和活动项目的时间安排潜移默化地引导你什么时候该做什么事情。这种安排虽然没有福特主义生产方式那么僵硬，但依然为乐园的供给提供了规模化生产的可能，最终提高娱乐供给的效率。整个公园的游览系统被设计成为可以尽可能高效率地应对大规模游客流。

除了游客表面看到和体验到的，主题公园背后有一整套规范化的运行管理机制，员工通道和物质供给通道通常是游客看不到的，但它确实存在。主题公园通过电子智能系统实现产品流程的集中化，并且拥有每个业务单元的实时信息。游客的实时变动情况被严格掌控，预案随时执行。数据信息的可获得性以及定量与定性快速分析对于短期、中期及长期的管理决策非常重要。主题公园可以根据情况迅速做出处置。主题公园通常都设有中心控制系统，作为运营管理中心，一站式处理照明、音响、安全、监控、建筑与应急系统的管理以及后勤相关的事宜。主题公园已经成为被实时监控的空间，是空间控制的典范。今天，除了主题公园，其他城市休闲娱乐空间如购物中心、赌场、邮轮等也是高度被监视的空间。不同的是，主题公园的控制做得较为微妙和情感化，游客不易察觉，也不认为受到干扰。

游客量较大的主题公园还可能配备大数据处理系统，根据天气情况、日期（淡旺季、节假日、工作日或周末）、预订的团队游客数量等因素，持续不断地预测和更新当日精确的游客量。这个预测的游客量将作为当天乃至实时的人力资源配置调整的参考依据。根据需求增减员工数量，调配岗位，最大限度地降低企业人力成本支出和发挥在岗员工的使用效率。这种可预测、可控制的管理模式正是麦当劳所推崇的，主题公园也实现了。

### 10.2.2 迪士尼化的主题公园管理

主题公园并非单纯的物质空间，它代表一个充满奇幻、刺激的地方（Sorkin，1992）。主题公园作为想象地理学（imaginative geographies）的一种空间隐喻，其原型就是迪士尼乐园。西方学者将迪士尼空间生产的逻辑用于理解城市空间的重构，认为现代大都市越发像主题公园，即迪士尼化。迪士尼化源于迪士尼式和麦当劳化。迪士尼式是指采用单一的审美、智力或者道德标准使事物复杂化并引发人们思考的表现形式（Klugman，1995）。迪士尼式的文化表现形式被广泛应用到城市规划中，产生迪士尼式的城市，具体体现为以下三个特点：第一，由全能的强力组织控制社会秩序；第二，生产与消费之间的界限模糊；第三，消费导向（Warren，1994）。另有学者认为去地方性、半私有化和被实时监控是其三大特征（封丹等，2010）。迪士尼式理论的应用局限于文学作品和城市规划，对广泛的社会变迁过程解释不足。

Bryman（1999）从麦当劳化引申出迪士尼化。迪士尼化根植于后福特主义的多样性、选择性理念，以消费者为导向，为消费者构建惊险刺激且富有想象力的娱乐体验，指迪士尼的生产原则不断被应用到社会各个领域的过程，包括以下四个方面。

第一，主题化（theming）：整个娱乐生产过程和生产空间由显而易见的文化进行包装，形成特定的文化氛围和体验。

第二，消费的去差异化（dedifferentiation）：不同组织领域相关的各种消费形式变得彼此关联，难以区分。人们在主题公园里，既可以游玩，也可以吃饭，看演出，还可以购物。主题公园如此，大都市里的购物中心亦如此。

第三，商品化销售（merchandising）：将主题文化商品化，以专利权形象或标识开发产品和服务，向目标客户销售。例如，迪士尼乐园中有大量的主题商品，都是基于迪士尼自有专利的动漫主题制成的。

第四，情感劳动（emotional labour）：员工不再是机械地执行管理命令，而是富有情感和交互地在工作。他们也是公园中演员的一部分，整个公园就像一个大舞台。

后来，布莱曼在 *The Disneyization of Society* 一书中将迪士尼化修正为主题化、混合消费（hybrid consumption）、商品化销售和表演化的劳动（performative labour）。

这四个原则既是迪士尼乐园的核心要素，也是当代社会的准则（Bryman，2004）。Bryman的迪士尼化是与麦当劳化平行的过程化概念。麦当劳化是一种现代现象，迪士尼化是一种后现代现象，反映后工业社会的消费文化（Bryman，1999）。麦当劳化是生产导向，通过无差异的标准化生产同质性的空间，而迪士尼化是消费导向，倾向于生产多样性和差异性的空间。

迪士尼化由一系列基本要素组成，其中主题公园是最核心的要素（Bryman，2004）。迪士尼化是一种大尺度的社会变迁过程和空间重构方式。迪士尼化的空间重构是剧烈的，主题公园及其相关产业的建设赋予地方更多的消费意义，创造了一个满足中等收入群体和旅游者的城市消费空间。迪士尼化的主题公园开发和管理，具有一系列鲜明特点。

第一，主题文化丰富的内涵和要素被应用到娱乐空间的生产中。主题公园就像一部动漫作品、一个童话世界、一部影视作品，人们走在其中，就好像身临其境，被允许去"观察"一个虚构、想象出来的空间。这个空间极富文化内涵和空间意义，只是不同的人有不同的理解。这些虚构的内容被观察者接受，并形成一连串虚无缥缈的想象，从而获得主题体验。这是需要游客的体验能力的。体验能力高低大小可能与学历无关，主要与其浸入情境的程度有关。爱好动画的小孩可能比理性的大学生更容易获得主题体验。

第二，模拟的场景淡化了现实与虚幻的界限。主题化构建的是一个虚拟的场景。这个场景可能源于动漫、电影、电视、游戏、神话、传说，反正不是现实存在，但却是在现实场景要素的基础上提炼、升华和创造的。不是现实，却源于现实。你走在迪士尼乐园的主干道上，你感觉周围的建筑似曾相识，但仔细观察又不是。它可能是舞台化的真实。

第三，物质生产与体验消费严格分离，但又同时进行。生产与消费的同步性是旅游业的特点之一。在主题公园中，物质生产与体验消费是严格分离的。主题公园尽可能构建一个想象的空间，游客是看不到生产环境和生产过程的，这并不是它们想要传递给游客的内容，它们的目的是让游客一直保持"想象"，而不至于露馅。

Bryman（2004）试图通过对迪士尼化概念的定义来解释这些趋势，以此作为对 Ritzer（1996）提出的麦当劳化理论的互补。同时，他并不希望迪士尼带来迪士尼化特征的现象的产生，但不可否认，迪士尼乐园的成功促进了迪士尼化的推广。迪士尼化现在已经不局限于主题公园领域，而进入了整个城市发展，乃至社会经济过程中。迪士尼公园和类似主题公园产业所运用的原则已经被普遍接受，并且在发达社会中的个人消费行为研究方面占据了主导地位。迪士尼化是从与 Ritzer 的深刻对比中推导出来的。因此，如果麦当劳化与合理化理论有关系，那么迪士尼化概念就和消费的社会理论也有关系。前者以现代社会的中心内容为基础，后者就与解释消费社会后现代特征的内容有普遍联系。

迪士尼化对主题公园的管理运营也存在显著影响。尽管这种管理理念和逻辑最早并非由迪士尼所创，但却是迪士尼的运用使之被广泛推广。诚如前文所述，麦当劳化的管理倾向于非人化和疏远性（Ritzer，1996）。然而，在麦当劳化的管理中，员工也是被认为无差异的。员工只是流水线上的一个普通工人，很容易找到替代品。各个工作岗位的能力也没有差别。麦当劳化通过精准严格的控制使生产效率得到提高，不需要员工展现情感。在麦当劳化的管理中，公园对游客服务质量的承诺和满意度的提升只能够通过让员工严格服从规定程序、积极地完成分工任务来实现。因此，在麦当劳化的公园里，人力资源的管理要比典型的福特式控制更重要。迪士尼化的管理认为，在任何情况下，都不应该忽视公园里员工的主观能动性和创造力。员工从解决最简单的餐饮供应，到受激励而创造性发挥主观能动性以提供超常规服务。一些对迪士尼乐园的研究表明，如果公司能够激发员工的能动性和创造力，唤醒他们的责任心和承诺感，员工的跳槽率要远低于同行业的其他公司（Rebori，1993）。

## 10.3　主题公园与迪士尼化的城市

主题公园的建筑景观总是根据剧本进行演绎的。所有的一切都由一个主题故事开始。剧本是用来协调设计者和技术员工做创造的参考，以确保造出来的建筑景观能让每个人都经历一样的剧情。当然，对于游客来说，没必要一定跟着情节走，但主题公园的空间布局和动线设计依然遵循故事情节，从开始、发展、高潮到结尾。这样的空间设计和安排能够确保游客至少意识到故事剧本是提供给他们感受和体验的一部分。

这种通过主题故事构建空间体验的方式正在迅速主导着城市开发和我们的生活日常。这种社会过程被Bryman（1999）称为迪士尼化。迪士尼化最早并非源于迪士尼乐园，也不仅仅可以在迪士尼乐园或其他类似的主题公园里观察到，它还可以在全球化进程中的其他主题空间中观察到，包括主题餐厅、主题酒店、主题商店、主题街区、主题厕所、主题书店、主题博物馆等。这些主题空间可以在城市中独立存在，也可能聚集成综合体，在大型购物街区、购物中心、城市综合体中出现。一些传统的日常空间，如机场、火车站、地铁，也出现了主题空间，见图 10-2。主题公园的功能非常多样：交流、循环和消费。这就是设计它们的用途，这就是为什么它们会充满店铺、餐馆和饮料店的原因，当然这些也体现了它们有意义的收益部分。在主题公园外，主题酒店、运动设施及其他消费空间一并配套，目的在于更完整地实现上述功能。

图 10-2　广州地铁动物园站的主题化

今天，主题公园所代表的迪士尼化已经深刻影响了城市社会空间。社会空间的高尚化、主题化、消费化和多功能化已经主导城市开发的模式。文化与资本在城市空间开发中的作用越发重要。后工业社会城市居民的新需求不断迫使城市空间的建设做出调整。变化越来越迅速，并趋于全球化。因此，迪士尼化与麦当劳化一样，是一种对世界有持续影响并有时被认为是后现代主义的现象。这两个观念都能从生产和消费的实体角度有效地理解主题公园。实际上，后现代主义与现代主义之间是连续的，它的不同表象都有相同的原动力。因此，表面上的悖论可以被这样理解：为某种消费而设计的现代生产系统的诞生，从另一个角度看属于后现代主义，或者可用后现代主义的理论来解释。

迪士尼化的城市建设主要表现在三个方面：主题公园、主题景观和主题环境。

主题公园的形式和内涵也是在生长的，迪士尼乐园也在不断发展中重新诠释主题的定义。今天安纳海姆的迪士尼乐园早已脱离了刚开业时主题游乐园的形式，进入了完全虚幻和想象的主题公园新形态。主题公园也衍生出多种类型，从目的地级、区域级、城市级到社区级，投资几千万元到数百亿元的都有。有的主题公园独立运营，有的主题公园嵌入城市购物中心或其他综合体中。广泛应用且不断衍生的主题公园在改变着城市的生活方式和空间表征模式。甚至一些旧有的城市公园，也开始主题化改造或增加主题景观。

主题景观是指将主题化的技术应用在日常生活的景观中，使其具有特定的意义。城市的主题景观应用已经非常普遍，这些主题化的元素可能源于流行文化、特定的电视节目、影视动漫，甚至一些文化作品。城市主题景观营造的主题很多，政府主要提供公共艺术景观的主题化，企业则根据自己的诉求增设主题公园以吸引游客。例如，在大型购物商场，我们总会看到一些特意营造的主题化场景。除此之外，其他非政府组织也会参与主题景观的建设，包括环保、可持续、绿色、生态、未来等具有公益性质的主题。

主题化的环境是指将整个日常生活或商业环境按照一定的主题故事进行主题化改造，以形成吸引物。主题化的环境建设包括主题景观的营造，此外还包括服务流程、体验设计等。一些商业公司也根据主题逐步改造自己的酒店环境。例如，许多酒店都会开辟一些主题客房以迎合特定消费群体的需求。一些传统意义上的连锁品牌商店也开始设置主题商店。星巴克也会根据时节营造特定的主题氛围，如杭州西湖边的星巴克就打造了"樱花主题门店"，上海思南公馆的星巴克设计为"薰衣草主题门店"，见图10-3。

图10-3　薰衣草（左）与樱花（右）主题星巴克

城市的迪士尼化不仅仅是主题化,还包括混合消费、商品化销售和情感劳动。大都市的城市空间消费化的结果是,单一的消费空间越来越少,而混合功能的消费空间越来越多。传统的购物超市开辟了供儿童游玩的小型游乐场,一些卖场甚至与儿童教育机构合作,开辟主题儿童游乐教育空间。标准化连锁的餐厅也会根据所在场所或地点的特殊性进行主题化景观设计,同时服务流程可能也置入了地方特色。迪士尼酒店的餐厅除了提供美味的自助餐外,就餐者还可以与动漫人偶合影、互动,甚至端上来的菜品,也具有主题化包装,吃法也有讲究。书店也不只是卖书的地方,看书、会客、休闲、游戏、读书会、讲座也成为书店的重要功能。混合消费的需求催生了混合功能书店的出现。

2011年11月25日,由例外创始人毛继鸿一手打造的方所书店,在广州太古汇商场爱马仕店的旁边开业了。方所书店占地1 800平方米,集书店、美学生活、咖啡、展览空间与服饰时尚等混业经营于一体。2015年1月29日成都方所书店也正式开业,位于成都远洋太古里负一层,两个月试营业期间平均每日人流量约七八千人次。方所策划总顾问、台湾诚品书店创始人之一廖美立认为:"我们做的不是书店,而是一个文化平台,一种未来的生活形态。"显然,今天我们传统意义上的书店、餐厅、商场、超市,已经不再是单一功能、单一消费的空间。诚如王宁(2005)所说,我们所面临的不再是物质短缺的问题,而是时间饥荒。这迫使人们在一段时间内必须同时完成多个目的的消费,从而导致多功能消费综合体的流行。例如,前文已经谈到的深圳欢乐海岸。它就是这样的一个综合体,允许消费者一站式达成所有消费。

迪士尼化城市的产生和发展与后工业社会甚至后现代社会城市需求变迁紧密相关。这些城市的主流消费群体是受过较高教育和拥有一定收入的群体。城市拥有个性和独立思考的居民越来越多,强调个性化需求已经逐步成为主流。消费者越来越重视消费过程而不是消费结果,强调消费体验。

迪士尼化城市并不是说整个城市都迪士尼化,这不符合城市需求的基本面。虽然中等收入及其以上群体已经主导了城市空间改造的话语权,但并不意味着底层需求就没有表达的机会。城市仍然有其普通的一面,而这种普通有时候又可能成为吸引中等收入群体消费回归的关键所在,如绅士化。大面积高度迪士尼化的城市也是有问题的,因为迪士尼化使得城市建筑、景观和环境反常规,常常给人虚幻的印象,过度的消费体验也可能让人身心疲惫。长期置身于迪士尼化的城市空间而没有日常世界的切换,可能会导致某种心理问题。一些实证研究已经开始注意到,长期在主题公园虚幻环境下提供主题化服务的员工在回归生活日常时,总是有所不适,并不能轻易切换。当然,这种影响还需要大量长期的实证研究加以检验。

中国的迪士尼化城市发展和管理与西方国家的迪士尼化发展有所不同,主要源于中国特有的国情。一方面,中国城市人口规模庞大,任何一个细分市场都拥有相当的规模，可复制的标准化生产仍然可能。许多在西方难以建立的迪士尼化服务在中国市场上却因为拥有足够的规模而得以实现。例如，定制快递业务。在中国大都市，如果你想按照你设定的流程和细节赠送一束鲜花给居住在城市另一端的朋友，你完全可以通过网络快递业务定制需求，商家完全可以按照你的要求身着西装，手拿鲜花奉上。如果你还需要乐队和环境定制，同样可以实现。对你而言，这个已经算高度定制了，但对于商家而言，在一个大城市中还有与你相同或相似需求的人，他们可以规模化供给，许多材料和流程可以共用。这无形中节约了你的成本。另一方面，中国城市多、规模大，任何迪士尼化的城市空间或产品都容易被模仿、复制、改造。中国目前有各种主题书店品牌，尽管 IP 各异，但你总会感觉似曾相识。它们有很多共同之处。这容易让人觉得中国各个城市高度雷同。未来的中国城市一定会继续沿着迪士尼化的路径发展，可能会进入一个全新的时代。无论时代如何变化，主题公园的娱乐方式以及迪士尼乐园给社会经济过程带来的深刻影响，仍会持续，因为它符合这一时期中国大都市的整体需求特点。

# 参 考 文 献

保继刚. 1994. 大型主题公园布局初步研究. 地理研究, 13（3）：83-89.
保继刚. 1995. 主题公园的发展及其影响研究——以深圳市为例. 中山大学博士学位论文.
保继刚. 1996. 深圳市主题公园的发展、客源市场及旅游者行为研究. 建筑师, 70：4-20.
保继刚. 1997. 主题公园发展的影响因素系统分析. 地理学报, 52（3）：237-245.
保继刚. 2000. 珠江三角洲主题公园发展回顾. 桂林旅游高等专科学校学报, 11（2）：15-19.
保继刚. 2015. 主题公园研究. 北京：科学出版社.
保继刚, 楚义芳. 1999. 旅游地理学（第2版）. 北京：高等教育出版社.
保继刚, 梁增贤. 2011. 基于层次与等级的城市旅游供给分析框架. 人文地理, 26（6）：1-9.
保继刚, 徐红罡, 李丽梅, 等. 2001. 香港迪斯尼乐园对珠江三角洲的影响. 旅游学刊, 16（4）：34-38.
鲍德里亚. 2001. 消费社会. 南京：南京大学出版社.
别婉文, 梁增贤, 王彩萍. 2017. 基于居民感知视角的古城镇旅游对居民生活质量的影响——以凤凰古城为例. 旅游论坛, 10（1）：89-100.
卜心国, 王仰麟, 吴健生. 2008. 深圳快速城市化中地形对景观垂直格局的影响. 地理学报, 63（1）：75-82.
蔡晓梅, 朱竑, 刘晨. 2012. 情境主题餐厅员工地方感特征及其形成原因——以广州味道云南食府为例. 地理学报, 67（2）：239-252.
柴彦威, 李昌霞. 2005. 中国城市老年人日常购物行为的空间特征——以北京、深圳和上海为例. 地理学报, 60（3）：401-408.
柴彦威, 张艳, 刘志林. 2011. 职住分离的空间差异性及其影响因素研究. 地理学报, 66（2）：157-166.
陈卫东. 1996. 区域旅游房地产开发研究. 经济地理, 16（3）：86-90.
丹尼尔·贝尔. 2018. 后工业社会的来临. 南昌：江西人民出版社.
董观志. 2010. 主题公园：城市的商业集群与文化游戏——解读发展历程和战略趋势. 现代城市研究, 3：6-13.

董观志, 刘芳. 2005. 旅游景区游客流时间分异特征研究——以深圳欢乐谷为例. 社会科学家, (1): 132-135.

董观志, 张颖. 2008a. 旅游+地产：华侨城的商业模式. 广州：中山大学出版社.

董观志, 张颖. 2008b. 品牌优势+产业集群：华侨城的战略轨道. 广州：中山大学出版社.

费孝通. 2004. 费孝通文集（第16卷）. 北京：群言出版社.

封丹, Wissink B, Breitung W. 2010. 社会文化制度对门禁社区发展的影响——中国和荷兰的对比研究. 世界地理研究, 19(4): 128-137.

冯健, 周一星. 2004. 郊区化进程中北京城市内部迁居及相关空间行为——基于千份问卷调查的分析. 地理研究, 23(2): 227-242.

冯学钢. 2008. 中国旅游就业研究：统计指标体系设计. 华东师范大学学报（哲学社会科学版）, 40(3): 71-76.

古诗韵. 2013. 中国主题公园市场规模的关键参数研究——基于华侨城主题公园的案例分析. 中山大学博士学位论文.

郭为, 何媛媛. 2008. 旅游产业的区域集聚、收敛与就业差异：基于分省面板的说明. 旅游学刊, 23(3): 29-36.

郭为, 耿庆汇, 寇敏, 等. 2009. 旅游就业波动的弹性分析——对饭店、旅行社行业的实证考察. 旅游科学, 23(1): 21-27.

何深静, 刘玉亭. 2010. 市场转轨时期中国城市绅士化现象的机制与效应研究. 地理科学, 30(4): 496-502.

何深静, 钱俊希, 邓尚昆. 2011. 转型期大城市多类绅士化现象探讨——基于广州市六个社区的案例分析. 人文地理, 26(1): 44-49.

何深静, 钱俊希, 吴敏华. 2011. "学生化"的城中村社区——基于广州下渡村的实证分析. 地理研究, 30(8): 1508-1519.

胡鞍钢, 赵黎. 2006. 我国转型期城镇非正规就业与非正规经济（1990-2004）. 清华大学学报（哲学社会科学版）, 21(3): 111-119.

黄耿志, 薛德升. 2009. 中国城市非正规就业研究综述——兼论全球化背景下地理学视角的研究议题. 热带地理, 29(4): 389-393.

黄耿志, 薛德升. 2011. 国外非正规部门研究的主要学派. 城市问题, (5): 85-90.

黄耿志, 薛德升, 谢妍翰. 2011. 非正规就业：女性人力资本积累的一种方式——以广州芳村茶叶市场茶艺表演业为例. 地理研究, 30(4): 699-708.

江泓, 张四维. 2009. 生产、复制与特色消亡——"空间生产"视角下的城市特色危机. 城市规划学刊, (4): 40-45.

李凡, 朱竑, 黄维. 2009. 从祠堂视角看明至民国初期佛山宗族文化景观的流变和社会文化空间分异. 地理科学, 29(6): 929-937.

李小广, 邱道持, 李凤, 等. 2013. 重庆市公共租赁住房社区居民的职住空间匹配. 地理研究,

32（8）：1457-1466.

厉新建. 2009. 北京旅游就业研究及修正计算. 旅游学刊, 24（3）：22-29.

梁增贤. 2016. 主题公园理性发展的市场逻辑——对中国主题公园开发的批判性反思. 旅游规划与设计, 19：94-103.

梁增贤. 2017. 基于时间节律的主题公园旅游流管理策略. 旅游规划与设计, 23：110-115.

梁增贤. 2018. 旅游地社区居民生活质量评估——检验多重差异理论的适用性. 旅游学刊, 33（2）：38-47.

梁增贤, 保继刚. 2012a. 主题公园周边非正规就业管制的堵与疏——以北京欢乐谷为例. 城市问题, 31（4）：67-72.

梁增贤, 保继刚. 2012b. 主题公园黄金周游客流季节性研究——以深圳华侨城主题公园为例. 旅游学刊, 27（1）：58-65.

梁增贤, 保继刚. 2014. 大型主题公园发展与城市居民就业——对华侨城主题公园就业分配的考察. 旅游学刊, 29（8）：62-69.

梁增贤, 保继刚. 2015. 文化转型对地方意义流变的影响——以深圳华侨城空间文化生产为例. 地理科学, 35（5）：544-550.

梁增贤, 董观志. 2011. 主题公园游客心理容量及其影响因素研究——来自深圳欢乐谷的实证. 人文地理, 26（2）：139-143.

梁增贤, 谢春红. 2016. 旅游非正规就业：职业发展的末端还是通道. 旅游学刊, 31（1）：102-110.

梁增贤, 许德祺. 2016. 城市居民日常活动的社区依赖性研究——以深圳华侨城为例. 人文地理, 31（2）：29-35.

梁增贤, 赵昭, 肖莹瑶, 等. 2016. 旅游非正规就业者收入水平的影响因素. 旅游论坛, 9（5）：62-69.

林耿. 2009. 居住郊区化背景下消费空间的特征及其演化——以广州市为例. 地理科学, 29（3）：353-359.

刘宣. 2010. 快速城市化下"转型社区"空间改造的障碍——广州、深圳案例. 地理研究, 29（4）：693-702.

刘云刚, 王丰龙. 2011. 城乡结合部的空间生产与黑色集群——广州M垃圾猪场的案例研究. 地理科学, 31（5）：563-569.

吕晓芳, 王仰麟, 彭建, 等. 2008. 深圳快速城市化地区公路沿线土地利用空间集聚. 地理学报, 63（8）：845-855.

毛丰付, 罗刚飞, 潘加顺. 2014. 优质教育资源对杭州学区房价格影响研究. 城市与环境研究, 1（2）：53-64.

毛蒋兴. 2006. 快速城市化过程中的深圳土地利用变化特征及影响因素研究. 中山大学博士学位论文.

尼古拉斯 T. 丹尼斯, 凯尔 D. 布朗. 2002. 景观设计师便携手册. 北京: 中国建筑工业出版社.
聂冲, 温海珍, 樊晓锋. 2010. 城市轨道交通对房地产增值的时空效应. 地理研究, 29（5）: 801-810.
钱俊希, 钱丽芸, 朱竑. 2011. "全球的地方感"理论述评与广州案例解读. 人文地理, 26（6）: 40-44.
邱建华. 2002. "绅士化运动"对我国旧城更新的启示. 热带地理, 22（2）: 125-129.
仇保兴. 2007. 第三次城市化浪潮中的中国范例——中国快速城市化的特点、问题与对策. 城市规划, 31（6）: 9-15.
三浦展. 2014. 第四消费时代. 上海: 东方出版社.
石忆邵, 张蕊. 2010. 大型公园绿地对住宅价格的时空影响效应——以上海市黄兴公园绿地为例. 地理研究, 29（3）: 510-520.
宋艳暾, 余世孝, 李楠, 等. 2006. 快速城市化过程与景观格局研究——以深圳经济特区为例. 中山大学学报（自然科学版）, 45（6）: 87-92.
孙群郎. 2005. 美国城市郊区化研究. 北京: 商务印书馆.
唐代剑, 李莉. 2005. 对旅游就业弹性测量的实证研究——以浙江省为例. 旅游科学, 19（2）: 10-13.
王刚. 2009. 主题公园游客流影响因素及其作用路径研究. 西安交通大学博士学位论文.
王鸿楷, 陈坤宏. 2000. 都市消费空间结构之形成及其意义. 台湾大学建筑与城乡研究学报, （9）: 8, 13, 43-63.
王宁. 2001. 消费社会学: 一个分析的视角. 北京: 社会科学文献出版社.
王宁. 2005. 消费的欲望: 中国城市消费文化的社会学解读. 广州: 南方日报出版社.
王宁. 2009. 从苦行者社会到消费者社会. 北京: 社会科学文献出版社.
魏小安, 等. 2010. 优质生活的创想家: 华侨城发展轨迹的观察. 北京: 中信出版社.
温海珍, 卜晓庆, 秦中伏. 2012. 城市湖景对住宅价格的空间影响——以杭州西湖为例. 经济地理, 32（11）: 58-64.
吴必虎, 徐小波. 2010. 旅游导向型土地综合开发（TOLD）: 一种旅游——房地产模式. 旅游学刊, 25（8）: 34-38.
吴冬梅, 郭忠兴, 陈会广. 2008. 城市居住区湖景生态景观对住宅价格的影响研究——以南京市莫愁湖为例. 资源科学, 30（10）: 1503-1510.
吴启焰, 罗艳. 2007. 中西方城市中产阶级化的对比研究. 城市规划, 31（8）: 30-35.
吴廷烨, 刘云刚, 王丰龙. 2013. 城乡结合部流动人口聚居区的空间生产——以广州市瑞宝村为例. 人文地理, 28（6）: 86-91.
吴伟农. 2004. 锦绣中华公园在美关张. 中国经贸导刊, （4）: 51-52.
吴悦芳, 徐红罡. 2010. 大理古城旅游房地产的发展及社会文化影响研究. 人文地理, 25（4）: 67-71.

吴幸玲. 2008. 全球城市消费性地景的文化生产——以上海的住宅地景为例. 地理学报（台湾省），52：31-52.

徐文雄，保继刚. 2006. 度假地型第二居所空间分布和影响研究——以三亚市为例. 云南师范大学学报（哲学社会科学版），38（5）：63-67.

薛德升. 1999. 西方绅士化研究对我国城市社会空间研究的启示. 规划师，15（3）：109-112.

薛德升，黄耿志，翁晓丽，等. 2010. 改革开放以来中国城市全球化的发展过程. 地理学报，65（10）：1155-1162.

闫闪闪，梁留科，余汝艺，等. 2016. 城市修建主题公园适宜性评价指标体系研究. 地理科学，36（2）：213-221.

叶萌. 2004. 中旅失意海外投资. 商务周刊，（4）：24.

尹晓颖，闫小培，薛德升. 2009. 快速城市化地区"城中村"非正规部门与"城中村"改造——深圳市蔡屋围、渔民村的案例研究. 现代城市研究，24（3）：44-53.

尹晓颖，闫小培，薛德升. 2010. 国内外对非正规部门的政策. 城市问题，（8）：79-84.

曾国军，孙树芝，朱竑，等. 2013. 全球化与地方性冲突背后的跨地方饮食文化生产——基于广州的案例. 地理科学，33（3）：291-298.

曾辉，江子瀛，孔宁宁，等. 2000. 快速城市化景观格局的空间自相关特征分析——以深圳市龙华地区为例. 北京大学学报（自然科学版），36（6）：824-831.

张朝枝，保继刚. 2007. 休假制度对遗产旅游地客流的影响——以武陵源为例. 地理研究，26（6）：1295-1303.

张纯，王敬甯，陈平，等. 2008. 地方创意环境和实体空间对城市文化创意活动的影响——以北京市南锣鼓巷为例. 地理研究，27（2）：439-448.

张丽宾. 2004. "非正规就业"概念辨析与政策探讨. 经济研究参考，81：38-43.

张彦. 2008. 非正规就业：理论层面上的社会承认. 上海财经大学学报，10（5）：18-24.

张中华，张沛，王兴中. 2009. 地方理论应用社区研究的思考——以阳朔西街旅游社区为例. 地理科学，29（1）：141-146.

赵旭东. 2013. 从社会转型到文化转型——当代中国社会的特征及其转化. 中山大学学报（社会科学版），53（3）：111-124.

赵玉宗，顾朝林，李东和，等. 2006. 旅游绅士化：概念、类型与机制. 旅游学刊，21（11）：70-74.

赵玉宗，寇敏，卢松，等. 2009. 城市旅游绅士化特征及其影响因素——以南京"总统府"周边地区为例. 经济地理，29（8）：1391-1396.

郑也夫. 2007. 后物欲时代的来临. 上海：上海人民出版社.

周大鸣. 2013. 都市化中的文化转型. 中山大学学报（社会科学版），53（3）：97-102.

周霄，黄猛. 2007. 解读旅游地产投资的八大成功要素——以深圳华侨城为例. 建筑经济，（1）：69-72.

朱竑，钱俊希，陈晓亮. 2010. 地方与认同：欧美人文地理学对地方的再认识. 人文地理，25（6）：1-6.

朱竑，钱俊希，吕旭萍. 2012. 城市空间变迁背景下的地方感知与身份认同研究——以广州小洲村为例. 地理科学，32（1）：18-24.

诸武毅，刘云刚. 2013. 深圳OCT-LOFT华侨城创意产业园的空间生产. 华南师范大学学报（自然科学版），45（5）：107-111.

Ahlfeldt G, Maennig W. 2007. The impact of sports arenas on land values: evidence from Berlin. *Working Papers*, 44（2）：205-227.

Atkinson R, Bridge G. 2005. *Gentrification in a Global Context: The New Urban Colonialism*. London: Routledge.

Badcock B. 2001. Thirty years on: gentrification and class changeover in Adelaide's inner suburbs, 1966-1996. *Urban Studies*, 38（9）：1559-1572.

Bae C C, Jun M, Park H. 2003. The impact of Seoul's subway Line 5 on residential property values. *Transport Policy*, 10（2）：85-94.

Boddy M. 2007. Designer neighbourhoods: new-build residential development in nonmetropolitan UK cities: the case of Bristol. *Environment and Planning A*, 39（1）：86-105.

Bolitzer B, Netusil N R. 2000. The impact of open spaces on property values in Portland, Oregon. *Journal of Environmental Management*, 59（3）：185-193.

Boswell W, Crompton J. 2007. A city's strategy to fund a golf course by developing homes on proximate property. *Journal of Park and Recreation Administration*, 25（1）：115-127.

Bourguignon P. 2005. *Hop*. Paris: Editions Anne Carriere.

Bryman A. 1999. The disneyization of society. *The Sociological Review*, 47（1）：25-47.

Bryman A. 2004. *The Disneyization of Society*. London: Sage.

Buliung R N, Kanaroglou P S. 2007. Activity-travel behaviour research: conceptual issues, state of the art, and emerging perspectives on behavioural analysis and simulation modelling. *Transport Reviews*, 27（2）：151-187.

Bunting T E. 1987. Invisible upgrading in inner cities: homeowners' reinvestment behaviour in central kitchener. *Canadian Geographer*, 31（3）：209-222.

Butler R. 1994. Seasonality in tourism: issues and implication. In Seaton A V. *Tourism: the State of the Art*. Chichester: Wiley.

Butler T. 2002. Thinking global but acting local: the middle classes in the city. *Sociological Research Online*, 7（3）：1-19.

Butler T, Lees L. 2006. Super-gentrification in Barnsbury, London: globalization and gentrifying global elites at the neighbourhood level. *Transactions of the Institute of British Geographers*, 31（4）：467-487.

Chadwick G F. 1966. *The Park and the Town: Public Landscape in the 19th and 20th Centuries*. London: Architectural Press.

Charles T C. 2005. How does a new sports stadium affect housing values? The case of FedEx field. *Land Economics*, 81（3）: 379-395.

Choi J, Woods R H, Murrmann S K. 2000. International labor markets and the migration of labor forces as an alternative solution for labor shortages in the hospitality industry. *International Journal of Contemporary Hospitality Management*, 12（1）: 61-67.

Clark E. 1995. The rent gap re-examined. *Urban Studies*, 32（9）: 1489-1503.

Clark E. 2005. The order and simplicity of gentrification: a political debate. In Atkinson R, Bridge G. *Gentrification in a Global Context: The New Urban Colonialism*. New York: Routledge.

Clark P. 2009. *European Cities and Towns: 400–2000*. New York: Oxford University Press.

Clave S A. 2007. *The Global Theme Park Industry*. Cambridge: CABI.

Conway H. 1991. *People's Parks: The Design and Development of Victorian Parks in Britain*. Cambridge: Cambridge University Press.

Cook I, Hobson K, Hallett L, et al. 2010. Geographies of food: 'Afters'. *Progress In Human Geography*, 35（1）: 104-120.

Cresswell T. 2004. *Place: A Short Introduction*. Malden: Blackwell Pub.

Crompton J L. 2000. Designing golf courses to optimize proximate property values. *Managing Leisure*, 5（4）: 192-199.

Crompton J L. 2001a. Perceptions of how the presence of greenway trails affects the value of proximate properties. *Journal of Park and Recreation Administration*, 19（3）: 114-132.

Crompton J L. 2001b. The impact of parks on property values: a review of the empirical evidence. *Journal of Leisure Research*, 33（1）: 1-31.

Crompton J L. 2004. *The Proximate Principle- The Impact of Parks, Open Space and Water Features on Residential Property Values and the Property Tax Base (Second Edition)*. Ashburn: National Recreation and Park Association.

Crompton J L. 2005. The impact of parks on property values: empirical evidence from the past two decades in the United States. *Managing Leisure*, 10（4）: 203-218.

Crompton J L, Nicholls S. 2006. An assessment of tax revenues generated by homes proximate to a greenway. *Journal of Park and Recreation Administration*, 24（3）: 103-108.

Cukier-Snow J, Wall G. 1993. Tourism employment: perspectives from Bali. *Tourism Management*, 14（3）: 195-201.

Darling E. 2005. The city in the country: wilderness gentrification and the rent gap. *Environment and Planning A*, 37（6）: 1015-1032.

Davidson M. 2007. Gentrification as global habitat: a process of class formation or corporate creation. *Transactions of the Institute of British Geographers*, 32（4）: 490-506.

Davidson M, Lees L. 2005. New-build 'gentrification' and London's riverside renaissance. *Environment and Planning A*, 37（7）: 1165-1190.

Davidson M, Lees L. 2010. New-build gentrification: its histories, trajectories, and critical geographies. *Population, Space and Place*, 16（5）: 395-411.

Dehring C A, Depken C A, Ward M R. 2007. The impact of stadium announcements on residential property values: evidence from a natural experiment in Dallas-Fort worth. *Contemporary Economic Policy*, 25（4）: 627-638.

Deller S. 2010. Rural poverty, tourism and spatial heterogeneity. *Annals of Tourism Research*, 37（1）: 180-205.

Dewees D N. 1976. The effect of a subway on residential property values in Toronto. *Journal of Urban Economics*, 3（4）: 357-369.

Doherty S T. 2006. Should we abandon activity type analysis? Redefining activities by their salient attributes. *Transportation*, 33（6）: 517-536.

Doherty S T, Miller E J. 2000. A computerized household activity scheduling survey. *Transportation*, 27（1）: 75-97.

Doherty S T, Mohammadian A. 2011. The validity of using activity type to structure tour-based scheduling models. *Transportation*, 38（1）: 45-63.

Donaldson R. 2009. The making of a tourism-gentrified town: Greyton, South Africa. *Geography*, 94（2）: 88-99.

Engels B. 1994. Capital flows, redlining and gentrification: the pattern of mortgage lending and social change in Glebe, Sydney, 1960–1984. *International Journal of Urban and Regional Research*, 18（4）: 628-657.

Ettema D, Borgers A, Timmermans H. 1995. Competing risk hazard model of activity choice, timing, sequencing, and duration. *Transportation Research Record*, 1493: 101-109.

Eyles J. 1989. The geography of everyday life. In Gregory D, Walford R. *Horizons in Human Geography*. London: Macmillan.

Firat A F, Venkatesh A. 1995. Liberatory postmodernism and the re-enchantment of consumption. *Journal of Consumer Research*, 22（3）: 239-267.

Formica S, Olsen M D. 1998. Trends in the amusement park industry. *International Journal of Contemporary Hospitality Management*, 10（7）: 297-308.

Gartner C, Cukier J. 2012. Is tourism employment a sufficient mechanism for poverty reduction? A case study from Nkhata Bay, Malawi. *Current Issues in Tourism*, 15（6）: 545-562.

Gartner W C, Chappelle D E, Girard T C. 1996. The influence of natural resource characteristics on property value: a case study. *Journal of Travel Research*, 25（1）: 64-71.

Glass R. 1964. Introduction: aspects of change. In Studies CFU. *London: Aspects of Change*. London: Macgibbon & Kee.

Go T, Pine R. 1995. *Globalization Strategy in the Hotel Industry*. London: Routledge.

Goldberger P. 1996. The rise of the private city. In Martin J V. *Breaking Away: The Future of Cities*. New York: The Twentieth Century Fund.

Gotham K F. 2005. Tourism gentrification: the case of New Orleans' Vieux Carre (French Quarter). *Urban Studies*, 42 (7): 1099-1121.

Hackworth J. 2002. Postrecession Gentrification in New York City. *Urban Affairs Review*, 37 (6): 815-843.

Hackworth J, Smith N. 2001. The changing state of gentrification. *Tijdschrift Voor Economische En Sociale Geografie*, 92 (4): 464-477.

Haigood T L, Crompton J L. 1998. The role of recreation amenities in retiree relocation decisions. *Journal of Park and Recreation Administration*, 16 (1): 25-45.

Hall S. 1995. New cultures for old. In Massey D, Jess P. *A Place in the World? Places, Cultures and Globalization*. Oxford: Oxford University Press.

Hammer T R, Coughfin R E, Horn E T. 1974. The effect of a large urban park on real estate value. *Journal of the American Institute of Planners*, 40 (4): 274-277.

Hamnett C. 1991. The blind men and the elephant: the explanation of gentrification. *Transactions of the Institute of British Geographers*, 16 (2): 173-189.

Hannigan J. 1998. *Fantasy City: Pleasure and Profit in the Postmodern Metropolis*. London and New York: Routledge.

Harvey A S. 1993. Guidelines for time use data collection. *Social Indicators Research*, 30 (2~3): 197-228.

Harvey D. 1990. Between space and time: reflections on the geographical imaginations. *Annals of the Association of American Geographers*, 80 (3): 418-434.

Harvey D. 1993. From space to place and back again. In Bird J, Curtis B, Putnam T, et al., *Mapping the Futures: Local Cultures, Global Changes*. London: Routledge.

Harvey D. 1996. *Justice, Nature, and the Geography of Difference*. Cambridge: Blackwell Publishers.

He S. 2010. New-build gentrification in Central Shanghai: demographic changes and socioeconomic implications. *Population, Space and Place*, 16 (5): 345-361.

He S, Wu F. 2009. China's emerging neoliberal urbanism: perspectives from urban redevelopment. *Antipode*, 41 (2): 282-304.

Herman R D K. 1999. The aloha state place names and the anti-conquest of Hawai'i. *Annals of the Association of American Geographers*, 89 (1): 76-102.

Hines J D. 2007. The persistent frontier and the rural gentrification of the Rocky Mountain West. *Journal of the West*, 46（1）: 63-73.

Hines J D. 2011. The post-industrial regime of production/consumption and the rural gentrification of the New West Archipelago. *Antipode*, 44（1）: 74-97.

Hjalager A M, Staunstrup J K, Ibsen R. 2011. Trade and value developments in the Danish second-home sector: implications for tourism policies. *Tourism Economics*, 17（3）: 677-691.

Hoyle B S. 1988. *Revitalising the Waterfront: International Dimensions of Dockland Redevelopment*. London: Belhaven.

Hui E C M, Chau C K, Pun L, et al. 2007. Measuring the neighboring and environmental effects on residential property value: using spatial weighting matrix. *Building and Environment*, 42（6）: 2333-2343.

Irwin E G. 2002. The effects of open space on residential property values. *Land Economics*, 78（4）: 465-480.

Jaakson R. 1986. Second-home domestic tourism. *Annals of Tourism Research*, 13（3）: 367-391.

Kemperman A. 2000. *Temporal Aspects of Theme Park Choice Behavior: Modeling Variety Seeking, Seasonality and Diversification to Support Theme Park Planning*. Eindhoven: Technische Universiteit Eindhoven.

Kerstein R. 1990. Stage models of gentrification: an examination. *Urban Affairs Review*, 25（4）: 620-639.

Klugman K. 1995. 'Under the influence'. In Disney T P O. *Inside the Mouse: Work and Play at Disney World*. Durham and London: Duke University Press.

Knaap G, Hopkins L, Ding C. 2001. Do plans matter? the effects of light rail plans on land values in station areas. *Journal of Planning Education & Research*, 21（1）: 32-39.

Kotze G V N. 2008. The state and new-build gentrification in Central Cape Town, South Africa. *Urban Studies*, 45（12）: 2565-2593.

Kuppam A R, Pendyala R M. 2001. A structural equations analysis of commuters' activity and travel patterns. *Transportation*, 28（1）: 33-54.

Ladkin A. 2011. Exploring tourism labor. *Annals of Tourism Research*, 38（3）: 1135-1155.

Lancaster K J. 1966. A new approach to consumer theory. *The Journal of Political Economy*, 74（2）: 132-157.

Lees L. 2000. A reappraisal of gentrification: towards a 'geography of gentrification'. *Progress in Human Geography*, 24（3）: 389-408.

Lees L. 2003. Super-gentrification: the case of Brooklyn Heights, New York City. *Urban Studies*, 40（12）: 2487-2509.

Lees L, Slater T, Wyly E. 2008. *Gentrification*. New York: Routledge.

Leggett C G, Bockstael N E. 2000. Evidence of the effects of water quality on residential land prices. *Journal of Environmental Economics and Management*, 39(2): 121-144.

Leiper N. 1999. A conceptual analysis of tourism-supported employment which reduces the incidence of exaggerated, misleading statistics about jobs. *Tourism Management*, 20(5): 605-613.

Ley D. 1986. Alternative explanations for inner-city gentrification: a canadian assessment. *Annals of the Association of American Geographers*, 76(4): 521-535.

Ley D. 1996. *The New Middle Class and the Remaking of the Central City*. New York: Oxford University Press.

Ley D, Dobson C. 2008. Are there limits to gentrification? the contexts of impeded gentrification in Vancouver. *Urban Studies*, 45(12): 2471-2498.

Liang Z, Bao J. 2015. Tourism gentrification in Shenzhen, China: causes and sociospatial consequences. *Tourism Geographies*, 17(3): 461-481.

Liang Z, Hui T. 2016. Residents' quality of life and attitudes toward tourism development in China. *Tourism Management*, 57: 56-67.

Listokin D, Listokin B, Lahr M. 1998. The contributions of historic preservation to housing and economic development. *Housing Policy Debate*, 9(3): 431-478.

Little J. 1983. Rural gentrification and local level planning. In Cloke P. *Rural Planning: Policy into Action*. London: Harper and Row.

Liu Y. 2008. Profitability measurement of UK theme parks: an aggregate approach. *International Journal of Tourism Research*, 10(3): 283-288.

Loomis J, Feldman M. 2003. Estimating the benefits of maintaining adequate lake levels to homeowners using the hedonic property method. *Water Resources Research*, 39(9): 1-6.

Lundtorp S. 2001. Measuring tourism seasonality. In Baum T, Lundtorp S. *Seasonality in Tourism*. Oxford: Pergamon.

Lutzenhiser M, Netusil N R. 2001. The effect of open spaces on a home's sale price. *Contemporary Economic Policy*, 19(3): 291-298.

Lyon D W. 1972. *The Spatial Distribution and Impact of Public Facility Expenditures*. Berkeley: University of California, Berkeley.

Lyon R. 1987. Theme parks in the USA. *Travel and Tourism Analyst*, (1): 31-43.

Mahan B L, Polasky S, Adams R M. 2000. Valuing urban wetlands: a property price approach. *Land Economics*, 76(1): 100-113.

Marjavaara R. 2007. The displacement myth: second home tourism in the Stockholm Archipelago. *Tourism Geographies*, 9(3): 296-317.

Massey D B. 1992. A place called home. *New Formations*, 17: 3-15.

Massey D B. 1994. *Space, Place, and Gender*. Minneapolis: University of Minnesota Press.

McGrath R G, MacMillan I C. 1995. Discovery driven planning. *Harvard Business Review*, 73 (4): 44-54.

Miles S, Paddison R. 2005. Introduction: the rise and rise of culture-led urban regeneration. *Urban Studies*, 42 (5~6): 833-839.

Miller R K, Walker T, Pursell C E. 1999. *The 1999 Entertainment and Leisure Market Research Handbook*. Norcross: Miller & Associates Inc.

Miranda-Moreno L F, Lee-Gosselin M. 2008. A week in the life of baby boomers: how do they see the spatial-temporal organization of their activities and travel? *Transportation*, 35 (5): 629-653.

Mok H M K, Chan P P K, Cho Y. 1995. A hedonic price model for private properties in Hong Kong. *The Journal of Real Estate Finance and Economics*, 10 (1): 37-48.

Moore S, Wen J J. 2008. Tourism employment in China: a look at gender equity, equality, and responsibility. *Journal of Human Resources in Hospitality & Tourism*, 8 (1): 32-42.

More T A, Stevens T H, Allen P G. 1982. The economics of urban parks: a benefit/cost analysis. *Parks and Recreation*, 17 (8): 31-33.

Mullins P. 1991. The identification of social forces in development as a general problem in sociology: a comment on Pahl's remarks on class and consumption relations as forces in urban and regional development. *International Journal of Urban and Regional Research*, 15 (1): 119-126.

Mullins P. 1994. Class relations and tourism urbanization: the regeneration of the petite bourgeoisie and the emergence of a new urban form. *International Journal of Urban and Regional Research*, 18 (4): 591-608.

Nicholls S, Crompton J L. 2005a. Impacts of regional parks on property values in Texas. *Journal of Park and Recreation Administration*, 23 (2): 87-108.

Nicholls S, Crompton J L. 2005b. The impact of greenways on property values: evidence from Austin, Texas. *Journal of Leisure Research*, 37 (3): 321-341.

Norris M, Winston N. 2010. Second-home owners: escaping, investing or retiring? *Tourism Geographies*, 12 (4): 546-567.

Oakes T. 1997. Place and the paradox of modernity. *Annals of the Association of American Geographers*, 87 (3): 509-531.

Olmsted F L, Kimball T. 1970. *Frederick Law Olmsted, Landscape Architect, 1822–1903*. New York: Benjamin Blom.

Overvåg K, Berg N G. 2011. Second homes, rurality and contested space in Eastern Norway.

Tourism Geographies, 13（3）: 417-442.

Paul D E. 2004. World cities as hegemonic projects: the politics of global imagineering in Montreal. Political Geography, 23（5）: 571-596.

Phillips M. 2002. The production, symbolization and socialization of gentrification: impressions from two Berkshire villages. Transactions of the Institute of British Geographers, 27（3）: 282-308.

Phillips M. 2004. Other geographies of gentrification. Progress in Human Geography, 28（1）: 5-30.

Phillips M. 2005. Differential productions of rural gentrification: illustrations from North and South Norfolk. Geoforum, 36（4）: 477-494.

Phillips M. 2010. Counterurbanisation and rural gentrification: an exploration of the terms. Population, Space and Place, 16（6）: 539-558.

Pitkanen K. 2008. Second-home landscape: the meaning(s) of landscape for second-home tourism in Finnish Lakeland. Tourism Geographies, 10（2）: 169-192.

Pred A. 1984. Place as historically contingent process: structuration and the time-geography of becoming places. Annals of the Association of American Geographers, 74（2）: 279-297.

Rebori S J. 1993. Theme Parks: An Analysis of Disney's Planning, Design and Management Philosophies in Entertainment Development. Knoxville: University of Tennessee, Knoxville.

Relph E C. 1976. Place and Placelessness. London: Pion.

Rérat P, Söderström O, Piguet E, et al. 2010. From urban wastelands to new-build gentrification: the case of Swiss cities. Population, Space and Place, 16（5）: 429-442.

Rérat P, Söderström O, Piguet E. 2010. New forms of gentrification: issues and debates. Population, Space and Place, 16（5）: 335-343.

Richards G W, Richards W S. 1998. A globalised theme park market? The case of Disney in Europe. In Laws E, Faulkner B, Moscardo G. Embracing and Managing Change in Tourism: International Case Studies. London: Routledge.

Rifkin J. 2000. The Age of Access: How the Shift from Ownership to Access is Transforming Modem Life. London: Penguin Books.

Ritzer G. 1996. The McDonaldization of Society. Thousand Oaks: Pine Forge Press.

Ritzer G. 1999. Enchanting a Disenchanted World: Revolutionizing the Means of Consumption. Thousand Oaks: Pine Forge Press.

Roberts K. 1999. Leisure in Contemporary Society. Wallingford: CAB International.

Rofe M W. 2003. "I want to be global": theorising the gentrifying class as an emergent elite global community. Urban Studies, 40（12）: 2511-2526.

Rofe M W. 2004. From "problem city" to "promise city": gentrification and the revitalisation of

Newcastle. *Australian Geographical Studies*, 42（2）: 193-206.

Rosen S. 1974. Hedonic prices and implicit markets: product differentiation in pure competition. *Journal of Political Economy*, 82（1）: 34-55.

Sander H A, Polasky S. 2009. The value of views and open space: estimates from a hedonic pricing model for Ramsey County, Minnesota, USA. *Land Use Policy*, 26（3）: 837-845.

Sassen S. 2001. *The Global City: New York, London, Tokyo（2nd Ed）*. Princeton: Princeton University Press.

Saveriades A. 2000. Establishing the social tourism carrying capacity for the tourist resorts of the east coast of the Republic of Cyprus. *Tourism Management*, 21（2）: 147-156.

Schroeder T D. 1982. The relationship of local public park and recreation services to residential property values. *Journal of Leisure Research*, 14（3）: 223-234.

Shin H B. 2010. Urban conservation and revalorisation of dilapidated historic quarters: the case of Nanluoguxiang in Beijing. *Cities*, 27: S43-S54.

Short J R. 1989. Yuppies, yuffies and the new urban order. *Transactions of the Institute of British Geographers*, 14（2）: 173-188.

Sirpal R. 1994. Empirical modeling of the relative impacts of various sizes of shopping centers on the values of surrounding residential properties. *Journal of Real Estate Research*, 9（4）: 487-505.

Smith D. 2005. "Studentification": the gentrification factory. In Atkinson R. Bridge G. *Gentrification in a Global Context: The New Urban Colonialism*. London: Routledge.

Smith D. 2008. The politics of studentification and "（un）balanced" urban populations: lessons for gentrification and sustainable communities. *Urban Studies*, 45（12）: 2541-2564.

Smith M. 2006. Entertainment and new leisure tourism. In Buhalis D, Costa C. *Tourism Business Frontiers: Consumers, Products and Industry*. Oxford: Elsevier.

Smith N. 1985. Gentrification and capital: practice and ideology in society hill. *Antipode*, 17（2~3）: 163-173.

Smith N. 1987. Gentrification and the rent gap. *Annals of the Association of American Geographers*, 77（3）: 462-465.

Smith N. 2002. New globalism, new urbanism: gentrification as global urban strategy. *Antipode*, 34（3）: 427-450.

Smith N. 2005. *The New Urban Frontier: Gentrification and the Revanchist City（2nd Ed）*. London: Routledge.

Snyman S L. 2012. The role of tourism employment in poverty reduction and community perceptions of conservation and tourism in southern Africa. *Journal of Sustainable Tourism*, 20（3）: 395-416.

Soja E W. 1989. *Postmodern Geographies: The Reassertion of Space in Critical Social Theory*. London: Verso.

Sorkin M. 1992. *Variations on a Theme Park: The New American City and the End of Public Space*. New York: Hill and Wang.

Tate A. 2001. *Great City Parks*. London: Spon Press.

Taylor R, Stevens T. 1996. An American adventure in Europe: an analysis of the performance of Euro Disneyland (1992-1994). *Managing Leisure*, 1 (1): 28-42.

Tuan Y. 1975. Place: an experiential perspective. *Geographical Review*, 65 (2): 151-165.

Tuan Y. 1977. *Space and Place: The Perspective of Experience*. Minneapolis: University of Minnesota Press.

Tyrväinen L, Miettinen A. 2000. Property prices and urban forest Amenities. *Journal of Environmental Economics and Management*, 39 (2): 205-223.

Urry J. 2002. *The Tourist Gaze (2nd Ed)*. London: Sage.

Visser G, Kotze N. 2008. The state and new-build gentrification in Central Cape Town, South Africa. *Urban Studies*, 45 (12): 2565-2593.

Walls M, Kousky C, Chu Z. 2013. Is what you see what you get? The value of natural landscape views. *SSRN Electronic Journal*, 91 (1): S18.

Warde A. 1991. Gentrification as consumption: issues of class and gender. *Environment and Planning D: Society and Space*, 9 (2): 223-232.

Warren S. 1994. Disneyfication of the metropolis: popular resistance in Seattle. *Journal of Urban Affairs*, 16 (2): 89-107.

Wen T, Li J, Liang Z. 2016. Jiang Hu theory of organizing: in-depth study of self-managing of tourism. *Chinese Management Studies*, 10 (1): 59-81.

Wolf K. 2007. City trees and property values. *Arborist News*, 16 (4): 34-36.

Wright J K. 1947. Terrae incognitae: the place of the imagination in geography. *Annals of the Association of American Geographers*, 37 (1): 1-15.

Wu F, Webber K. 2004. The rise of "foreign gated communities" in Beijing: between economic globalization and local institutions. *Cities*, 21 (3): 203-213.

Yee J L, Niemeier D A. 2000. Analysis of activity duration using the Puget sound transportation panel. *Transportation Research Part A*, 34 (8): 607-624.

Young T. 2001. Place matters. *Annals of the Association of American Geographers*, 91 (4): 681-682.

Yu S M, Han S S, Chai C H. 2007. Modeling the value of view in high-rise apartments: a 3D GIS approach. *Environment and Planning B*, 34 (1): 139-153.

Zukin S. 1982. *Loft Living: Culture and Capital in Urban Change*. Baltimore: Johns Hopkins University Press.

Zukin S. 1990. Socio-spatial prototypes of a new organization of consumption: the role of real cultural capital. *Sociology*, 24 (1): 37-56.

Zukin S. 1995. *The Cultures of Cities*. Cambridge: Blackwell.